中国传媒社会责任研究报告

RESEARCH REPORT ON SOCIAL RESPONSIBILITY OF MEDIA IN CHINA

(2017~2018)

主　编／黄晓新　刘建华　邸　昂

中国书籍出版社
China Book Press

2017~2018 中国传媒社会责任研究报告出品方

中国新闻出版研究院传媒研究所

中国人民大学书报资料中心

《中国出版》杂志社

《传媒》杂志社

2017~2018中国传媒社会责任研究报告课题组

课题组组长 刘建华

课题组副组长 邱　昂　张文飞

课题组成员 卢剑锋　张书卿　李文竹　杨晓芳　杨驰原
　　　　　　　杨青山　邹　波　王卉莲　郝天韵　杭丽芳

2017~2018中国传媒社会责任研究报告编委会

编委会主任 黄晓新 中国新闻出版研究院党委书记、副院长

编委（按姓氏笔画为序）

于重榕 云南美术出版社办公室主任、副编审

王　波 南京邮电大学副教授、南京大学文化产业博士后

申玲玲 西北政法大学新闻传播学院副教授、博士后

刘小三 西藏民族大学新闻传播学院副教授、博士

刘建华 中国新闻出版研究院传媒研究所执行所长、研究员、博士后

刘　敏 云南警官学院学报编辑部副编审、博士

闫伟华 内蒙古大学文学与新闻传播学院讲师、博士

陈南先 广东技术师范学院文学与传媒学院教授、博士

陈柏福 湖南师范大学文化产业管理系副教授、博士

邓子璇 湖南师范大学历史文化学院文化产业管理专业研究生

邱　昂 中国新闻出版研究院传媒研究所

李　玲 中国丝路智谷研究院研究员

李慧娟 浙江理工大学史量才新闻与传播学院副教授、杭州市舆情研究中心主任、博士

吴文汐　东北师范大学传媒科学学院副教授、博士

吴　琼　安徽财经大学文学院新闻传播系主任、副教授，南京大学博士

应站锦　中文天地出版传媒股份有限公司证券法律部

张名章　昆明理工大学艺术与传媒学院教授

何　睿　上海财经大学人文学院讲师、博士

杭丽芳　云南大学传播学硕士，云南华一教育集团控股有限公司董事，昆明亚满福科技有限公司总经理

周　皓　云南大学传播学硕士、云南省交通运输厅

郭玉荣　东北林业大学博士、商道纵横研究员

郭沛源　清华大学博士、商道纵横总经理

童之磊　中文在线董事长兼总裁

魏国彬　安徽财经大学艺术学院院长、教授、博士

主编简介

黄晓新

男，湖北洪湖人。中国新闻出版研究院党委书记、副院长。曾任新闻出版总署印刷复制管理司副司长、反非法和违禁出版物司副司长。2011年8月挂职任新疆维吾尔自治区新闻出版（版权）局党组成员、副局长，《新疆文库》编辑出版工作领导小组办公室副主任、《新疆文库》编辑出版委员会副主任。2014年7月任新疆维吾尔自治区新闻出版广电（版权）局党组成员、副局长（正厅级）。主持中央文资办重大项目"中国新闻出版多语种语料库研究""全民阅读的社会学研究"等多项国家、省部级课题，多篇论文被《新华文摘》、人大复印报刊资料《出版业》等刊物全文转载，主要从事新闻出版管理与阅读社会学研究。

刘建华

男，江西莲花人。中国新闻出版研究院传媒研究所执行所长、研究员。中国社会科学院哲学所博士后，中国人民大学传媒经济学博士。中国新闻出版研究院书画社执行社长、中央国家机关书法家协会会员、中国新闻出版书法家协会会员，北京文艺评论家协会会员，新华社《瞭望智库》首批入驻专家。著有《舆情消长与边疆社会稳定》《对外文化贸易研究》《传媒国际贸易与文化差异规避》《民族文化传媒化》等书10余部，《中国传媒发展指数报告》主笔，《一本书学会新闻采写》（6部）丛书主编，发表论文80余篇。主持"舆情消长与边疆民族地区稳定研究"国家社科基金等30余项课题。研究成果获国家级、省部级多项奖励，论文被《新华文摘》、人大复印报刊资料《新闻与传播》、"中国社会科学"等刊物多次全文转载，主要从事新闻传播理论、书法出版传播史、传媒经济与文化产业研究。

邸　昂

女，河南信阳人，中国新闻出版研究院传媒研究所助理研究员，法国巴黎行政与管理学院管理学硕士，从事传媒经济与对外文化传播研究。

前　言

"中国传媒社会责任研究"课题是中央级公益性科研院所基本科研业务费专项资金资助项目，是中国新闻出版研究院的重要研究课题，《中国传媒社会责任研究报告》是该课题的研究成果，《中国传媒社会责任研究报告》与《中国传媒融合创新研究报告》相得益彰、互为补充，成为中国新闻出版研究院传媒研究所的两大拳头产品。

中国新闻出版研究院已推出《中国传媒社会责任研究报告（2016）》一书，得到政府、业界与学界一致肯定与好评。今年推出的《中国传媒社会责任研究报告（2017~2018）》，主要聚焦于中宣部试点的社会责任报告制度媒体机构与在国内外上市的中国传媒公司。我们对本编委会认真筛选的21家上市传媒与中宣部公布的38家第三批试点社会责任传媒进行了深入研究与客观评析，力图使本报告既具鲜活的一手实践材料，又有深远的成熟理论总结，使其成为中国传媒社会责任研究的主推手。

本书选取利益相关方对新闻媒体社会责任进行界定。新闻媒体社会责任的主要利益相关方包括公众（读者和社会大众）、政府、出资人、媒体从业人员等。社会责任的概念按照广义的标准进行界定，原则上应包括以下内容：对党和政府的责任，主要发挥舆论导向作用，重点是意识形态与主流价值观的导向，遵守国家法律法规，发挥社会效益；对出资人的责任，主要是确保企业盈利能力与经济效益；对读者的责任，主要是确保提供内容精良丰富多样的传媒产品，满足消费需求；对作者的责任，主要是保护知识产权，使作者获得最大化的精神利益与财产利益；对社会的责任，主要是积极开展公益慈善行动，披露企业履责信息；对环境的责任，主要是绿色出版、环保与生态文明建设等。

本书是由总报告与若干分报告组成的框架体系。无论是总报告抑或是分报告，大体按照传媒基本情况、媒体执行社会责任现状（根据社会责任维度体系舆论引导与社会监督责任、市场责任、社会责任、责任管理四个一级指标N个二级指标所涉及的内容分别进行分析）、媒体执行社会责任存在的问题、媒体社会责任执行力提升路径与方法这一结构行文，在彰显不同作者个性特征的同时，确保本报告作为国家级智库研究成果的规范性、严肃性与权威性。

本书总报告包括上市传媒社会责任报告与试点媒体社会责任报告，主要是对上市传媒与试点媒体进行全景式的现状概述与理论归纳，以期为中国传媒社会责任工作的推进发挥强大的理论指导作用。分报告包括图书出版、报刊传媒、广播影视、互联网新媒体四个篇章。图书出版部分包括中文传媒社会责任报告、时代出版社会责任报告、中南传媒社会责任报告、南方传媒社会责任报告、凤凰传媒社会责任报告；报刊传媒部分包括浙报数字文化集团（浙报传媒）社会责任报告、粤传媒社会责任报告、华闻传媒社会责任报告、博瑞传播社会责任报告、读者传媒社会责任报告；广播影视部分包括电广传媒社会责任报告、东方明珠传媒社会责任报告、广西广电社会责任报告、湖北广电社会责任报告、中视传媒社会责任报告；互联网新媒体部分包括新华网社会责任报告、人民网社会责任报告、新浪网社会责任报告、腾讯社会责任报告、阿里巴巴集团社会责任报告、中文在线社会责任报告。

在此，对参与本书撰写的各位专家所付出的辛勤劳动和大力支持表示诚挚的谢意。

《中国传媒社会责任研究》课题组
2018年2月

目 录

总报告

中国试点媒体社会责任指数总报告 …………………………………………（3）
 第一节 研究方法和技术路线 ……………………………………（3）
 第二节 试点传媒社会责任指数排名 ……………………………（6）
 第三节 试点传媒社会责任年度特征 ……………………………（8）
 第四节 试点传媒社会责任总体情况分析 ………………………（8）
 第五节 试点传媒社会责任存在问题 ……………………………（12）
 第六节 试点传媒社会责任执行力提升的建议 …………………（13）

图书出版篇

第一章 中文传媒社会责任报告 ……………………………………（17）
 第一节 中文传媒基本情况 ………………………………………（17）
 第二节 中文传媒执行社会责任现状 ……………………………（20）
 第三节 中文传媒执行社会责任存在的问题 ……………………（29）
 第四节 中文传媒社会责任执行力提升路径与方法 ……………（30）

第二章　时代出版社会责任报告 ……………………………………… (32)
第一节　时代出版基本情况 ……………………………………… (32)
第二节　时代出版社会责任现状 ………………………………… (34)
第三节　时代出版执行社会责任存在的问题 …………………… (39)
第四节　时代出版社会责任执行力的提升路径与方法 ………… (41)

第三章　中南传媒社会责任报告 ……………………………………… (44)
第一节　中南传媒基本情况 ……………………………………… (44)
第二节　中南传媒执行社会责任现状 …………………………… (49)
第三节　中南传媒执行社会责任存在的问题 …………………… (55)
第四节　中南传媒社会责任执行力提升路径与方法 …………… (57)

第四章　南方传媒社会责任报告 ……………………………………… (59)
第一节　南方传媒基本情况 ……………………………………… (59)
第二节　南方传媒执行社会责任现状 …………………………… (60)

第五章　凤凰传媒社会责任报告 ……………………………………… (69)
第一节　凤凰传媒基本情况 ……………………………………… (69)
第二节　凤凰传媒执行社会责任现状 …………………………… (70)

报刊篇

第六章　浙报数字文化集团（浙报传媒）社会责任报告 …………… (79)
第一节　浙报传媒基本情况 ……………………………………… (79)
第二节　社会责任履行情况 ……………………………………… (80)
第三节　面临的问题及提升路径与方法 ………………………… (91)

第七章　粤传媒社会责任报告 ………………………………………… (93)
第一节　粤传媒的发展战略和经营理念 ………………………… (93)
第二节　粤传媒业务经营布局 …………………………………… (95)
第三节　粤传媒在资本市场上的重大举措 ……………………… (97)
第四节　粤传媒对投资人的责任 ………………………………… (98)

第五节　粤传媒履行的社会责任 ……………………………………… (99)
　　第六节　粤传媒的投资和决策失误及其教训 ………………………… (101)
第八章　华闻传媒社会责任报告 ……………………………………………… (103)
　　第一节　华闻传媒基本情况 ……………………………………………… (103)
　　第二节　华闻传媒执行社会责任现状 …………………………………… (104)
　　第三节　华闻传媒执行社会责任存在的问题 …………………………… (111)
　　第四节　华闻传媒社会责任执行力提升路径与方法 …………………… (113)
第九章　博瑞传播社会责任报告 ……………………………………………… (115)
　　第一节　博瑞传播基本情况 ……………………………………………… (115)
　　第二节　博瑞传播执行社会责任现状 …………………………………… (117)
　　第三节　博瑞传播执行社会责任存在的问题 …………………………… (126)
　　第四节　博瑞传播社会责任执行力提升路径与方法 …………………… (129)
第十章　读者传媒社会责任报告 ……………………………………………… (132)
　　第一节　读者传媒基本情况 ……………………………………………… (132)
　　第二节　读者传媒执行社会责任现状 …………………………………… (133)
　　第三节　读者传媒执行社会责任存在的问题 …………………………… (140)
　　第四节　读者传媒社会责任执行力提升路径与方法 …………………… (141)

广播影视篇

第十一章　电广传媒社会责任报告 …………………………………………… (145)
　　第一节　电广传媒基本情况 ……………………………………………… (145)
　　第二节　电广传媒执行社会责任现状 …………………………………… (147)
　　第三节　电广传媒执行社会责任存在的问题 …………………………… (155)
　　第四节　电广传媒社会责任执行力提升路径与方法 …………………… (157)
第十二章　东方明珠传媒社会责任报告 ……………………………………… (159)
　　第一节　东方明珠传媒基本情况 ………………………………………… (159)
　　第二节　东方明珠执行社会责任现状 …………………………………… (161)

第十三章　广西广电社会责任报告 ……………………………………… (173)
  第一节　广西电广基本情况 ……………………………………… (173)
  第二节　广西广电执行社会责任现状 …………………………… (175)
  第三节　广西广电执行社会责任存在的问题 …………………… (182)
  第四节　广西广电社会责任执行力提升路径与方法 …………… (184)

第十四章　湖北广电社会责任报告 ……………………………………… (186)
  第一节　湖北广电基本情况 ……………………………………… (186)
  第二节　湖北广电执行社会责任现状 …………………………… (187)
  第三节　湖北广电执行社会责任存在的问题 …………………… (195)
  第四节　湖北广电社会责任执行力提升路径与方法 …………… (196)

第十五章　中视传媒社会责任报告 ……………………………………… (198)
  第一节　中视传媒基本情况 ……………………………………… (198)
  第二节　中视传媒执行社会责任现状 …………………………… (199)
  第三节　中视媒体执行社会责任存在的问题 …………………… (207)
  第四节　中视传媒社会责任执行力提升路径与方法 …………… (208)

互联网新媒体篇

第十六章　新华网社会责任报告 ………………………………………… (211)
  第一节　新华网基本情况 ………………………………………… (211)
  第二节　新华网执行社会责任现状 ……………………………… (212)
  第三节　存在的问题 ……………………………………………… (219)
  第四节　改进的方向 ……………………………………………… (220)

第十七章　人民网社会责任报告 ………………………………………… (222)
  第一节　人民网基本情况 ………………………………………… (222)
  第二节　人民网执行社会责任现状 ……………………………… (225)
  第三节　人民网执行社会责任存在的问题 ……………………… (238)
  第四节　人民网社会责任执行力提升路径与方法 ……………… (239)

第十八章　新浪网社会责任报告 (241)
第一节　新浪网基本情况 (241)
第二节　新浪网执行社会责任现状 (242)
第三节　新浪网执行社会责任存在的问题 (250)
第四节　新浪网社会责任执行力提升路径与方法 (252)

第十九章　腾讯社会责任报告 (256)
第一节　腾讯基本情况 (256)
第二节　腾讯执行社会责任现状 (257)
第三节　腾讯执行社会责任存在的问题 (266)
第四节　腾讯社会责任执行力提升路径 (268)

第二十章　阿里巴巴集团社会责任报告 (270)
第一节　阿里巴巴集团基本情况 (270)
第二节　阿里巴巴集团执行社会责任现状 (271)
第三节　阿里巴巴集团执行社会责任存在的问题 (281)
第四节　阿里巴巴集团提升社会责任的路径 (283)

第二十一章　中文在线社会责任报告 (285)
第一节　中文在线基本情况 (285)
第二节　中文在线执行社会责任现状 (286)
第三节　中文在线执行社会责任存在问题 (293)
第四节　中文在线社会责任执行力提升途径 (294)

参考文献 (296)

总报告

中国试点媒体社会责任指数总报告

黄晓新　刘建华　邱　昂[①]

本报告聚焦于中宣部社会责任试点媒体和国内外上市中国传媒机构，对传媒社会责任执行现状进行全面、深入的描述和分析，找到制约中国传媒执行社会责任的关键问题，提出中国传媒社会责任执行力提升的方略与路径。2017年，课题组运用"中国传媒社会责任发展指数"评价体系，对上市（试点）传媒的社会责任履行水平、履行状况进行评价，探寻提升传媒社会责任执行力的方法，促进传媒业健康发展。

第一节　研究方法和技术路线

传媒社会责任指数是对社会责任管理体系建设现状和社会责任信息披露水平进行评价的综合指数。中国上市（试点）传媒社会责任指数（2017）的研究路径如下：按照舆论引导与社会监督、市场责任、社会责任、责任管理的理论模型；参考国际企业社会责任倡议、国内企业社会责任倡议建立传媒社会责任指标体系；从传媒社会责任报告、年度报告、各单项报告、官方网站以及权威媒体报道等信息渠道收集企业2016/2017年度的社会责任履行信息；对其社会责任信息进行内容分析和定量分析，得出企业社会责任发展指数初始得分，并根据责任奖项和创新责任管理等其他信息酌情对初始分数进行调整，得到传媒社会责任指数的最终得分与排名。

[①] 黄晓新，中国新闻出版研究院党委书记、副院长；刘建华，中国新闻出版研究院传媒研究所执行所长、研究员；邱昂，中国新闻出版研究院助理研究员。

（一）理论模型

本研究按照舆论引导与社会监督、市场责任、社会责任、责任管理的理论模型（见图1）。舆论引导与社会监督责任位于模型的核心位置，它是传媒社会责任实践的核心。传媒的舆论引导包括思想政策宣传、重大会议报道、经济社会关注、公共事件报道；社会监督是指负面新闻报道。责任管理位于模型的基部，包括责任战略、责任治理、责任绩效等内容。社会责任为模型的左翼，包含公益慈善、员工关爱、依法经营和环境责任。市场责任为模型的右翼，包括总资产、营业收入、股东权益等与经济业务活动密切相关的责任。

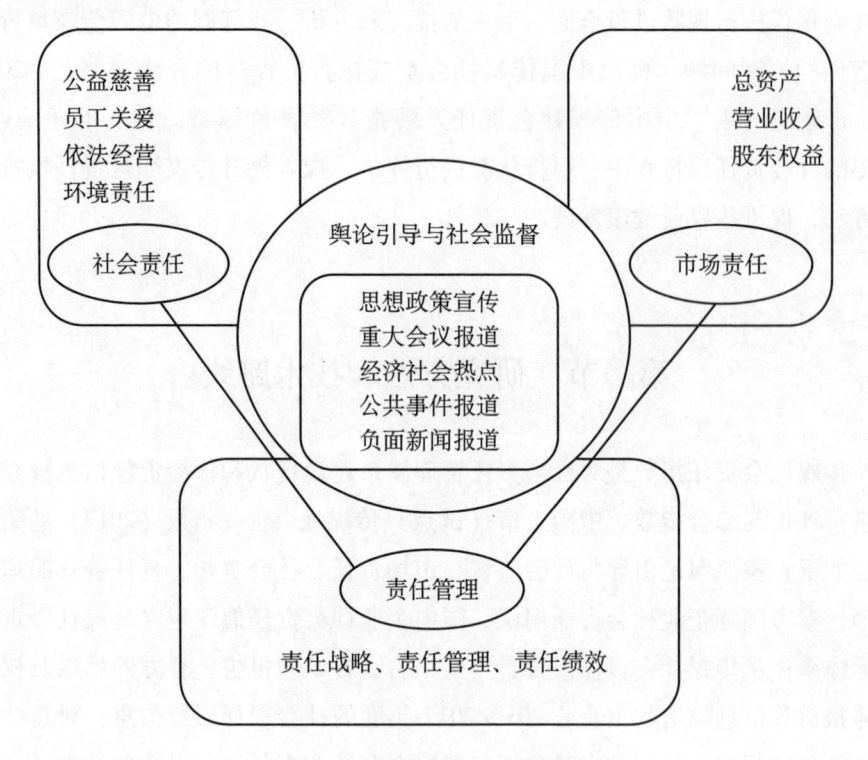

图1　传媒社会责任理论模型

（二）指标体系

1. 指标参考

本报告参考的国际企业社会责任倡议和指标体系，其中包括全球报告倡议组织（GRI）可持续发展报告指南、国际标准化组织颁布的社会责任指南（ISO26000）等；参考的国内企业社会责任倡议包括《中国企业社会责任报告编写指南之一般框架》等；参考的传媒试点社会责任报告主要涉及传媒社会责任报告中的相关指标。

2. 指标体系

责任板块	一级指标	二级指标
舆论引导与社会监督	舆论引导	思想政策宣传
		重大会议报道
		经济社会发展
		公共事件报道
	社会监督	负面新闻报道
市场责任	总资产	—
	营业收入	—
	股东权益	—
社会责任	公益慈善	公益报道
		慈善捐款
	员工关爱	保障从业人员合法权益
		履行人文关怀责任
	依法经营	遵守职业道德
		安全
		合法经营
	环境责任	—
责任管理	责任战略	—
	责任治理	—
	责任绩效	—

3. 指标赋权与评分

上市传媒社会责任指数与试点媒体社会责任指数的赋值和评分共分为以下五个步骤。

（1）为每大类责任板块下面的具体指标赋权。

（2）确定舆论引导与社会监督、市场责任、社会责任、责任管理四大类责任板块的权重。

（3）依据社会责任管理现状和信息披露的情况，给出各项社会责任内容下每一个指标的得分。

（4）根据各项责任板块的得分和权重，计算社会责任指数的初始得分。

（5）初始得分加上调整项得分就是媒体社会责任的综合得分。其中调整项包括媒体社会责任相关奖项的奖励分以及社会责任管理的创新实践加分。

（三）数据来源

本研究的信息来源分为四类：2016～2017 年度社会责任报告、年度报告、单项报告及外部权威媒体新闻报道。上市传媒和试点媒体社会责任评价信息搜集截至日期为 2017 年 6 月 30 日。

第二节　试点传媒社会责任指数排名

自 2014 年 6 月，中国记协向社会统一发布首批试点媒体（11 家）社会责任报告以来，四年间试点媒体范围逐步扩大，各媒体社会责任意识进一步强化，2016 年度媒体社会责任报告单位共计 38 家，涉及 6 家中央新闻媒体、全国性行业类媒体，以及全国 28 个省区市的 32 家地方媒体。具体包括经济日报、中央电视台、中国青年报、人民网、新华网、国家电网报、北京青年报社、天津日报、河北日报、内蒙古广播电视台、包头日报、辽宁日报、辽宁广播电视台、吉林日报、黑龙江广播电视台、解放日报、新华报业传媒集团、浙江卫视、安徽日报、福建省广播影视集团广播都市生活频率、江西日报、齐鲁晚报、河南日报、湖北日报社、湖北广播电视台、湖南广播电视台、南方日报、广西日报传媒集团、南国都市报、重庆日报、四川日报、贵州日报、云南日报、云南广播电视台、陕西日报、兰州晨报、青海日报、宁夏日报报业集团。本部分选取了 2016 年度试点媒体作为研究对象按照前述社会责任评价指标和评分步骤对 38 家试点媒体的社会责任履行状况进行评估，以下为 2016 年度传媒试点社会责任排名情况。

排名	媒体名称	性质	指数得分
1	中央电视台	事业单位	93.75
2	新华网	上市公司	90.45
3	人民网	上市公司	89.48
4	经济日报	事业单位	88.75
5	中国青年报	事业单位	88.75
6	湖南广播电视台	事业单位	86.42

续表

排名	媒体名称	性质	指数得分
7	南方日报	事业单位	85.42
8	北京青年报	事业单位	85.29
9	天津日报	事业单位	84.62
10	河北日报	国企	84.42
11	解放日报	国企	84.29
12	国家电网报	国企	83.75
13	浙江卫视	事业单位	83.17
14	河南日报	事业单位	83.17
15	湖北广播电视台	国企	82.08
16	湖北日报社	事业单位	82.05
17	内蒙古广播电视台	事业单位	81.02
18	重庆日报	事业单位	80.44
19	贵州日报	事业单位	80.42
20	宁夏日报报业集团	事业单位	80.29
21	四川日报	事业单位	79.11
22	云南日报	事业单位	78.08
23	辽宁日报	事业单位	78.08
24	广西日报传媒集团	事业单位	77.08
25	江西日报	事业单位	76.23
26	南国都市报	事业单位	75.21
27	福建广播都市生活频率	事业单位	74.17
28	安徽日报	事业单位	74.17
29	吉林日报	事业单位	73.98
30	辽宁广播电视台	国企	73.83
31	陕西日报	事业单位	72.08
32	云南广播电视台	国企	72.05
33	新华报业传媒集团	国企	71.83
34	青海日报	事业单位	70.75
35	黑龙江广播电视台	事业单位	70.62
36	齐鲁晚报	事业单位	69.83
37	包头日报	事业单位	69.17
38	兰州晨报	事业单位	68.96

第三节　试点传媒社会责任年度特征

2016 年，试点媒体社会责任指数为 79.56 分，整体社会责任履行状况良好，逐步建立社会责任管理体系，总体社会责任信息披露较为完整，是我国传媒社会责任的先行者。

（1）社会责任指数处于 80 分以上的媒体数量达到 20 家（52.6%），近五成媒体得分低于 80 分；

（2）前十位的媒体，其中五家为中央级媒体，整体表现相对较好，平均社会责任指数为 89.16 分；

（3）舆论引导与社会监督责任指数领先于市场责任指数和责任管理指数；社会责任指数高于市场责任和责任管理指数；责任管理指数高于市场责任指数；

（4）国企和事业单位对财务类信息和数据披露相对不足。

具体来看，媒体依次重视：舆论引导、依法经营、社会监督、员工关爱、公益慈善、责任管理、市场责任。试点媒体中少数为上市企业，对股东权益更为关注，而大多数作为内资企业，国企或中央和地方级事业单位，其在市场信息和管理信息披露方面相对较弱。

第四节　试点传媒社会责任总体情况分析

过去一年中，各媒体深入学习宣传贯彻习近平总书记系列重要讲话精神，牢固树立"四个意识"，主动服务党和国家工作大局、服务人民群众，传播力引导力影响力公信力不断增强，较好地履行了社会责任。以下分别从四个方面，即舆论引导与社会监督、市场责任、社会责任、责任管理，分析试点传媒社会责任的总体情况。

（一）舆论引导责任与社会监督

在舆论引导与社会监督方面，积极发挥主流媒体的作用和党报的积极影响，高度重视社会责任体系的建设和完善。

1. 发挥主流媒体主力军作用，重大报道权威准确

媒体时刻牢记习近平总书记提出的"新闻舆论工作要体现党的意志、反映党的主张，维护党中央权威、维护党的团结"的要求，深入宣传以习近平同志为核心的党中央治国理政新理念新思想新战略。比如围绕"五位一体"总体布局、"四个全面"战略布局和新发展理念，设置专版专刊专栏，深入宣传以习近平同志为核心的党中央治国理政新理念新思想新战略。推出"学习总书记系列讲话精神"专栏专题，围绕"十三五"规划、全面深化改革、供给侧结构性改革和"一带一路"、金融财税改革、区域协调发展、扶贫攻坚等重大战略，组织系列主题报道，阐释政策取向，解析改革背景，全面反映中央推动经济社会发展的重大决策部署。围绕纪念建党95周年、G20杭州峰会、红军长征胜利80周年、十八届六中全会以及中国发展高层论坛、天津达沃斯论坛、世界互联网大会、里约奥运会等重大活动和重要时间节点，贯穿主题主线，贯通内容、频道、台网平台，电视与新媒体同频共振、共同发力，形成立体化传播格局，发出中国声音，树立中国形象。

2. 准确解读中央各项政策措施，当好经济社会发展的"助推器"

围绕简政放权、国企改革、金融财税改革、东北振兴等重大课题，阐释政策取向，解析改革背景，凝聚改革共识。充分展示各地各部门深化改革的举措和成效，深入报道破解发展难题、积极主动作为的创新实践，把中央精神与百姓关切紧密结合起来，做好上情下达和下情上达的工作，引导人们准确理解和把握政策的出发点和落脚点，发挥媒体优势助推经济建设和社会发展。

3. 注重新闻事实，积极有效引导社会舆论热点

针对社会热点问题和突发事件，媒体坚持从时度效着力、体现时度效要求。挖掘事实，提出概念，形成标识，例如在所谓"南海仲裁案"、南方重大台风灾害、法国尼斯恐怖袭击、土耳其突发军事政变等国内外突发事件中，媒体做到快速反应、稳妥把握。同时各媒体深化国际合作，不断推进国际传播能力。在立足国内经济发展视角的同时，放眼全球竞争格局，在G20杭州峰会、APEC秘鲁峰会、反对"萨德"入韩、美联储加息、南海非法仲裁案等一系列重大事件和活动中，及时发出中国声音。

4. 坚持建设性监督，凸显媒体责任与担当

随着社交网络的兴起，各类言论丛生，水平参差不齐。媒体在传播科学知识、澄清事实真相上作出其努力并取得一定成效。比如解放日报同上海市互联网信息办公室联合打造的上海辟谣平台，入驻今日头条、网易新闻客户端等公众媒体平台。比如《天津日报》形成一套舆情研判机制，一方面掌握各大网站、新媒体和主要报纸当天报道的新闻热点，另一方面了解网络论坛、贴吧内人们的所言所想，及时获悉舆情动态，筛选有用线索追踪报道，对不利于稳定团结的苗头性问题加以防范，并对传言深入求证，有力回击了网络谣言。比如央视《焦点访谈》《经济半小时》等栏目注重以建设性的态度直面社会关切，针对社会问题深入采访，揭开问题根源，通过播出一系列报道引起有关部门的高度重视、反馈并有效促进问题解决。

（二）市场责任

各媒体不断完善治理结构，推进机制体制创新，建立健全符合文化特性、具有文化特色的现代企业制度。

第一，不断完善公司结构治理。如上市传媒按照《公司法》《证券法》等法律法规的要求，完善股东大会、董事会、监事会等治理结构和制度，依照有关法律法规、《公司章程》和《股东大会议事规则》的要求，履行股东大会的召集、召开和表决的法定程序，确保股东平等、充分地行使权利。完善内控体系，内控内容和流程更加优化，保障企业规范运作。

第二，加强投资者关系管理。制定《投资者关系管理办法》等，及时接听投资者热线电话，耐心解答 E 互动平台投资者提问，定期发布投资者调研动态，加强与投资者的沟通交流，保护投资者权益，不断提升投资者关系管理水平。

第三，尊重利益相关者合法权益。制定《社会责任制度》，坚持公开、公平、守信的原则对待公司相关利益方，维护股东利益的同时充分尊重和维护客户及其他相关利益者的合法权益，共同推动媒体持续健康成长。

（三）社会责任

1. 履行人文关怀责任

媒体以创新思维开展公益事业，充分发挥权威优势和舆论引导作用，为推动中国公益事业的健康发展贡献力量。发挥媒体优势，大力开展公益传播。通过开展公益栏目，就公众关注的公益热点话题、公益现象展开探讨和研究，碰撞公益智慧，传播公益理念；通过录制公益电影，组织明星志愿者以普通人身份深入偏远贫困地区与当地学校儿童互动，通过网络和自媒体直播和拍摄纪实电影，呼吁更多人用实际行动参与公益，吸引千万手机用户参与互动并转载传播爱心力量。

2. 履行保障新闻从业人员权益责任

媒体秉承"以人为本"的理念，切实保障公司员工权益。首先，严格签署劳动合同。认真遵守并执行相关法律法规，及时主动与员工签署劳动合同，积极保障新闻从业者权益。截至报告期内2016年12月31日，试点媒体员工均依法签署、续签劳动合同，全年无因劳动合同引发的纠纷和仲裁；其次，确保员工薪酬福利及社保。依法、合规、及时、足额为员工缴纳各项社会保险和住房公积金，保障员工权益。协助员工办理就医、购房、生育险等审批事项，助力员工享有福利；然后，为新闻采编人员申领记者证。根据国家新闻出版广电总局、中央网信办和新华社要求，为符合申领新闻记者证条件的新闻采编人员办理申领新闻记者证，截至2016年12月31日，年检过程中未发生违规情况；再次，广泛开展员工培训，全面提升员工职业能力；最后，关怀员工。购买空气净化器，增加绿植覆盖率，改善员工工作环境空气质量和办公条件。加大对女职工关爱力度，慰问受伤和残疾员工以及研究医疗费用解决方案等。

3. 履行合法经营和安全刊播责任

严格遵守法律法规，履行合法经营责任，不断提升经营管理规范化水平。第一，坚持采编和经营"两分开"，明确采编和经营工作的职能职责，实现管理分开、业务分开、人员分开；第二，严格遵守税收法律法规，按时足额缴纳各种税费款项；第三，严格规范经营行为，禁止经营人员以记者、编辑的名义从事经营活动；第四，严控经营风险，增强经营安全和风险防控意识，完善制度，堵塞漏洞，排除隐患；第五，遵守市场经济竞争法则及公认的商业道德，公平、公正地参与市场竞争，信守合同，履行协议。

严格履行安全刊播责任，各媒体执行状况良好。各媒体在安全刊播方面均有一系列规章制度，并在日常采编报道工作中做到严格遵守执行。

（四）责任管理

传媒社会责任管理履责情况，具体包括责任战略、责任治理、责任绩效三个方面。对于自身社会责任的履行情况进行全面汇总与分析、公布，既可以彰显企业的社会责任意识、塑造自身公众形象，长远来看，也可以促进经济效益的提升。自2014年，试点媒体第一次发布社会责任报告以来，传媒社会责任理念不断提升，并按照框架从正确引导责任、提供服务责任、人文关怀责任、繁荣发展文化责任、遵守职业规范责任、合法经营责任、安全刊播责任及保障从业人员权益等责任方面编制了社会责任报告，每年定期公布，一方面做到了社会责任执行的情况披露要求，另一方面充分发挥社会环境和利益相关方对媒体社会责任管理的驱动作用，最大限度创造社会和经济综合价值。其中制定全面参与的社会责任战略方面，各媒体履行较好；但对于内部社会责任的规划、评估等内容重视程度仍有待加强，比如公开发布的社会责任管理办法、指标制度/绩效考核等等。例如，多数传媒年度社会责任报告中并没有专门描述责任管理的状况，在社会责任战略方面均有一定规划，但是在责任治理和责任绩效方面的评估在各种信息中没有明显体现出来。对自身履责情况的评估，比如社会责任管理办法、指标制度或是绩效考核等内容有待完善。

第五节 试点传媒社会责任存在问题

第一，新闻报道的深度和广度存在不足，舆论引导的力度需要进一步加大。试点媒体认真履行其职责使命，为做好社会宣传和舆论引导发挥了重要作用，但对经济社会深层次问题的理论研究和实践还不够，一些重大主题与会议报道的影响力和导向力仍不够强，对热点敏感问题的回应缺乏深度和力度。在网络空间纷繁复杂的传播生态中，有时弘扬主旋律、传播正能量效果未能达到预期，面对社交化、移动化、视频化等行业发展趋势，传播力、引导力、影响力和公信力还需要进一步提升。

第二，媒体融合的程度有待提升。党的十八大以来，以习近平同志为核心的党中央高度重视媒体的融合发展。按照打造"中央厨房"的目标要求，优化结构、整合资源，加快实现由形式上的"合"到全方位的"融"的深度融合。加强技术平台建设，以全媒体中心为平台，以移动端为重点，构建报网端微一体化发展的传播矩阵。创新体制机制，再造采编流程。加快采编队伍转型，强化互联网思维和用户意识，不断提升采编人员对新技术、新平台、新渠道的理解和应用，引导人才队伍更快更好地适应媒体转型所带来的新变化和新要求。提高内容生产能力，把媒体的传统优势转化为融合发展条件下的核心竞争力。由于资金、人才、体制机制等方面的原因，导致媒体融合发展在高度、广度和深度上仍有不小差距。

第三，人才队伍有待完善提升，需要不断培养和引进人才。提升社会责任，需要进一步培养"全媒体记者""全媒体编辑"，引进新媒体技术人才，完善人才评价、激励机制，弥补人才短板。融媒体时代，目前缺乏高素质技术人才、新媒体人才、了解市场的人才，需要理顺人力资源、培训开发、绩效管理的关系，进一步增强现有人员的主动性和创造性。

第六节　试点传媒社会责任执行力提升的建议

第一，坚持正确政治方向和舆论导向，牢记职责使命，坚定自觉地履行社会责任。媒体持续深入学习宣传贯彻习近平总书记系列重要讲话精神，牢固树立政治意识、大局意识、核心意识、看齐意识，自觉坚决在思想上政治上行动上同以习近平同志为核心的党中央保持高度一致，着力提高舆论引导水平，社会监督水平，始终坚持创新创优，突出价值引领，弘扬主旋律，传播正能量，始终把社会效益放在首位，坚持以人民为中心的工作导向，不断创新内容和题材，打造文化节目精品力作，提升国内影响力和国际传播力。坚持从党的工作全局出发把握党的新闻舆论工作，突出坚持和发展中国特色社会主义、实现中华民族伟大复兴中国梦主题，突出宣传、贯彻党的十九大精神。

第二，以人民为中心，进一步加强内容建设，增进服务意识，拓宽服务领域，改进服务方式。提供贴近实际、贴近生活、贴近群众的服务，最大限度满足用户的信息需求，为用户创造价值。遵守职业规范、恪守职业道德，坚决杜绝虚假报道、有偿新闻等不良现象，坚持真实客观报道，深入社会生活，反映群众心声，营造主旋律高扬、正能量的舆论氛围。除了提供信息服务以外，应发挥媒体的优势，提供更多的生活服务、精神服务，组织开展更多社会性服务活动，帮助群众解决实际困难，以实现好、维护好、发展好最广大人民根本利益作为出发点和落脚点，坚持媒体的权威性和影响力，坚持社会效益第一，发挥自身优势，履行好媒体社会责任。

第三，强化媒体特色，创新方法手段，切实提高新闻舆论的传播力、引导力、影响力和公信力。在媒体融合的大背景下，创新新闻生产传播方式，加速媒体融合发展，依托传统媒体优势资源，创新新闻生产传播方式，致力推出优质的融媒体精品栏目和全媒体报道作品。加强对新形势下受众需求的信息调研，从而更好地满足受众的需求，不断提高舆论引导能力。进一步创新新闻宣传的内容与形式，传播的针对性、精细化有待进一步增强。近年来，各媒体不断创新新闻的内容和形式，利用全媒体平台实现了图、文、音视频的立体化传播，强调讲好故事、注重深度、运用图表、精做提要等，但与广泛而有效的传播要求相比，还有较大提升空间。媒体应不断适应分众化、差异化的传播趋势，针对不同层次、不同群体、不同受众开展精准传播，从而提升传播效果。

第四，加强新闻舆论工作队伍建设。重视人才建设，着力培养造就一支政治坚定、业务精湛、作风优良、党和人民放心的新闻舆论工作队伍；完善员工考核办法，推行规范管理，细化管理制度，优化人才结构，深化人事改革，着力引进、发掘、培养组织策划、内容生产、技术研发、资本运作等各类人才；完善岗位绩效管理，从而逐步建立一套将社会责任的组织领导、标准、评价、监督系统化、制度化的管理体系。

第五，创新经营模式和经营业态，合法合规运营，实现可持续发展，对股东、合作者等利益相关方尽责。推进产业升级，建立现代企业制度，完善法人治理结构。全面推行成本控制，推行精细化管理，提升企业市场竞争力和产业可持续发展。

第六，不断完善媒体社会责任的评价体系。进一步扩大宣传，让更多的受众了解并关注媒体的报告，发挥试点媒体的示范带头作用。在提升媒体价值的同时，开设具备代表性的教育栏目，培养媒体工作者勇于承担社会责任的氛围和能力。同时，鼓励媒体工作者保持改革创新，对社会责任意识具备客观的认识，增强媒体的社会影响力。

图书出版篇

第一章　中文传媒社会责任报告

应站锦[①]

中文天地出版传媒股份有限公司（股票简称：中文传媒，证券代码：600373）主营业务包括图书出版、报刊传媒、印刷发行、物资供应等传统出版业务；国内外贸易和供应链业务、现代物流和物联网技术应用等产业链延伸业务；新媒体和在线教育、互联网游戏、数字出版、影视剧生产、艺术品经营、文化综合体和投融资等新业态业务。中文传媒相信，坚持社会效益优先，多出精品、出力作，以满足人民群众日益增长的文化需要，是公司承担社会责任的最佳方式。

第一节　中文传媒基本情况

中文天地出版传媒股份有限公司（股票简称：中文传媒，证券代码：600373）于2010年12月21日完成重大资产重组，是江西省出版集团公司控股、以主营业务整体借壳上市的多媒介全产业链的大型出版传媒公司。公司主营业务包括图书编辑出版、报刊传媒、印刷发行、物资供应等传统出版业务；国内外贸易和供应链业务、现代物流和物联网技术应用等产业链延伸业务；新媒体和在线教育、互联网游戏、数字出版、影视剧生产、艺术品经营、文化综合体和投融资等新业态业务，在业内率先提出"内外兼修，双轮驱动""内容为本，平台为王""创新驱动，融合发展"理念并身体力行，是一家具有多介质、平台化、全产业链特点的大型出版传媒公司。

公司上市以来，不断规范治理结构，努力夯实产业基础，积极谋划转型升

---

① 应站锦，中文天地出版传媒股份有限公司证券法律部。

级，快速成长为一家治理结构完善、经营管理规范的现代出版传媒上市企业。截至 2016 年底，中文传媒实现营业收入 127.76 亿元，同比增长 10.12%；归属于母公司净利润 12.95 亿元，同比增长 22.44%；总资产 188.52 亿元，同比增长 7.07%；归属于上市公司净资产 110.05 亿元，同比增长 12.76%。中文传媒股票先后纳入上证 180 指数成分股、上证 380 指数成分股、上证公司治理指数样本股和上证社会责任指数样本股；中文传媒先后斩获"2015 中国最受投资者尊重的百家上市公司""中国主板上市公司价值百强""上市公司监事会积极进取 50 强"和 2015"中国企业信用 500 强""中国服务业企业信用 100 强""中国上市公司信用 100 强"等殊荣；2017 年 6 月 21 日，中文传媒股票成为首批纳入 MSCI 指数的 222 支股票之一，出版传媒股票仅有 3 家；连续六年入选"财富中国 500 强"，成为中国出版文化企业领军品牌。

夯实基础，铸就企业发展品牌。母公司江西省出版集团公司连续九届蝉联中国"文化企业 30 强"，多次荣获全国文化体制改革先进单位和全国文明单位，长期位居出版企业前列。2006 年以来，公司共有《瓷上中国——China 与两个 china》《超级笑笑鼠》《20 世纪中国学术论辩书系》《魔法小仙子》《奔跑的女孩》等 84 种出版物荣获"五个一工程"奖、中国出版政府奖、中华优秀出版物奖等"国家三大奖"。在"第四届中国出版政府奖"评选中荣获 9 项大奖，有 10 种出版物获第六届中华优秀出版物奖。旗下二十一世纪出版社集团成为亚洲地区唯一荣获第三届博洛尼亚书展年度最佳童书出版社获奖单位，江西新华发行集团成为国内唯一一家蝉联四届"中国出版政府奖先进出版单位奖"的发行企业，被国家新闻出版广电总局评为全国新闻出版系统先进集体，荣获 2013 年中国书业年度分销商和"首届中国创意工业创新奖"；江西蓝海物流科技有限公司被评为全国先进物流企业，AAAA 级物流企业；江西新华印刷集团荣获国家新闻出版广电总局颁发的"3·15"质检活动先进单位；一批优秀出版传媒经营人才获"韬奋出版奖""中国政府出版奖"、中宣部"四个一批人才"等光荣称号。

筑牢基石，不断挺拔出版主业。公司高度重视出版主业，拥有 7 家全资出版社，控股中国和平出版社，参股江西高校出版社。旗下二十一世纪出版社集团已成为"中国青少年出版的领跑者"，正在按照"资源聚集、品牌推动、内容转化、平台发力、产业延伸、价值经营"的路径向"产业化、集团化、品牌化、国际化、资本化"的目标迈进。江西教育出版社、江西人民出版社、江西美术出版社等出版单位，出版能力、市场份额和综合实力均居全国同行前列。旗下江西新媒体出版有限公司，是公司未来传统主业向新媒体和数字出版转型升级的重要平台。公司旗下有《江西晨报》《疯狂英语》《农村百事通》《微型小说选刊》等24家报刊，结构合理，定位清晰，发展稳健。公司教材教辅业务市场稳定，基础扎实，在江西形成了良好的经营环境和资源禀赋。在出版主业方面，公司已形成集书报刊、音像电子、新媒体和数字出版，产业链完整，商业模式清晰的价值体系。

及早布局，营造数字出版发展新格局。公司积极进军新媒体、数字出版领域，近年来，在大力推进数字出版业务的同时，组建了江西中文传媒手机台有限公司、江西新媒体协同创新体，拓展智慧教育云平台、二十一世纪少儿阅读推广云平台等项目，加快互联网教育、数字出版运营和销售渠道的布局。

项目支撑，促进传统业态转型升级。公司拥有基于江西全省完整的发行营销渠道，通过资源叠加和价值重构积极开拓新项目，布局基于全省校园的"新华壹品"教育文化服务流量入口平台，基于新华一站式教育培训 Learning Mall，基于全省新华书店的O2O数字体验平台，基于江西、辐射中部的现代出版物流港等项目的建设，推动发行、物流等传统产业的转型升级。

并购重组，持续激发企业发展活力。公司并购了智明星通、中国和平出版社、百分在线等公司，扎实推进转型升级的业态布局。2015年1月，公司完成对北京智明星通科技有限公司的并购重组，有效注入互联网基因，迈入互联网国际化平台领域。2015年，智明星通入选 App Annie 2015 全球52大发行商排行榜，位列第15位，成为2016中国出海全球收入十大公司第一名；其自主研发的游戏《Clash of Kings》成为美国 Google Play 畅销排行榜第7名，并且进入了56国 Google Play 收入榜 Top10，被 Facebook 评为2015年度最佳游戏。

创新形式，着力打造有诗意的公司。公司不断创新企业文化形式，尽力满足员工不同层面、不同类型的精神文化需求，构建具有中文传媒特色的企业文化内涵。目前已形成了"中文传媒之星"主题沙龙、"中文传媒第一发布""中文传媒活页文选""中文传媒大讲堂""中文传媒志愿者联盟""中文传媒健身联盟"等多种载体。通过企业文化的力量，公司在描绘高远理想和发展愿景的同时，有效激发团队创新的动力及员工对社会和公众负责的精神，着力把公司打造成员工的"事业高地、精神家园、人生归宿和温馨港湾",让员工在体会到事业成功的同时,更能感受到家的温暖。

未来,公司将以"致力全方位、全媒介、全产业链,打造最具投资价值的全球文化产品与文化服务运营商"为奋斗目标,大力推进管理升级、机制体制创新和并购重组,加快转型升级步伐。通过夯实经营质地,重构商业模式,形成价值链条,使传统出版发行主业得到巩固提高,稳健提升;通过做实并购重组,加大基于移动互联网技术为支撑的新文化业态领域和互联网文化传播、教育娱乐领域的投资力度;通过体制机制创新,加强市值管理,充分调动各级经营管理层的积极性,提升管理水平。公司将按照"内外兼修、双轮驱动""内容为本、平台为王""创新驱动、融合发展""防控风险、稳健发展"的思路,着力打造优强的"互联网+"现代出版传媒上市企业,为广大投资者持续提供良好的业绩回报。

第二节 中文传媒执行社会责任现状

中文传媒作为国有控股传媒企业,接受党和政府的领导,做好舆论引导和社会监督,完成国有资产保值增值,做大做强企业,向广大股东负责,同时强化公共服务意识和行为是其应尽的责任和义务。本报告从利益相关方角度出发,结合上市传媒企业特殊性,从以下四方面总结中文传媒的社会责任履行情况。

一、舆论引导与社会监督责任

作为国有控股的出版企业,要严把导向关口,确保出版工作始终坚持正确的政治方向,牢牢守住舆论宣传主阵地。这就要求我们进一步创新新形势下舆论宣传方式方法,以品牌影响的软实力和发展的硬实力来影响社会、引导舆论,在潜移默化过程中发挥媒体"成风化人、凝心聚力"的功能,充分发挥好舆论宣传作为发展的"推进器"、民意的"晴雨表"、社会的"黏合剂"、道德的"风向标"的作用,让新闻舆论工作为梦想而书写、为时代而鼓呼、为民族复兴而慷慨高歌;进一步加强对图书、音像电子出版物选题的筛选和质量的把握，严把出版内容关，不给错误、有害的东西提供传播渠道；进一步遵循团结稳定鼓劲、正面宣传为主的基本方针，在新闻素材的选取和报道中，注重发掘文字中的温情与敬意、怜悯与关怀、正义与良知，在每一篇新闻报道中体现新闻的高度与温度，让每一本书刊、每一篇新闻能够记录知识的深度，传递时代的温度。

（一）重大活动和事件中，通过及时正面发声引导舆论

"世界大势，浩浩荡荡，顺之者昌，逆之者亡。"时代的需要就是出版企业的需要。中文传媒紧扣时代主题，以重大出版工程为抓手，服务国家和江西发展大局，齐声唱响发展主旋律。

面对中国人民解放军建军90周年、八一南昌起义90周年、井冈山革命根据地创建90周年和十九大召开等重大主题，中文传媒作为红土地的出版企业责无旁贷。公司超前谋划，精心组织策划了一批重大出版工程。其中《方志敏》《红色中华》《八一精神研究》《跨越时空的井冈山精神》等18种图书已经出版；《红军将领萧克》《井冈山时期文献资料汇编》《光荣的红十军》《赣东北革命根据地史研究丛书》《毛秉华口述井冈山》《中央苏区教育史新编》等25种图书也将陆续出版。南昌是人民军队的诞生地，中文传媒还投资拍摄了40集电视剧《热血军旗》，已于2017年8月3日在央视一套播出。

对于重大热点事件，中文传媒快速出击，充分挖掘出版价值，形成出版高地。当南昌汉代海昏侯墓惊世亮相时，中文传媒相关出版单位就分头跟进，从不同角度向世人全方位讲述海昏侯故事，迅捷回应读者关切。截至目前，中文传媒已出版的海昏侯主题图书共14种，其中《千古悲摧帝王侯：海昏侯刘贺的前世今生》销售达16万册。同时，还对海昏侯主题IP进行立体开发。二十一世纪出版社集团投拍的电影《海昏侯传奇之猎天》已于今年6月在爱奇艺上线播出，单日点击量超300万，其他动漫、文创产品也在同步推进。

（二）创新内容传播的载体和方式，积极宣导社会正能量

中文传媒积极参加全省全民阅读推广活动，2016年全年共组织各类线上线下新书发布会、阅读推广活动、名家讲座等活动计1 133场，其中线上活动355场，线下活动778场。仅4月份全民阅读季期间，公司旗下8家出版社和发行集团百余家市县分公司共举办活动50余场次，邀请曹文轩、杨红樱、敬

一丹、白岩松等知名作家、学者近 20 人举办公益讲座，万余名读者参与。其中，发行集团举办了"暑期读一本好书""护苗行动"等大型互动体验式图书阅读活动；二十一世纪出版社集团邀请黎隆武先生举办"千古悲摧帝王侯"专题巡回讲座 88 场，这些活动体现了企业的文化担当，取得了良好的社会效益。

（三）把好内容导向关，履行社会监督责任

党媒姓党，舆论阵地也姓党。作为一家以出版为主业的文化传媒企业，中文传媒切实履行好自己肩负的社会监督责任，主要表现在对出版内容导向的把握上，要始终确保出版工作坚持正确的政治方向，牢牢守住舆论宣传主阵地。

中文传媒成立了编委会，董事长兼任编委会主任，切实履行内容导向管理第一责任人的职责；总经理兼任编委会副主任和总编辑，进一步强化其对内容把关等的岗位职责，对涉及内容导向问题的事项享有决策权；公司下属出版社法人或总编辑进入编委会，可以有效地把控本公司一线出版单位日常的出版、发行导向。此外，中文传媒还定期召开报刊管理工作例会，明确要求旗下报纸、期刊、手机台等各类媒体坚守舆论阵地。

二、中文传媒的市场责任

关于中文传媒总资产、营业收入及股东权益等数据根据其公布的 2016 年年报和 2017 年半年报整理。由于 2017 年半年报部分数据是报告期内数值，如营业收入等，因此下文数据部分是 2016 年末数据，部分是 2017 年 6 月 30 日数据。

（一）总资产情况

截至 2016 年 12 月中文传媒总资产为 188.52 亿元，到 2017 年 6 月 30 日总资产为 188.39 亿元，比 2016 年末增长 -0.07%。2016 年末归属于上市公司股东的净利润为 12.95 亿元，比上一年增长了 22.44%，归属于上市公司股东的净资产为 110.05 亿元，比上一年增长了 12.76%。

为更直观显示中文传媒在行业中的地位和发展情况，本报告统计了新闻和出版传媒类以出版为主营业务的 10 家上市公司的资产情况，见表 1。

表1　2016年10家新闻和出版传媒类国有上市公司资产情况

单位：亿元

序号	公司名称	总资产	营业收入	净利润	归属上市公司股东净利润	归属上市公司股东净资产
1	中文传媒	188.52	127.76	12.81	12.95	110.05
2	大地传媒	101.48	78.90	6.72	6.73	66.58
3	时代出版	76.50	67.67	4.06	4.03	51.00
4	长江传媒	97.47	137.89	6.02	5.92	55.32
5	中南传媒	186.19	111.05	19.01	18.05	127.32
6	皖新传媒	110.14	75.94	10.75	10.59	85.51
7	新华文轩	122.55	63.56	6.30	6.47	83.36
8	南方传媒	86.09	49.18	5.03	4.22	35.79
9	凤凰传媒	193.18	105.47	12.09	11.70	116.20
10	出版传媒	30.68	16.39	1.23	1.23	19.33

从表1可以看出，按照总资产、营业收入、净利润和归属上市公司股东净利润排名，中文传媒均可以排到行业前二，公司的总资产、营业收入规模与净利润、归属上市公司股东净利润数据相比较为均衡，在行业中的地位靠前，发展现状和趋势总体而言比较健康。

（二）营业收入情况

2016年中文传媒的营业收入为127.76亿元，比2015年增长10.12%。业务收入分行业情况见表2。

表2　2016年中文传媒分行业营业收入情况

分行业	金额（元）	占营业收入比重	比2015年增减
出版业务	2 515 556 701.22	17.03%	9.68%
发行业务	3 546 919 085.50	24.01%	7.95%
物流业务	442 832 550.15	3.00%	23.53%
印刷包装	608 744 523.64	4.12%	-17.74%
物资贸易	2 230 500 323.46	15.10%	-25.88%
新型业态	4 849 810 808.79	32.83%	44.98%
其他	580 627 040.18	3.93%	17.21%

从表2显示的情况来看，公司主要营业收入来自出版业务、发行业务、物资贸易和新型业态，四者相加占营业收入近9成。其中，出版业务、发行业务、物资贸易是中文传媒借壳上市以来一直运营的业务，而新型业态主要指2014年并购互联网平台企业智明星通带来的业绩增长。

中文传媒 2016 年出版业务收入 25.16 亿元，同比增长 9.68%；毛利率 22.42%，比上年增长 0.24%。发行业务收入 35.47 亿元，同比增长 7.95%；毛利率 36.32%，比上年增长 0.95%。从中可以看出，公司的传统出版、发行主业呈现出稳中有升的健康发展态势。中文传媒着眼"控规模、调结构、提质量、增效益、防风险"，积极应对市场变化，严控风险，主动压缩贸易规模，推动现有贸易业务继续向实体贸易和供应链业务转型，板块年销售收入在公司占比日趋保持健康合理水平。在物资贸易收入出现较大幅度下降的情况下，公司的营业收入和净利润仍保持着两位数以上的稳健增长。

此外，中文传媒进一步做实转型升级，公司的新型业态成绩表现极为亮眼。智明星通全年实现营业收入 47.38 亿元，同比增长 51.68%；实现净利润 5.92 亿元，同比增长 83.25%。2016 年智明星通 COK 爆款游戏持续保持高流水，COQ 等新产品运营情况良好；2017 年 COK 长线运营，多款新游戏储备，受益手游大厂地位。2016 年年末，COK 全球注册用户总数 1.85 亿，全年月流水 3.51 亿元，月活跃用户 1 251.77 万，较 2016 年上半年 3.74 亿月流水、1 530 万月活跃用户略有下降，但降幅符合预期。根据 App Annie 3 月 21 日数据，COK 在 23 个国家 IOS 畅销榜排名前 10 64 个国家 Google Play 畅销榜排名前 10，历史上 AOWE 等游戏也证明智明星通长线运营能力。新游戏方面，《Total War》《2WAR》《King of Zombie》目前处于研发调试阶段，并将和动视暴雪合作研发运营《使命召唤》SIP 手游。公司作为国际知名的手游研发运营商，与国际游戏龙头及 IOS、Google Play 等分发平台均保持良好关系，利好新游戏研发推广。

最新数据显示，中文传媒 2017 年上半年实现营业收入 59.92 亿元，较上年略微下降 1.76%，但实现归属于上市公司股东的净利润 7.95 亿元，较上年同期增长 25.26%，和同业上市公司比经营数据仍较为亮眼。智明星通作为中文传媒新业态业务龙头，发展势头不减。爆款游戏 COK 逐渐进入成熟期，月平均充值流水 2.68 亿，并有超过 5 款游戏月均流水超千万；2016 年 4 月 20 日与腾讯签订了《策略类移动游戏制作与运营协议》，腾讯依此研发的游戏《乱世王者》8 月 16 日已正式上线；"大 IP"战略有序推进，获得世嘉欧洲授权开发的《全面战争》正在不断优化。此外，公司在新业态其他方面的布局也渐次展开，旗下的新媒体公司有互联网出版、互联网新闻信息服务、网络文化经营、增值电信业务经营、信息网络传播视听节目等新媒体业务准入资质，有望打造成为"互联网+教育"战略的实施平台和数字出版转型的技术支撑平台。报告期内，新媒体公司实现收入同比增长18.90%，发展势头良好。

（三）股东收益情况

截至2017年6月30日，归属上市公司股东的净资产为115.07亿元，较2016年年末增长4.56%。所有者权益情况如下：资本公积为54.36亿元，股份总数1 377 940 025.00，盈余公积1.30亿元，期末未分配利润46.44亿元，所有者权益合计117.25亿元，负债合计71.14亿元，资产总计188.39亿元，资产负债率为37.76%。对于行业普遍认可的40%~60%的资产负债率，中文传媒的资产负债率处在比较合适的水平。

从中文传媒的总资产、营业收入、净利润及所有者权益等数据来看，2016到2017上半年的情况呈现稳中有升的态势，公司发展的基本面良好。公司的市值一度位居同行业第一，这既确保了国有资产的保值增值，又保护了中小股东的利益，股东包括中小股东在内的权益得到了较好的保障。

目前中文传媒的发展战略是：

一方面，公司围绕"内容为本，平台为王"发展战略，不断挺拔出版主业，抓住竞争关键环节，有效提升出版主业经营规模和质量。同时，加大中韩、赣台、"一带一路"沿线国家和中东欧国家合作拓展力度，有效推进版权、产品和项目"走出去"。2017年上半年，公司共实现图书版权输出132种；由"脑洞"国际出版服务平台运营商北京兴欣时代网络技术有限公司自主开发、江西美术出版社出版的大型自主原创图书（漫画）作品《山海奇谈》成功入选国家新闻出版广电总局"2017年'原动力'中国原创动漫出版扶持计划"。

另一方面，公司进行前瞻性的"互联网+"系列战略布局，通过兼并重组，在新媒体等新兴业态领域进展顺利，成功打造了公司新的利润增长极，取得了将转型升级和融合发展战略推向纵深的先发机遇和优势。近年来，随着智明星通成为海外运营最强的中国游戏研运公司，具有强大的研发优势并拥有完善的游戏海外发行渠道（337.com等游戏平台），中文传媒国际化力度进一步加强，经营思路逾加清晰。公司2016年出口文化产品位列全国同行第一。2017年上半年，公司实现海外收入21.30亿元，占总收入的35.54%。2017年3月，App Annie发布的2016年度发行商全球52强榜单，智明星通位列第15

位,在中国公司中仅次于腾讯和网易;在2016中国出海全球收入十大公司中位列第一位。

三、中文传媒的社会责任

中文传媒作为国有控股的上市传媒公司,应把社会效益放在首位,实现社会效益和经济效益相统一,这是国有身份的文化使命与担当,是公司不忘的"初心",也是应尽的要求与责任。

(一) 公益慈善

1. 助力共同富裕,履行社会职责,支持社会建设

(1) 深入推进"连心、强基、模范"三大工程。组织党员赴扶贫点开展连心活动,向扶贫点进行捐赠以用于基础设施建设,帮助扶贫点打好民生改善、产业发展、基础设施工程"三个攻坚战"。2016年,组织公司志愿者深入新干县沂江乡浒岗村,看望当地贫困儿童,捐助帮扶资金,赠送图书文具,并代表公司向浒岗村捐赠人民币30万元,支援当地发展;向安义县石鼻镇水南村捐赠扶贫款20万元,用于该村道路硬化和村民饮用水改造工程,同时捐赠图书帮建该村宣传文化活动室,用以丰富村民业余文化生活;对口支持新干县沂江乡浒岗村湖尾村小组建设2016年度"生态文明村",给予帮建费用12万元;向新建区联圩乡路司口村出资10万元资助该村中心小学建设多媒体教室和校图书馆。

(2) 履行社会责任,关爱下一代。2016年5月,公司决定向江西省关心下一代工作委员会捐赠资金200万元(分两年拨付),切实履行公司社会责任,支持全省"大手握小手,听党话、跟党走"活动中基层关工委对留守儿童等贫困青少年一对一精准结对帮教经费问题,以及支持省关工委成立江西省关心下一代基金会;公司在2016年还联合江西省企业文联开展"爱心慰问团"公益活动,向新疆哈萨克自治州,井冈山等地区捐赠书籍5.15万元。

(3) 大力支持教育信息化工作。2016年9月,为积极支持教育部印发的《教育信息化"十三五"规划》关于"专递课堂"建设,推进教育扶贫、精准扶贫,公司子公司红星电子音像出版社本年度捐赠259万元,用于支持江西省电教馆开展"专递课堂"试点工作。

2. 成立中文传媒志愿者联盟，开展社会公益活动

2016年度，中文传媒总部及旗下子公司共21家单位组成的"中文传媒志愿者联盟"，继续秉承"奉献、友爱、互助、进步"的志愿服务精神，协调和组织中文传媒总部及各子公司开展文化知识传播、帮贫济困、助学助教、环境保护、社区建设等社会公益活动，成为中文传媒履行社会责任、展示良好形象的一个重要窗口，是中文传媒人无私奉献、躬身实践的一个重要平台。志愿者联盟的志愿者于2016年走进了南昌翠林、联发·江岸汇景、抚河桥等社区，不仅参加清扫社区的卫生活动，还为社区植树造林，向社区捐赠图书以创建社区图书角，并走访社区困难户，发放慰问金。这些行为获得了社区群众的点赞和好评。另外，中文传媒志愿者联盟还积极参与组织了捐资助学、灾区救灾等一系列公益行动，通过"精准帮扶""儿童读书日"等助学形式及助学金，赴新干县、乐安县等地开展扶贫助学、爱心奉献，支援当地建设，资助当地经济社会的发展。

(二) 员工关爱

1. 努力提升员工幸福指数

公司依法与员工签订并履行劳动合同，按照国家、省、市地区的有关规定，依法足额为员工交纳养老、医疗、住房公积金等社会保险，保障员工享受社会保险待遇。建立科学合理的绩效考核体系，充分调动员工积极性。

公司坚持以人为本，倡导"快乐工作，健康生活"理念，创办的"中文传媒健身联盟"，通过以足球、篮球、羽毛球、乒乓球、网球、瑜伽、书法、合唱团等文体俱乐部为载体，举办各类文体活动，丰富员工业余生活，培育团结和谐、顽强拼搏的企业精神。每年为员工进行一次职工健康检查，关注困难员工生活，为身患重病及家庭困难的员工送温暖，尽力为员工解决各种生活困难。

2. 开设"中文传媒之星"主题沙龙

公司设立了"中文传媒之星"主题沙龙，通过由公司员工或邀请嘉宾主讲的形式，来分享自己在工作、生活和学习中的心得体会，以此营造共同进步、善于分享的良好氛围。2016年，主题沙龙活动共举办了30期，主题从"谈谈《活着》""我的青春奋斗史""文明创建""常见经济学术语解析"等主题开讲，内容丰富、形式多样，有效增强了员工的凝聚力。

3. 组织开展形式多样的文体活动

2016年2月，公司开展2016迎新春健步行活动，倡导以积极阳光的状态迎接春天，展望未来；在父亲节与妇女节临近期间，分别举办"父亲节·女神厨艺大比拼""男厨献艺·共庆妇女节"活动，组织公司同事们下厨做美味，传递中文传媒人的关爱与祝福；6月，组织中文传媒网球队参加2016江西网球公开赛系列活动"职工之家"杯媒体邀请赛，并获得较好名次；6月底，组织开展中文传媒纪念建党95周年歌咏会，用誓言与歌声庆祝党的生日，展现中文传媒人的忠诚与担当；10月，开展"企业梦，爱国情"爱国主义教育活动，组织各部门代表以诗为伴，以歌为礼，或朗诵诗篇，或放声歌唱，共同庆祝祖国67岁的生日；11月，组织公司员工齐心协力，团结一致，积极参加集团公司第三届职工运动会，取得优异成绩。

（三）依法经营

中文传媒严格按照《公司法》《证券法》和《上市公司治理准则》等法律法规和中国证监会发布的其他有关上市公司治理的规范性文件的要求，不断完善股东大会、董事会、监事会等公司治理结构和制度。同时，公司始终坚持信息披露工作真实、准确、完整、及时、公平的原则，确保信息披露的公开透明，提高信息披露质量，给投资者一个真实的公司，为投资者进行价值投资提供依据。2016年，公司共召开3次股东大会、7次董事会、4次监事会；披露4期定期报告，编制和披露58次临时公告。

2016年度，中文传媒实现营业收入127.76亿元，利润总额13.70亿元，归属于母公司股东的净利润12.95亿元。全年实现基本每股收益0.94元，公司每股社会贡献值为2.17元（每股社会贡献值＝每股收益＋（上缴税费＋工资＋利息＋捐赠）/总股本）。

四、责任管理

2008年上交所发布《关于加强上市公司社会责任承担工作暨发布〈上海证券交易所上市公司环境信息披露指引〉的通知》（以下简称"《指引》"），2015年中文传媒第一次发布了企业社会责任报告，初步阐释了企业的社会责任理念，并按照指引要求从员工保障计划及职业发展支持计划、合理利用资源及有效保护环境的技术投入及社会发展资助计划等方面编制了公司的社会责任报告，连续两年定期公布，做到了社会责任执行的情况披露要求。如表 3 所示，10 家国有上市出版传媒企业有 6 家公布了社会责任报告。

表 3   10 家新闻和出版传媒类国有上市公司社会责任报告公布情况

公司名称	中文传媒	大地传媒	时代出版	长江传媒	中南传媒	皖新传媒	新华文轩	南方传媒	凤凰传媒	出版传媒
有无责报	有	无	有	无	有	无	有	无	有	有

然而，对上交所《指引》要求的第二条规定中的"公司的商业伦理准则""对社会责任规划进行落实管理及监督的机制安排"等内容，在公司历次的社会责任报告中没有太多体现。因此，中文传媒在社会责任战略理念方面有一定规划，但是在责任治理和责任绩效方面的评估没有跟进，抑或内部有评估机制，但在各种披露的信息中没有体现出来。目前未查询到中文传媒社会责任管理办法、指标制度或是绩效考核相关的内容，也缺乏对自身履责情况的评估。

第三节　中文传媒执行社会责任存在的问题

中文传媒作为一家国有控股的传媒上市公司，既要完成党和政府的要求，把社会效益放在首位，又要为公众提供优质的文化内容产品，提升自身的市场竞争力，实现国有资产的保值增值等等，这些都是其履行社会责任的种种表现，但是研究发现其在履行社会责任方面还存在一定不足。

一、履行社会责任的系统规划和评价标准有待进一步明确

中文传媒高度重视社会责任的履行，坚持把社会效益放在首位，但也存在理解不够深入、全面，缺乏系统规划，以及对企业履行社会责任效果缺失评价标准的问题。

二、专门人才有待进一步培养

江西文化资源有比较优势，但人才短板对文化产业制约发展的影响历来较

大，文化企业如何更好地承担和履行自己肩负的社会责任，需要专门优秀人才的支撑。

三、执行社会责任的配套考核与激励机制有待进一步细化

完善的社会责任配套考核与激励机制，是让企业承担、执行社会责任的制度性保障。从中文传媒现行执行社会责任的状况看，相关数据和信息披露，尤其是社会责任配套考核与激励机制的进一步细化显得十分迫切。

第四节 中文传媒社会责任执行力提升路径与方法

一、建立企业履责的系统规划和评价标准

根据企业自身特点和资源禀赋，制订相应的规划和评价标准，尤其要结合出版传媒行业的实际，以使制订的规划和评价标准有可执行性。具体而言，中文传媒旗下公司的经营主业为出版、报刊杂志、影视和游戏，这些传播载体的时效性有快有慢，传播的内容有深有浅，面向的群体年龄跨度有大有小……因此，在制订履行社会责任的规划和评价标准时，既要借鉴通行的先进经验，又要考虑企业的主业实际和介质属性，具体制订可执行与细化的规划与标准，让中文传媒更好地承担和履行自身的社会责任。

二、加强专业人才的引进与培养

针对人才尤其是专业领域内的高端人才相对匮乏的现实情况，中文传媒既要"引智"，更要"留智"，一方面，加快引入行业高素质的专业人才，另一方面加大对公司内部优秀人才的培养力度。此外，既要建立人才脱颖而出的成长和激励制度，让"想干事的人有舞台、能干事的有平台、干成事的有奖台"，又要提前加强复合型人才的储备，尤其是未来企业转型升级、融合发展的人才，比如数字出版、游戏与影视等新媒体、物联网、资本运作等方面的人才。

三、完善相关配套考核与激励机制

企业履行社会责任，既要遵循国家与行业的标准与规范，又要主动建立自身的相应考核与激励机制，与各方形成联动关系，才能做到有章可循、事半功倍。同时，要强化激励机制，提高员工执行社会责任的内生和外在动力。

第二章 时代出版社会责任报告

魏国彬[①]

时代出版传媒股份有限公司是安徽省唯一一家上市出版公司。本报告主要采用文献统计法对时代出版旗下的出版物进行内容分析,以实地调查法考察时代出版的图书出版印刷经营状况和自身建设情况,目的是评估时代出版社会责任履行情况,探求媒介履行社会责任的路径和方法。2016年度,时代出版坚持把社会效益放在首位,注重社会效益和经济效益相结合,积极发展出版主业,大力推进产业转型升级,努力履行社会责任和市场责任。但是,受期刊出版环境的影响,时代出版期刊出版社会责任执行能力有待提升。

第一节 时代出版基本情况

自2008年组建上市公司以来,时代出版传媒股份有限公司(后文简称时代出版)已经走过了9个年头。作为安徽省出版业的龙头企业,时代出版的发展轨迹是安徽省出版业的历史缩影。

安徽出版集团有限责任公司由安徽省人民政府全资设立,是时代出版的母公司,持股56.79%。时代出版与母公司同址办公,位于安徽省合肥市政务文化新区翡翠路1118号。根据时代出版直接和间接持有的股份情况,时代出版目前所辖二级及以下全资子公司或控股子公司56家。依据《时代出版传媒股份有限公司2016年度报告摘要》,时代出版下辖子公司直接控股100%的全资子公司有18家,占比32.14%;间接控股100%的全资子公司14家,占比

---

① 魏国彬,安徽财经大学艺术学院院长,教授,博士,主要研究方向为文化产业、非遗保护与文献学。

25%；直接控股不足100%的子公司有6家，占比10.72%；间接控股超过（含）50%的子公司有18家，占比32.14%。

表1 时代出版子公司控股类型一览表

单位：家

公司类型	控股类型	公司数量	公司占比
全资子公司	直接控股100%	18	32.14%
	间接控股100%	14	25%
控股子公司	直接控股不足100%	6	10.72%
	间接控股超过（含）50%	18	32.14%
合计		56	100%

（资料来源：时代出版传媒股份有限公司《时代出版传媒股份有限公司2016年度报告摘要》；表格编制：魏国彬。）

时代出版主营业务包括图书、期刊、全媒体出版物出版经营，以及印刷复制、文化传媒科技研发、股权投资等。出版发行业务以出版社为经营主体，包括9家出版社、1家发行公司。印刷复制业务涉及5家印刷公司。传媒科技研发业务涉及4家经营主体。股权投资涉及多家投资公司。2016年度，时代出版子公司新增4家，投资设立3家，内部企业合并形成1家，股权处置减少1家。

2016年，时代出版精品出版获得丰收，一批优秀出版物荣获国家级奖项、重点和资助，其中，《徽州刻书史长编》《中国艺术批评通史》《爸爸树》《人本型结构论——中国经济结构转型新思维》《中法建交始末——20世纪40～60年代中法关系》《面包男孩》《百年血脉》《二十世纪戏曲学研究论丛》《历史与记忆——中外重大题材美术创作研究》《与世界同行——中国应对气候变化行动纪实》《新大头儿子与小头爸爸》《世界真奇妙》《年的故事》等13种出版物荣获第六届中国优秀出版物奖，获奖数量位居全国第三。此外，一批优秀出版物入选中宣部"2016年度优秀儿童文学出版工程"、国家新闻出版广电总局2016年度"大众喜爱的50种图书"、中国版协"2016年度中国30本好书"等重点项目，以及"国家出版基金""经典中国国际出版工程"等国家级资金资助项目。

时代出版共有16种期刊，包括以《保健与生活》《至品生活》为代表的生活类期刊、以《红蜻蜓》《娃娃乐园》为代表的教育类期刊、以《书画世界》《文物鉴定与鉴赏》为代表的学术类期刊。2016年，《保健与生活》荣获"中国最美期刊"称号，连续十年入选"中国邮政发行百种畅销报刊"。

2016年度，时代出版发生的与投资者关系密切的重大事项主要有股东大会、人事变动、重大资产重组等。召开3次股东大会，审议总结2015年度工作的相关重大事项。重大资产重组主要是拟发行股份购买江苏名通资产并募集配套资金。《时代发现》停刊，已经停刊的《安徽画报》开始启动复刊筹备工作。

第二节 时代出版社会责任现状

在社会主义市场经济背景下，上市传媒公司不仅要遵循市场经济规律，以资本为纽带进行商业化运作，把经济效益摆在重要位置；更要恪守正确导向，坚持把社会效益放在首位，把握意识形态要求，承担传播真理、传承文明、教育人民、服务社会的重要责任。

一、舆论引导与社会监督责任

突出主题主线，强化主题出版。时代出版高度重视主题出版物的策划出版工作，把主题出版放在精品出版之首。《21世纪中国的马克思主义创新性研究》《我们的核心价值观》《永远的追随》等图书入选中宣部和总局联合评选的全国主题出版重点选题，《笔墨长城——宣传画里的中国抗战丛书》《珍爱和平——世界反法西斯战争歌曲精选》《援疆援藏青春赞歌》《我的中国梦——奋斗的青春最美丽》等主题出版物入选国家出版基金资助。

突出文化传承，打造重大出版工程。历时12年编辑出版149册、9 000余万字《昆曲艺术大典》，被誉为纸上"昆曲长城"；编辑出版《中国工艺美术大师全集》，囊括陶瓷、玉器、雕刻等11个工艺美术部类，展现了当代中国艺术精神、工匠精神。抓学术出版，编辑出版115册、5 000余万字《中国艺术研究院学术文库》。抓古籍整理与传承，编辑出版《清代四川南部县衙门档案》，共计308册，以一个县城200年完整档案，见证清代历史变迁；编辑出版64册《西方的中国影像》，以万幅影像，记录百年中国。

此外，以中国梦为主题的原创歌曲集《唱响中国梦》（含配套MTV）由时代新媒体出版社出版；入选国家新闻出版广电总局"深入学习宣传贯彻党的十八大精神重点选题"图书《梦焰》由安徽文艺出版社出版,入选国家新闻出版广电总局"培育和践行社会主义核心价值观主题出版重点选题"图书《社会主义核心价值观导论》(3卷)由安徽人民出版社出版。举办了《昆曲艺术大典》等精品图书首发式,充分彰显了勇于担当传播优秀传统文化的社会责任。时代出版还大力开展全民阅读活动,强化舆论引导。例如,安徽美术出版社和六安市教育局联合举办"安美杯"中小学学生书法比赛,以贯彻落实国家有关书法教育的政策文件精神。

时代出版涉及舆论导向主题的期刊杂志主要有《债券》《时代发现》《美术教育研究》《青苹果》等。《债券》杂志与舆论导向相关的栏目有要闻一览、中债评论、专家访谈等13个。例如在关注经济热点问题上,《债券》杂志2016年第10期就专门设立了"绿色债券专辑"栏目,在"特约专稿"栏目中就以绿色债券主题专访了中央结算公司董事长水汝庆。《美术教育研究》与舆论导向相关的栏目有卷首语、特稿和艺术资讯专栏,主要涉及中国梦、丝绸之路等舆论热点。《青苹果》杂志与舆论导向相关的栏目有课程导学、教你作文等,主要涉及核心价值观、协商民主等舆论热点。

二、时代出版的市场责任

重视市场开拓,推进畅销书常销书策划。在坚持正确政治方向、舆论导向和价值取向的前提下,策划了一批内容健康的畅销书。《小猪佩奇》系列销售突破1 300万册,《淘气马小跳》系列销售突破56万册,《哈佛凌晨四点半》系列销售超过160万册。时代出版入选中国出版政府奖先进单位奖,获"2015中国上市公司创新标杆企业100强""2015中国上市公司最具投资价值100强"等荣誉称号。根据国家新闻出版广电总局新闻出版产业分析报告,时代出版旗下黄山书社稳居全国古籍类出版社第二、安徽少儿社位居全国少儿类出版社第四,安徽教育社位居全国地方出版社第八,安徽美术社位居全国美术类出版社第五。

重视转型升级,拓展新媒体新业态。2016年度,时代出版入选总局出版融合发展重点实验室,时代新媒体出版社入选总局科技与标准重点实验室和安徽省重点实验室;"时代教育在线"进入安徽省基础教育资源库;"时代书香在线"面向学校、党政机关、企事业单位等特定群体开展数字阅读服务;"时代健康在线"搭建了由纸质期刊、健康门户网站、微博、微信、客户端、图书、线上线下活动一体化健康服务平台；时代漫游公司"豚宝宝幼儿电子课件"荣获第十五届风车奖金奖；"时光流影平台"荣获"2016世界移动互联网大会"移动互联网行业最具投资价值奖。公司制定数字出版、绿色印刷、精品书制作等多项国家标准，累计研发专利近百项。

重视营销创新，深度挖掘传统发行市场。一是强化电商销售，抓住网购狂欢节的商机，切实做好网络营销。在"双十一"网购狂欢节当中，安徽少年儿童出版社凭借网络销售渠道总销售3 253万码洋，时代商城实现图书销售额约170万元。二是创新图书发行营销模式，完善渠道建设，挖掘馆配市场潜力。安徽时代出版发行公司邀请师生代表现场看样采选馆藏图书，馆配业务取得佳绩。

重视外联内合，强化企业资本投资运作。时代出版采用合股、参股、控股等投资方式，兼并重组成立新公司，投资新产业，获取高回报。2016年度，时代出版先组建印刷投资集团，然后再以新成立的印刷投资集团收购俄罗斯新时代印务有限公司，接收政府划转的合肥市地税局印刷厂、安徽省财政厅印刷厂和安徽江淮印务有限公司。参股贵阳银行、读者传媒、华安证券、东方证券的资本运作取得良好的投资回报，经济收益达1.076亿元。

根据《时代出版传媒股份有限公司2016年度报告摘要》披露的统计数据显示，时代出版的总资产约76.5亿元，比2015年的68.5亿元增长约8亿元，增幅为11.67%；营业总收入67.7亿元，比2015年的60.2亿元增长约7.5亿元，增幅为12.38%；股东净资产约为51亿元，比2015年的42亿元增长9亿元，增幅为21.12%；实现股东净利润4亿元，比2015年的3.9亿元增长0.1亿元，增幅为2.44%。每股基本收益为0.795 9元，比2015年的0.777元增长0.018 2元，增幅为2.43%。

表2 时代出版2016年度经营状况一览表

单位：亿元

资金类型	2015年	2016年	增长量	增幅
总资产	68.5	76.5	8	11.67%
营业总收入	60.2	67.7	7.5	12.38%
股东净资产	42	51	9	21.12%
股东净利润	3.9	4	0.1	2.44%

（资料来源：时代出版传媒股份有限公司《时代出版传媒股份有限公司2016年度报告摘要》；表格编制：魏国彬。）

三、时代传媒的社会责任

时代出版坚持把社会效益放在首位，加强内容建设，着力提高出版品质，设立出版专项基金，每年拿出 1 000 万元体现社会效益和社会责任的精品力作，不断满足人民群众的精神文化需求，彰显社会责任和社会担当。

此外，对于传媒企业来说，社会责任还包括关注慈善，热心公益，首先是报道公益慈善捐赠活动，其次是参加公益慈善捐赠活动，再次是组织举办公益慈善活动。时代出版积极参加国家实施的"农家书屋""关爱留守儿童"等公益工程，资助巢湖市花集希望小学。检索时代出版的年度期刊，《保健与生活》积极参与公益慈善相关的活动，如《保健与生活》杂志社参加"勉学书屋"爱心捐赠公益活动和举办"全国肿瘤防治宣传周"活动。另外，安徽美术出版社策划组织公益志愿活动"安大艺术之旅"主题研学活动；时代出版第四党支部开展结对帮扶的"送温暖"活动。《时代出版传媒股份有限公司2016年度履行社会责任报告》显示，时代出版年度累计向外捐赠人民币26.15万元。

时代出版重视签订员工劳动合同，保障员工合法权益；组织员工体检，关爱员工身体健康；缴足社会养老、医疗等各项保险，保障员工分享发展成果；积极开展教育培训，保障员工职业发展。例如，时代新媒体出版社组织全体编辑和技术人员参加题为"增强现实技术O2O数字出版"专题培训，时光流影科技公司组织攀登大蜀山活动。另外，时代出版还设立因病、失独困难家庭补助和省直困难职工补助等关爱基金，开展金秋助学活动，采取多渠道慰问帮扶公司困难职工和家庭。

时代出版积极贯彻落实国家扶贫工作精神，深度参与国家精准扶贫工作，拟定精准扶贫工作规划，落实文化扶贫工程和光伏入户工程，实施社区支持农业精准扶贫模式，结对帮扶安徽省淮南市寿县双庙集镇公庄村，重视技能培训提高其劳动能力，有的放矢落实扶贫措施，帮助贫困户创收增收。时代出版采取"单位包村，干部包户"措施，成效显著（具体事项参见表3）。《时代出版传媒股份有限公司2016年度履行社会责任报告》的统计数据显示，2016年度精准扶贫工作公司总共投入46.7万元。

表3 时代出版精准扶贫事项一览表

单位：元

精准扶贫事项	投入资金或人力	受益对象	年均增收
建设光伏电站	290 000	公庄村	60 000
流转土地1 000亩		公庄村	1 000 000
发展家庭养殖业		40户贫困户	100 000
安装家庭太阳能电站		16户贫困户	3 000
捐赠图书、学习用品	12 000	顾新圩小学	
提供生产资金	100 000	公庄村贫困户	
春节慰问金	20 000		
捐赠衣服、药品等	15 000		
走访慰问	150余人次		
结对帮扶	93名干部	93户贫困户	

（资料来源：时代出版传媒股份有限公司《时代出版传媒股份有限公司2016年度履行社会责任报告》；表格编制：魏国彬。）

四、时代传媒的责任管理

时代出版搭建网络信息平台，及时披露公司信息，强化社会责任监督。主动树立社会责任监督意识，借助公司门户网站及其他主流渠道及时披露公司动态和重要公告。时代出版聘请华普天健会计师事务所对公司重大事项进行经济责任审计，审计结果以年度报告和履行社会责任报告的形式予以公告。时代出版通过不同节点的经济责任审计，发现问题，规范运营，强化责任管理，努力建构一个负责任的企业形象。

注重走出去战略，不断提升公司追求社会效益的社会责任形象。公司"走出去"工作已成为行业标杆，"十二五"以来，共输出版权3 577种，在全国出版企业中位居前列，在欧洲、澳洲、亚洲等全面布局，荣获"中国版权最具影响力企业""中国最具竞争力出口企业50强"等走出去荣誉，荣膺中国版权领域最高奖"中国版权金奖"，国际影响力和传播力显著增强，在更高的层次、更大的空间上实现了社会效益放在首位、社会效益和经济效益相统一。

强化双效考核，构建舆论导向立体管控体系，推进企业管理制度建设。坚持正确政治方向、出版导向和舆论方向，强化党的建设，牢固树立四个意识，压实"一岗双责"，从领导班子建设、编辑队伍培训、制度机制健全到出版流程管控、社会效益考核，构筑立体把关机制。首创《内容导向审查表》，一书一表逐项填写相关内容,加强内容审读与把关;设立内容导向警示牌,明确禁载内容;健全出版管理制度,强化三审三校等出版管理制度执行;成立编辑委员会,充分发挥专家的智库作用;坚持双效统一,强化社会效益考核,建立以社会效益考核为主导的考核机制。

第三节　时代出版执行社会责任存在的问题

全面回顾2016年度,我们发现,时代出版履行社会责任的成效显著,成绩可圈可点,发展趋势值得肯定。但是,受数字化的全面冲击,在全国报刊出版不断下滑的背景下,作为出版主业的一部分,时代出版期刊的社会责任执行也存在着问题,有待进一步改进和提升。

一、期刊舆论引导力有待提升

在所有13种期刊中,涉及舆论导向的期刊并不多,只有《债券》《青苹果》《时代发现》和《美术教育研究》,占比30.77%。2016年,在所有13种期刊中能够统计的期刊8种,总计刊发文章14 331篇。涉及舆论导向的专栏比重偏低,《青苹果》有2个栏目,《美术教育研究》有3个栏目,《债券》有13专栏,占比11.32%。涉及舆论导向的刊文量更低,合计刊文总量161篇,占比仅为3.6%。《娃娃乐园》《哈博士》和《至品生活》涉及国外内容较多。

表4　统计期刊的栏目与刊文量统计一览表

期刊名称	栏目数（个）	刊文量（篇）
《海外英语》	12	2 742
《红蜻蜓》	13	323
《青苹果》	20	379
《课外生活》	14	208
《书法世界》	14	144
《美术教育研究》	15	3 642
《电脑知识与技术》（经验技巧）	13	579
《电脑知识与技术》	9	4 187

续表

期刊名称	栏目数（个）	刊文量（篇）
《健康与生活》	22	1 687
《债券》	27	440
合计	159	14 331

（资料来源：中国知网数据库和维普数据库；表格编制：魏国彬。）

表5　统计期刊社会责任涉及栏目一览表

单位：个

期刊	栏目总数	涉及栏目	比重
《青苹果》	10	2	20%
《美术教育研究》	15	3	20%
《债券》	27	13	48.15%
合计	159	18	11.32%

（资料来源：中国知网数据库和维普数据库。）

表6　统计期刊社会责任涉及文章比重一览表

单位：篇

期刊	刊文总数	涉及文章	比重
《青苹果》	379	14	3.69%
《美术教育研究》	3642	13	0.36%
《债券》	440	134	30.45%
合计	4461	161	3.6%

（资料来源：中国知网数据库和维普数据库。）

表7　统计期刊涉及国外文章比重一览表

期刊	刊文总数	国外内容篇数	比重%	期刊总页数	国外内容页数	比重%
《哈博士》9册	519	82	15.8	584	186	31.85
《娃娃乐园》13册	153	31	20.26	468	230	49.15
《至品生活》5册	1018	987	96.95	924	761	82.36

（资料来源：时代出版传媒股份有限公司提供不完整期刊样本。）

二、期刊的阵地意识有待加强

主动直接关注舆论导向的期刊有《债券》和《美术教育研究》，占比3.05%。《债券》主要采用比较直接的舆论引导方式，只有《要闻一览》（国内部分和国际部分）属于间接的舆论引导。《美术教育研究》以"坚定信仰砥砺前行"为卷首语的题目，旗帜鲜明地表达了舆论引导的立场；以"图说我们价值观：爱国"为特稿的题目，生动具体地弘扬正能量；其余涉及舆论导向的栏目均为间接引导性报道[①]，如报道"纪念红军长征胜利80周年全国名家书画艺术大展"的艺术资讯。2017年，时代出版将进一步加大阵地宣传，《安徽画报》隆重复刊，着力立足主流宣传阵地，传播安徽形象，讲好安徽故事，话说美好安徽。

表8　统计期刊社会责任涉及文章直接舆论引导一览表

单位：篇

期刊	刊文总数	涉及文章	直接引导	比重
《青苹果》	379	14	0	0
《美术教育研究》	3 642	13	2	0.05%
《债券》	440	134	134	30.45%
合计	4 461	161	136	3.05%

（资料来源：中国知网数据库和维普数据库。）

三、期刊质量形象意识不强，影响整体形象

《娃娃乐园》《哈博士》和《至品生活》这3种期刊均未进入中国知网、维普、万方等权威数据库，其文章下载和引用偏低，期刊的社会认可度大打折扣。能够在中国知网、维普、万方等权威数据库上查阅到影响因子的期刊有10种，除了《债券》之外，其他期刊的影响因子均不高，都没有超过0.2。旗下期刊的知名度和美誉度还较低，没有一种期刊进入北大和南大核心目录。

第四节　时代出版社会责任执行力的提升路径与方法

（一）进一步完善修订顶层设计，重视期刊的舆论阵地作用，实现舆论引导和社会监督全覆盖

重视顶层设计，做好期刊、图书、音像制品和电子出版物关于舆论导向的

[①] 间接引导性报道是指被报道的活动具有舆论导向性而不直接进行舆论引导和社会监督的新闻报道。

全面战略规划。重视期刊的舆论阵地作用，每一种期刊都应该设计以舆论引导和社会监督为己任的核心专栏，精心做好每一期的重大选题策划，结合期刊本身特点主动发声。特别是《红蜻蜓》《娃娃乐园》《哈博士》等面向少儿的期刊，更应该重视发掘中华民族优秀传统文化所蕴含的社会主义核心价值观，强化期刊舆论引导和社会监督的潜移默化效果。

（二）加大期刊编辑出版整治力度，全面规划构建期刊舆论阵地建设，实现舆论引导和社会监督新飞跃

根据少儿、中青年和老年读者的不同，分别重点打造品牌期刊和品牌栏目。每一个重点栏目要根据时事政治热点和期刊的专业特点精心策划重点选题，做强做实品牌栏目。全面编制期刊舆论阵地建设规划，举办编辑出版专题整治培训班，努力提升期刊栏目的策划能力。

（三）重视期刊专业学术质量建设，全面系统构建期刊形象传播平台，实现舆论引导和社会监督高水准

构建规范建设的期刊栏目标准体系，建设稿件评审专家库，强化匿名审稿，提升栏目刊文质量。加强优质美文的适时推荐，循环组织专题聚焦特殊问题，重视提高期刊的引用率和转载率，不断提升期刊的影响因子。规范运作期刊的数字版权，分批推动全部期刊进入权威数据库，借船出海提升期刊的良好形象，把舆论引导和社会监督推向发展的更高阶段。

（四）人才引进和内部挖潜相结合，全面打造提升策划编辑人才队伍，实现舆论引导和社会监督高效率

统筹调配期刊与出版社的策划和编辑，组织开展选题策划与栏目建设的专题培训，着力加大人才引进力度，优化选题策划、编辑校读、市场营销和经营管理等多支人才队伍结构，构建栏目评估和图书质量监控体系，推进出版质量建设和履行社会责任的战略布局。

总之，随着传媒发展迈入新常态，履行社会责任将成为传媒出版业的时代最强音。适应这种传媒发展新常态，提升传媒出版业履行社会责任的执行力，这将是时代出版迎接未来挑战的重要使命。

附录：调查说明

（1）本文的写作主要参考时代出版传媒股份有限公司网站、中国知网数据库和维普数据库公布的信息和统计数据，本文所有表格均注明资料来源。

（2）信息和统计数据主要采用网站公布的《时代出版传媒股份有限公司2016年度报告摘要》和《时代出版传媒股份有限公司2016年度履行社会责任报告》。重要统计数据在行文中特别提示这两个来源。

（3）正文凡未作特别说明的信息和统计数据，均采用时代出版传媒股份有限公司网站公布的统计数据。为避免注释繁杂，信息和统计数据的参考情况未在行文予以注释，故此统一说明。

（4）《娃娃乐园》《哈博士》《至品生活》没有进入权威数据库。笔者通过实地调查获得期刊样本，然后统计样本内容获得数据。

第三章　中南传媒社会责任报告

陈柏福　邓子璇[①]

中南出版传媒集团股份有限公司（简称"中南传媒"）由湖南出版投资控股集团有限公司主营业务和资产重组改制而来，为我国第一支全产业链整体上市的出版传媒股。目前，中南传媒经营业务主要包括图书、报纸、期刊、音像、电子、网络、动漫、手机媒体、框架媒体等多种媒介，集编辑、印刷、发行各环节于一体，是典型的多介质、全流程、综合性出版传媒集团，已形成出版、印刷、发行、报刊、新媒体、金融六大产业格局。中南传媒秉承融合创新发展之路，坚持以创新改造业态，以聚合搭建平台，在短短几年时间由一家承继半个多世纪历史的传统国有文化企业，蜕变成一家治理优秀、产业优良、业绩突出的公众上市公司。展望未来，中南传媒将继续坚持产业与金融相结合，线上与线下相结合，以用户为中心，以大数据为支持，聚焦目标客户，持续推进产品创新、产业重构和平台建设，努力打造成为拥有强大综合实力和社会责任心的国家级新型出版传媒集团。

第一节　中南传媒基本情况

（一）公司概述

中南出版传媒集团股份有限公司（简称中南传媒）成立于2008年12月25日，由湖南出版投资控股集团有限公司主营业务和资产重组改制而来。如图1所示，报告期内中南传媒的实际控制人并没有发生变化，依然是湖南出版投资

---

① 陈柏福，男，湖南衡东人，经济学博士（后），湖南师范大学历史文化学院文化产业管理系副教授，硕士生导师；研究方向：文化产业管理、文化经济学。邓子璇，女，江西上饶人，湖南师范大学历史文化学院文化产业管理专业硕士研究生。

控股集团有限公司,由湖南省人民政府全资控制的湖南出版投资集团有限公司直接持有中南传媒 61.46% 的股份,而由湖南出版投资控股集团有限公司全资控股的湖南盛力投资有限责任公司还持有中南传媒 3.23 的股份。自 2010 年 10 月 28 日在上海证券交易所挂牌上市以来,中南传媒目前已发展成为我国第一家全产业链整体上市的出版传媒集团。随着公司业务范围的不断拓展和经营模式的变革创新,中南传媒已成为我国出版传媒行业中的龙头企业。其业务主要以出版发行为主,同时涵盖印刷、媒体、教育、金融等多个领域(见图2),构成了"多介质、全流程、综合性"的完整产业发展体系。

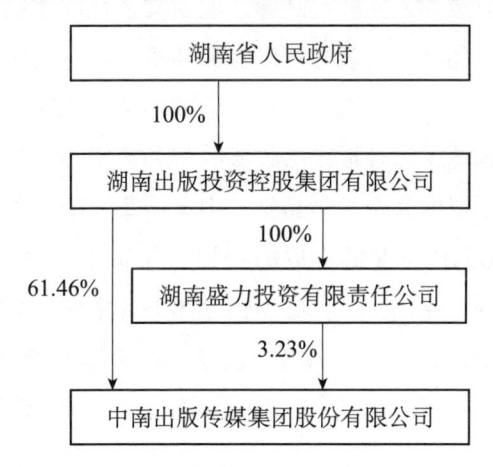

图 1 中南传媒与实际控制人及控制关系

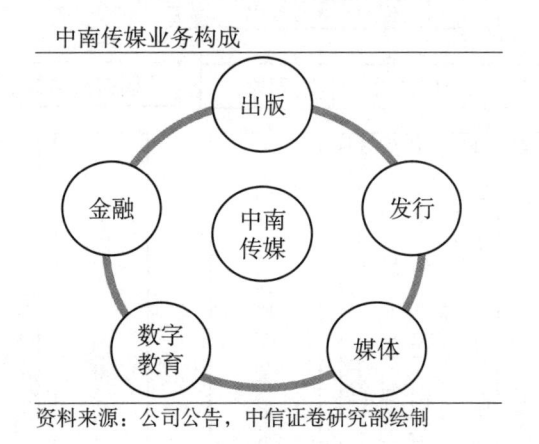

图 2 中南传媒业务范围构成情况

资料来源:公司公告,中信证卷研究部绘制

如图 3 所示,中南传媒旗下子公司业务涵盖出版、报纸与新媒体经营、印刷、发行和印刷物资销售,并且不同业务都有至少一个或同时多个子公司去具体负责经营，同时市场细分工作做得相当成功。具体而言，出版发行业务主要包括教材教辅出版发行以及一般图书出版发行，其中教材教辅占绝对主导地位。中南传媒拥有湖南人民出版社等9家出版社，1家租型代理机构和2家内容策划机构。教辅类书籍共计上千种，并自主开发了9科10种的湘教版新课程标准试验材料，出版发行的教辅教材销售覆盖31个省市区。公司的一般图书出版具有较强的品牌优势和竞争力，旗下的五家出版社被评为全国百佳出版社。不同出版社已形成独树一帜的品牌形象，如湖南人民社以通俗政治理论读物、红色历史读物形成的人文社科品牌，湖南文艺社以原创文学、音乐形成的文学畅销品牌和音乐品牌，岳麓书社以古典名著、湖湘文化、人文历史形成的古典名著品牌，湖南科技社以医卫、科普形成的医卫品牌和科普品牌，湖南美术社以收藏、书法和艺术综合形成的收藏品牌和艺术类品牌，湖南少儿社以少儿文学、低幼启蒙形成的儿童文学品牌，中南博集、上海浦睿、中南天使以原创文学、青春读物及IP产业链形成的畅销书品牌等。中南传媒的科普图书、古典名著、音乐品牌、原创文学、心理辅导图书等主导门类处于同种图书市场前列。据相关资料显示，作文、科普、文学、心理辅导等图书品牌位列第一，音乐品牌排名第三，古典文学在实体店排名第一，收藏图书在实体店排名第二。

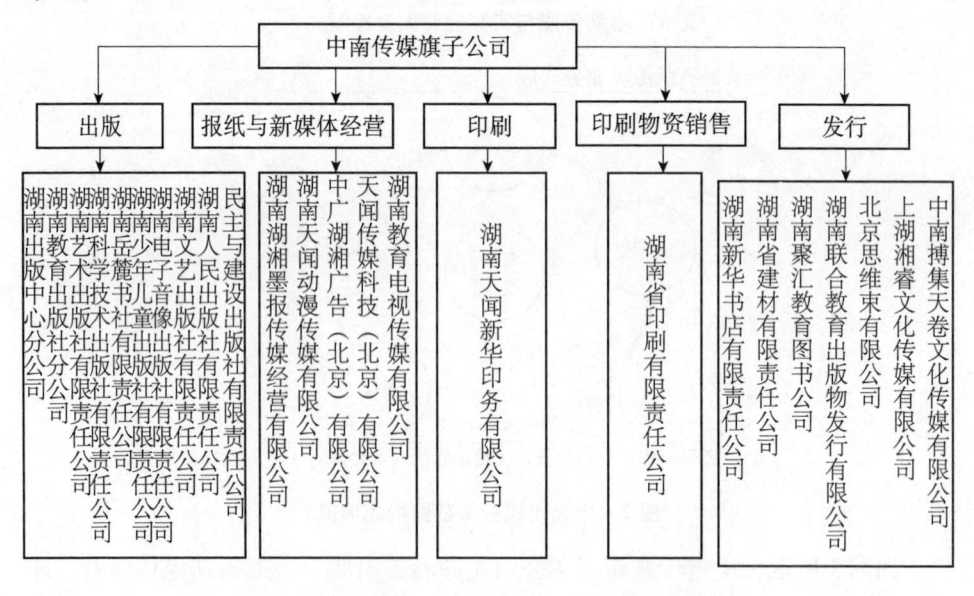

图3 中南传媒旗下子公司构成及其业务覆盖情况

在发行领域，中南传媒拥有 4 家发行企业：湖南省新华书店有限责任公司、湖南省新教材有限责任公司、湖南珈汇教育图书发行有限公司、湖南联合教育出版物发行有限公司。公司一般图书的发行业务除采用传统实体店的销售方式外，还积极开拓线上销售业务，通过在淘宝、天猫等开设直营旗舰店以及当当、亚马逊、京东等品牌电商平台拓宽销售渠道。

其他业务包括新闻媒体、数字教育、金融等业务。在新闻媒体业务方面，公司获得了潇湘晨报以及长沙铁路轨道交通的经营权，具体业务包括报纸发行和广告。旗下还拥有快乐老人报、新媒体品牌红网等；在数字教育方面，为区域校园提供了以大数据为中心的智慧教育信息化平台，包含智慧教育云、智慧校园、智慧沟通、智慧课堂等板块。以教育云平台为切入点的子公司天闻数媒，开发了"三通两平台"系列产品，实现了软硬件、资源的最大化利用，2016 年度营业收入增长 34.84%；在金融服务方面，中南传媒 2014 年制定"线上＋线下""文化＋金融"的发展战略，创立了国内文化行业首家企业集团财务公司，主要业务是为成员单位提供存贷款、结算等服务，公司并于 2016 年顺利获批进入全国银行间同业拆借市场，与银行等金融机构展开频繁的业务往来。以项目投资获取利益的子公司泊富基金投入正式运营并完成首个项目投资。2015 年和 2016 年，中南传媒金融服务业务营业收入分别为 2.96 亿和 2.84 亿。2014 年至 2016 年，公司在金融服务业务上分别实现毛利润 0.85 亿、1.69 亿和 1.51 亿。

（二）公司结构分析

从图 4、图 5 不难看出中南传媒财务结构安排。从收入结构来看，近年来中南传媒营业收入的增长率呈下降趋势，增长速度有所放缓。2016 年中南传媒的营业收入为 111.05 亿，同比增长 10.10%。公司 2017 年 Q1 实现营业收入 21.35 亿元，较 2015 年同期增长 13.12%；实现归母净利润 3.52 亿元，同比增长 7.04%。2012 年至 2017 年 Q1，公司分别实现营业收入 69.30 亿、80.33 亿、90.39 亿、100.85 亿、111.05 亿和 21.35 亿，同比分别增长 18.33%、15.91%、12.52%、11.58%、10.10% 和 13.12%。归母净利润同期分别为 9.40 亿、11.11 亿、14.69 亿、16.95 亿、18.05 亿和 3.52 亿，归母净利润稳步提升，与营业收入情况相似，增长速度有所放缓。

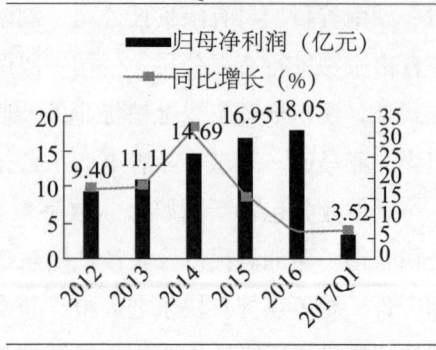

图4 2012~2017年第一季度中南传媒营业收入及其归属母公司净利润

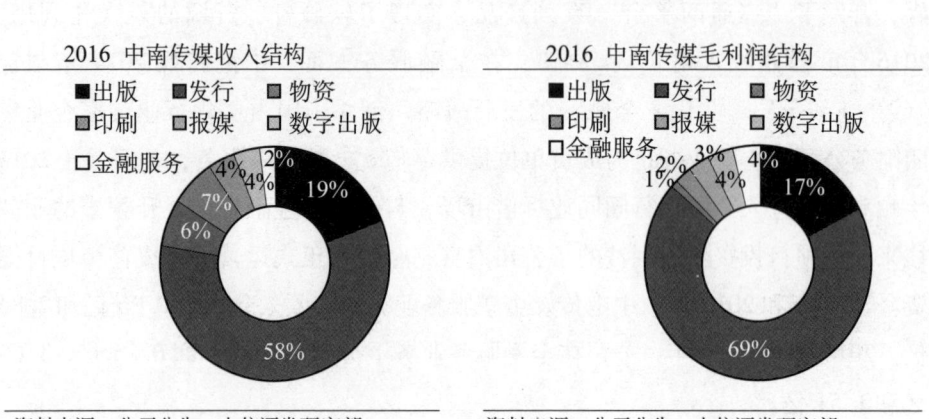

图5 2016年中南传媒收入结构及毛利润结构

发行和出版业务收入在近些年处于持续稳定增长状态，2016年收入共占公司营业收入的77%，其中发行业务（湖南省新华书店）是收入的主板块，占比58%，并为公司实现了69%的毛利润。物资、印刷和报媒等业务在很大程度上取决于宏观经济环境变化以及数字化发展的影响，故其营业收入增长较为迟缓。为了顺应国家教育信息化而研发出便捷的数字出版业务，近些年发展迅速，市场份额有很大的提升空间。2016年，公司的数字出版业务占比4%，并为公司贡献了4%的毛利润，实现了数字出版业务35.37%的同比增长率，未来3~5年收入仍将保持高速增长。

如图6所示：从股权结构来看，报告期内，公司普通股股份总数及股本结构未发生变化。中南传媒前十名持股股东,分别是湖南出版投资控股集团有限公司、香港中央结算有限公司、湖南盛力投资有限责任公司、全国社保基金一零四组合、中国证券金融股份有限公司、天安财产保险股份有限公司、交通银行股份有限公司—汇丰晋信双核策略混合型证券投资基金、中央汇金资产管理有限公司、汇丰晋信大盘股票型证券投资基金以及全国社保基金一零四组合,股权占比依次由多到少。湖南出版投资控股集团有限公司为中南传媒的绝对控股股东,持有 1 103 789 306 股,占比 61.46%。湖南盛力投资与湖南出版控股集团是一致行动人,湖南盛力投资持股 3.23%。

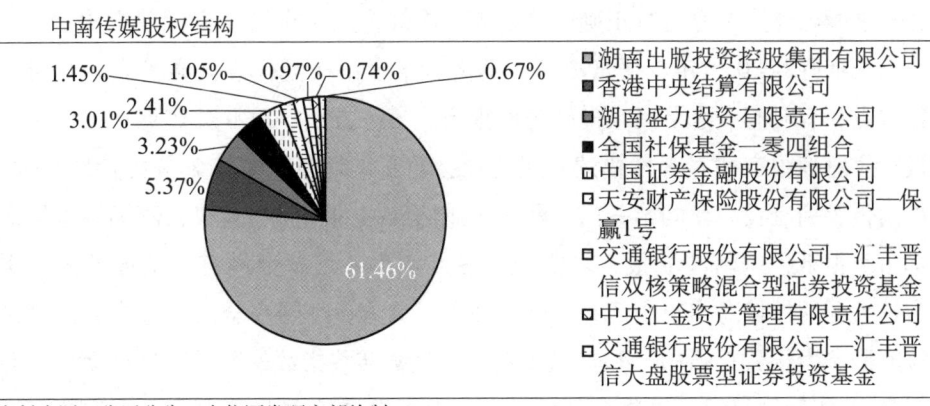

中南传媒股权结构

61.46%	湖南出版投资控股集团有限公司
5.37%	香港中央结算有限公司
3.23%	湖南盛力投资有限责任公司
3.01%	全国社保基金一零四组合
2.41%	中国证券金融股份有限公司
1.45%	天安财产保险股份有限公司—保赢1号
1.05%	交通银行股份有限公司—汇丰晋信双核策略混合型证券投资基金
0.97%	中央汇金资产管理有限责任公司
0.74%	交通银行股份有限公司—汇丰晋信大盘股票型证券投资基金
0.67%	

资料来源:公司公告、中信证券研究部绘制

图6 中南传媒股权结构安排

第二节 中南传媒执行社会责任现状

2016 年是"十三五"开局之年,中南传媒继续坚定"文化传承,产业报国"的理念,保持战略定力和发展定力,在谋求产业发展的同时,认真履行文化使命和社会责任,深刻贯彻落实"一带一路"战略,积极推进中国文化"走出去",始终把社会效益放在首位,把握舆论导向,遵守法律法规,保障出资人和债权人的合法权益,诚信对待供应商、客户和消费者,积极参与公益活动,爱护环境,取得了社会效益和经济效益的双丰收。此外,据法国《图书周刊》排名,中南传媒在世界出版企业中排名第六,在亚洲企业中排名第一,同时公司入选第八届全国文化公司 30 强。

(一) 对党和政府的责任

对党和政府的责任,是传媒行业需履行的重要责任。中南传媒积极履行国有文化企业的职责,自觉服务党和政府的工作大局,主要体现在发挥舆论导向作用,尤其是正确把握意识形态与主流价值观的导向,履行社会监督职责,遵守国家法律法规,以及推动中国文化走出去。

中南传媒弘扬党的思想政策理论、新出台的法律法规以及主流价值观宣传,充分利用多媒体、多介质、全流程的优势,以红网、党网平台和时刻新闻客户端等媒体为核心进行正确舆论引导,围绕全国和全省两会、建党 95 周年、纪念长征胜利 80 周年、扶贫攻坚、湖南省第十一次党代表大会等党和政府工作重点,有时有点有节奏地做好正面报道。另一方面,对社会热点、民生焦点进行实时性报道和客观性描述,履行社会监督的职责,媒体影响力持续扩大。中南传媒拥有长沙新闻第一门户网——潇湘晨报的独家经营权,潇湘晨报属于都市类报纸,以新闻立报,真实报道热点实事,是湖南最有公信度的报刊平台;大湘网保持对本土生活和民生的强大影响力;红网在全国"地方新闻网站核心影响力指数百强榜"和"地方新闻网站被转载指数榜"最高排名第一,并于 2016 年策划组织了春季乡村旅游节、金秋购物消费节等十余项大型赛事活动;时刻新闻客户端在"全国新闻网站 APP 传播力榜"最高排名第二。此外,中南传媒严格遵守税收法律法规,按照税法的规定,按时足额缴纳各种税费,杜绝偷税漏税行为。

中南传媒深刻贯彻落实"一带一路"战略,大力推动中华文化、湖湘文化走出去,扩大海外影响力。图书出版贸易、数字教育产品、印制发行业务深度介入"一带一路"沿线国家及欧美市场,教材《历史》和教材《美术》分别输出到韩国和美国,大批文化产品版权及实物输出到国际市场,被商务部等四部委评为全国文化出口重点企业。中南会展公司成功在法国承办"湖南文化走进法国"活动,完成赴法勤工俭学蒙达尔纪纪念馆设计陈列布展,在海外展示了会展湘军的形象。南苏丹基础教育项目成为中国首个面向贫困国家基础教育从教材编写到教师培训一揽子解决方案的文化支持项目。2016 年,公司在南苏丹、马其顿及孟加拉等国家均取得了不同程度的业务进展。与此同时,公司与培生、圣智等国际知名教育出版集团深化合作,于 2016 年实现了 224 项版权输出及合作出版。进一步提升了公司走出国门的规模和层次。此外，公司于2017年3月3日与法兰克福IRP在线版权交易有限公司签订协议，以入股形式将IRP平台引入中国，弥补国内出版界在线版权交易领域的空缺。此举将从战略发展角度扩大公司在国内及国际市场的影响力，推动华语版权在线交易的进程。

（二）对出资人的责任

公司不断完善治理结构，推进机制体制创新，建立健全符合文化特性、具有文化特色的现代企业制度，维护股东和债权人的合法权益。公司蓝筹形象持续强化，蝉联"中国主板上市公司价值百强"前十强，荣获第十八届金牛上市公司百强殊荣。

首先，不断完善公司结构治理。严格按照《公司法》《证券法》等法律法规的要求，不断完善股东大会、董事会、监事会等治理结构和制度。中南传媒严格依照有关法律法规、《公司章程》和《股东大会议事规则》的要求，履行股东大会的召集、召开和表决的法定程序，与股东保持有效的沟通，确保所有股东平等、充分地行使权利。全年召开"三会"及专门委员会会议25次，审议通过43项议案。进一步完善内控体系，内控内容和流程更加优化，保障了公司规范运作。

其次，做好透明度和信息披露工作。根据监管部门的要求并结合公司实际情况，公司制定了《信息披露管理办法》《对外信息报送和管理办法》《内幕信息知情人登记管理办法》《年报信息披露重大差错责任追究办法》《重大信息内部报告管理办法》等信息披露制度，建立健全了完善的内外部信息披露管理制度体系。全年高质量完成2015年年报、2016年一季报、年中报、三季报以及28份临时公告的编制与披露，及时向市场传递公司大事要事，受到资本市场和上交所好评。中南传媒严格遵循"公平、公正、公开"的信息披露原则，按照信息披露相关制度的规定，履行信息披露义务，确保所有股东能平等地获得公司披露的信息。

再次，加强投资者关系管理。公司已经制定了《投资者关系管理办法》《特定对象接待工作管理办法》等，及时接听投资者热线电话，反路演，耐心解答E互动平台投资者提问，定期发布投资者调研动态，加强与投资者的沟通交流，保护中小投资者权益，不断提升公司投资者关系管理水平。"以价值、诚信、规范"赢得资本市场良好口碑，荣获第七届中国上市公司投资者关系最佳董事会奖。

最后，尊重利益相关者合法权益。公司制定了《社会责任制度》，本着公开、公平、守信的原则对待公司相关利益者，不仅维护股东的利益，同时充分尊重和维护客户及其他相关利益者的合法权益，共同推动公司持续健康成长。此外，公司还实施了稳定的利润分配政策及办法，从制度上确保对股东的回报力度。2016年年内兑现了2015年度利润分配，以总股本17.96亿股为基数，向全体股东每十股派发现金2.9元（含税），合计派发5.2084亿元。

旗下子公司天闻数媒公司于2016年发布《天闻数媒科技（北京）有限公司管理层与骨干员工持股计划实施方案》，公司实施的是混合所有制企业管理层与骨干员工持股计划。以6.4亿人民币估值，将华为原持有的10%股份转让给天闻数媒管理层及骨干员工。2017年4月，公司公告，公司以6123.6万元收购华为剩余9%股权，截至报告期内，中南传媒持股60%，新华书店25%，龙岗投资5%，天闻数媒员工10%。天闻数媒进行股权激励可以将公司管理层和骨干员工与公司形成利益共同体，同时，能够大大提高管理人员和技术人员的积极性和主动性，为公司后续可持续保持高增速奠定坚实的基础。

（三）对供应商、作者和读者的责任

第一，公司通过制定采购管理办法、供应商管理办法等规章制度，以平等规范为原则，以符合法律法规的合同或协议为载体，明确双方权利义务，建立了良好的合作伙伴关系，来保障供应商权益。

第二，公司严格遵守《著作权法》等知识产权法规，尊重著作权利人每一项权利，不出版、不印制、不发行非法出版物，被确定为长沙市版权优势培育企业。严格遵守书报刊编辑、印刷装订质量标准，保障图书、报刊、电子出版物的质量。始终秉承诚信理念，树立良好的商业信用和道德形象，在各家银行都有良好的信用记录。凭借着良好的口碑，中南传媒与众多知名作家签约，如青春文学作家郭敬明及其最世文化团队，畅销书作家张嘉佳、大冰、桐华，知名作家张德芬、张小娴、毕淑敏、高晓松等，儿童文学作家汤素兰、秦文君等，著名科学家霍金等，大众社科文史作家张树军、刘金田等，众多作家的作品成为阅读亮点，广受市场好评。

第三，中南传媒为读者和客户提供丰富的精品之作。在社会主义核心价值观的引领下，中南传媒以出版人的责任和担当，高水准地推出《延安文艺大戏大系》《走向世界图书续编》《中国古代历史图谱》《中国边疆治理图书》《中国货币通史》等一批就有深远文化价值和学术价值的出版文化项目。9 种图书，两种电子音像出版物获第六届中华优秀出版物奖，获奖数量名列前茅。《大国工匠》等三种选题入选中宣部、新闻出版广电总局 2016 年主题出版重点选题。《世界佛教美术图说大典》等 8 个项目入选 2016 国家出版基金。86 种选题入选"十三五"国家重点出版选题，社均数排名第一。《红辣椒书系》等 5 个项目入选新闻出版广电总局 2016 年向全国青少年推荐的百种优秀出版物。在市场化运营的模式下，公司出版的图书报刊受到读者的广大喜爱与好评，一般图书在全国实体店市场占有率排名前三，作文、科普、原创文学、古典名著、心理自助等图书品牌排名第一，25 种图书登上开卷月度畅销书榜，《花火》获第六届少儿报刊优秀奖，《书屋》《中学生百科》《芙蓉》等杂志市场反响良好，新创办的《新课程评论》刊文转载数、征订数均创佳绩，在教育界得到广泛关注与好评。公司为提供质量保证，一般图书销售采用经销包退模式，图书退货率低于 10%。另外，在全省中小学举办 80 余场"名家进校园"讲座，在各市州开展"乐之时间""新华苑国学讲堂""绘本故事会"等特色品牌活动，为中小学生提供丰富多彩的文化教育活动。

（四）对公司内部员工的责任

中南传媒公司坚持以人为本，保障员工的合法权益，把公司发展与员工进步融为一体，为员工搭建干事创业的平台。首先，保障了员工的薪酬福利。公司严格遵守《劳动法》《劳动合同法》等法律法规，依法保护员工的合法权益，与每一位受聘员工签订劳动合同，为员工办理五险一金，认真做好年金运营和管理，筹建员工扶贫帮困基金，尽力解决员工的实际困难。

其次，通过举办新媒体创业人才训练营、出版发行管理培训班、新员工培训班，开展不同类型、多层次的专业技能培训。积极推行导师制，充分发挥老员工传帮带作用，帮助新员工尽快适应工作环境，提高工作技能，并指导新员工做好职业发展规划。建立人才储备库，关注青年人才培养与使用，使其获得职业发展的机会。

最后，培养创业文化，履行人文关怀。公司倡导"因工作而快乐，因创造而富有，因团队而荣耀，因良善而崇高"的企业文化，弘扬"催生创造，致力分享"的核心理念,营造鼓励探索、创新创业的文化氛围,激发员工创新创业的激情与活力,并以篮球、羽毛球、书画等10个文体俱乐部为载体,举办各类文体活动,丰富员工业余生活。

(五) 对社会公益和环境的责任

中南传媒注重将社会责任与公司发展相结合,热心参与社会公益事业,提倡绿色发展之路,树立了"重责任、敢担当"的良好公众媒体形象。

首先,公司积极开展精准扶贫工作。为深入贯彻落实国家扶贫开发战略,公司响应热烈,对口扶助湖南省新田县新圩镇梧村,力图改变梧村贫困落后的面貌。2016年公司捐赠基础建设资金100万元,帮扶资金8.1万元,捐助物资11.5万元,捐赠体育器材7万元,捐赠图书30万元,使梧村基础设施焕然一新,村办经济更为活跃,村容村貌大为改观,文化生活更加丰富。"一送二引"推动村民知识脱贫。"送"相应的产业创业人员去实地学习和参加管理与技术专业培训。"引"专业养殖技术,帮其购买专业书籍,并在村中心建立了村图书阅览室和远程教育活动室,为产业创业人员提供求知解惑的学习场所和技术手段。此外,多项并举推动精准扶贫。一是积极为贫困户创造创业和就业条件,帮助其增收脱贫。二是与大户创新合作模式,采用资金投资性收益分红为贫困户创收。三是大力推动金融扶贫,为贫困户创收增效。四是积极落实各项农村扶助惠民政策,让贫困户享受相关政策保障。五是直接扶持贫困户种植金槐增收。六是响应中央要求,积极投身光伏扶贫工程。七是继续加大"一进二访"一对一的帮扶活动力度,对接80户。八是全面修建全村农田灌溉水渠,彻底解决农田引水灌溉问题,为农田作物增产增收提供保障。2016年共脱贫11户34人,全年村集体实现创收4.5万元。

其次,大力捐资助学。公司全年向农村中小学校、农村图书室、贫困地区图书馆捐赠资金与图书等物资共计4 000多万元,用实际行动支持农村教育事业发展及文化设施建设。2016年直接扶持新入学学生7人,同时联系湖南师大附中教学实践小组对留守儿童提供学习帮助。向湖南省城镇及农村高中贫困学生免费提供5万台录音带复读机,投入300万元为花垣县双龙镇排碧学校、岳阳县黄沙街镇中心学校配置学习用的设施,建设标准化图书馆。

再次,推动文化惠民的书籍阅读活动。公司坚持以湖南新华汽车书店为载体,常年开展送书下乡、流动售书,为偏远农村读者提供精神食粮。认真落实中宣部等十一部委加强实体书店建设的要求，为读者提供舒适优美的购书环境与温馨惬意的阅读体验，长沙乐之书店被评为2016年度"全国十大最美基层书店"。此外，中南传媒作为湖南"三湘读书月"唯一协办单位，全力支持全民阅读，营造书香社会，组织开展多种形式的公益性阅读活动。如举办80余场"名家进校园"讲座，启动潇湘少年榜创文大赛，参与人数突破30万，举办首届湖南省"新华杯"青少年国学知识大赛，吸引15万名初中学子参与，弘扬中华优秀传统文化，产生良好的社会反响。

最后，坚持绿色发展。公司一直注重环境保护，走可持续发展之路。旗下的湖南天闻印务公司坚持以数字化、绿色化为技改导向，共投入技改资金2500万元，完成12个重点技改项目，承印的中小学教材教辅100%实现了绿色印刷，并在装订车间安装负压系统，减少了车间内部的热源和噪声源，在覆膜车间进行废气集中收集处理，有效改善了覆膜工序的空气质量。

第三节 中南传媒执行社会责任存在的问题

中南传媒尽职尽责地履行社会责任，自觉服务党和政府的工作大局，遵守法律法规，保障出资人和债权人的合法权益，诚信对待供应商、客户和消费者，积极参与公益活动，精准扶贫活动全方位开展，爱护环境，始终把社会效益放在首位，是履行社会责任较好的企业，但是通过研究发现，仍存在少量问题和不足，主要体现在以下几个方面。

（一）信息生产原创性和内容创新有待加强

中南传媒作为一家以出版发行为主，主营业务是教材教辅和一般图书的企业，在宣传和弘扬国家主流核心价值观，进行正确的舆论宣传和引导方面做得较好，但是，在新闻报道，尤其是时政、会议新闻报导上，易将舆论引导和主体片面化为政府或媒体，从而忽略了大众。另一方面，近年来，在网络媒体、移动媒体、微博微信的冲击下，报纸的生存发展空间受到严重挤压，其发行量下降是客观现实。如果传统的纸媒出版传媒企业不能迅速吸收和应用先进的数字技术，大力发展以数字化内容、数字化生产和网络化传播为主要特征的新媒体,则在未来的市场竞争中将会越来越多地受到新媒体新技术的冲击。内容同质化,对用户吸引力不够是影响因素之一,尤其是在新闻信息的原创性方面较弱,无法充分掌握有关事件的话语权,其信息来源依靠传统媒体甚至境外媒体。对用户吸引力不够,就很难将那些社会主义核心价值观和舆论引导深入民心。

（二）履行信息披露不充分

中南传媒作为在 A 股上市的出版企业,自 2010 年开始披露相关报告,如《内部控制自我评价报告》,建立年报信息披露的责任追究相关条款,如《公司信息披露管理办法》,并于 2012 年开始发布《中南传媒社会责任报告》,是仅有的 7 家上市出版发布责任报告的企业之一。公司的报告内容比较丰富,从中可以看出在践行社会责任方面做了很多工作,不少做法值得借鉴,如顺应党和政府的核心价值观要求,服务于公众,市场运营效益好等。但是母子公司间的相关信息并未在社会报告中有更好体现。如天闻传媒和湖南人民社作为重要的子公司,它们的一些公益慈善活动和关心股东权益并未体现在公司的社会责任报告中,而且公司官网相关报告中只展示了年度报告,其他相关报告需在上交所查找。

另外,报告形式还比较单一,鲜有利用图片、图表等一目了然的形式。而且,整篇报告以正面信息为主,但对企业存在的缺点以及客观存在的问题缺少披露和分析。若是将存在的问题深入探讨分析并披露于众,会更有利于企业履行社会责任和在社会公众心中树立良好的形象和声誉。

（三）国际传播能力较弱,"文化走出去"战略需进一步落实

传媒行业的国际传播能力是国家文化软实力的重要体现,关系到国家形象、国家安全和国际地位。近年来媒体的国际传播能力建设取得重大进展,国际传播体系初步形成,国际舆论影响力明显增强,但是国际一流媒体可以将全世界发生的新闻置于西方思维和价值观评判之下,形成话语垄断局面,而我国媒体在国际传播格局中仍处于弱势地位,这是中国传媒企业普遍存在的问题。在国际热点问题上和突发事件中原创率偏弱,与国外文化交流的项目较好,没有掌握中国形象的主导权,需要将中国文化更好地输出到国外,扩大海外影响力。

第四节　中南传媒社会责任执行力提升路径与方法

（一）提升内容原创性和创新能力，推动传统出版转型升级

通过"三抓手"，即抓原创出版、版权引进、重大出版工程，培养新生代作家，吸引著名作家，提升原创能力，打造有影响力的IP。关注列入国家"十三五"重点选题，并从集团层面重新设计重大出版工程落实机制和责任机制，创造性地制作符合国家舆论导向和宣传作用的项目。加快建立统一的版权引进基金，探索在图书版权引进下的直接出版、合作出版之路。把振兴传统出版作为重点工作来抓，按照深化出版供给侧改革的要求，创新体制机制。2016年国内报纸广告下降38.7%，中南传媒报媒板块业务也面临一定经营压力。为应对传统报媒业务下降的风险，公司应积极布局红网、大湘网、枫网等网络媒体，开拓地铁广告、磁浮广告、城轨广告等业务领域，并利用媒体影响大力发展线下业务，以线上与线下结合、文化与金融结合为发展思路，推动传统报媒业务转型升级。在组建红网新媒体集团方面，进一步提升报道质量，创新报道方式，加快建设户内户外大屏、舆情监控等新的舆论平台、移动平台，提升红网的影响力和引导力。潇湘晨报经营公司继续强化"全媒体整合、全渠道运营、全案代理"，推动经营模式转变和经营业绩提升，进一步提质改造发行队伍。加快推动纸媒向新媒和户外转型，大力扶持发展老年媒体、地铁媒体，扩大规模和影响。展会项目方面，在举办政策型展会的同时，可以加大文创体验类展会、国际性常态化专业展会等的开展，多样化会展业务。

（二）根据传媒企业特点，结合上市公司要求，全面履行披露社会责任

传媒企业具有自身的特殊性，因此在执行和披露社会责任报告时，不应完全按照深交所的指引要求来做，可以根据企业特点和产业特有的文化属性及意识形态属性，制定更符合自身的社会责任战略以及信息披露机制，例如，将遵守意识形态纪律和导向纪律作为职业规范在集团推广，在报告中总结一年来执行社会责任需要改进之处，并将制作好的相关报告通过广泛的途径进行披露，包括公告、官网、内部媒体及其他手段积极宣传履责情况，让更多受众知悉。

另外，制定各子公司的社会责任报告。不仅可以使公众和研究学者多层次了解中南传媒执行社会责任现状，而且能促进整个企业间的相互联动，将社会责任更加细化到子公司个体。最后，在撰写社会责任报告时，可以加入一些图表、图片，使一些数据性的文字以更简洁直观的方式呈现给大众。

(三) 增强海外传播力，助推中国文化走出去

中南传媒作为出版产业中的龙头企业，需要引领中国文化走出去，提高国际传播力、影响力，向世界展示积极向上、负责任的中华形象。在新闻媒体方面，需要强化信息采集、编辑制作、信息传输、内容输出、项目推广等一系列流程的本土化运作，提高新闻报道的原创率、首发率，加快打造语种多、受众广、信息量大的国际一流媒体，形成与我国经济社会发展水平和国际影响力相称的国际传播能力。在文化教育和价值观方面，中南安拓可以针对性地设计集团教育文化产品，并将其规划推广，在文化援外方面拓展更多项目。天闻数媒在南苏丹教育项目模式下，可以争取新增海外样板点，推动产品产能输出获得新的进展。在图书出版发行方面，需要进一步提高国际书展的参展水平和营销水平，加大外向型图书产品的研发，与国际出版企业和版权代理机构的深度交流与合作。天闻印务在降成、转业态的同时，进一步提升产能输出规模，重点开拓南亚、中东和非洲市场。另外，进一步落实与培生、圣智、法兰克福书展等国际知名教育出版集团的战略合作，拓展国际市场，扩大国际影响力，实现新的图书贸易增长和文化输出。

第四章 南方传媒社会责任报告

李 玲[①]

南方出版传媒股份有限公司于 2016 年上市,上市以来取得迅速发展。本文从舆论引导与社会监督,市场责任,社会责任以及责任管理四个方面对南方传媒的社会责任履行情况展开讨论。

第一节 南方传媒基本情况

南方出版传媒股份有限公司(以下简称"南方传媒")是根据广东省人民政府《关于同意省出版集团有限公司重组改制并境内上市的批复》、中共广东省委宣传部《关于广东省出版集团有限公司联合广东南方报业传媒集团有限公司发起设立南方出版传媒股份有限公司的复函》的批复,由广东省出版集团有限公司和广东南方报业传媒集团有限公司作为发起人,以广东出版集团 2008 年 12 月 31 日拥有的图书出版、发行、印刷及物资供应、期刊杂志和新媒体等主营业务及相关资产进行重组改制设立的股份有限公司。南方传媒注册资本为人民币 65 000 万元,其中广东省出版集团有限公司出资 64 350 万元,持股比例 99.00%;广东南方报业传媒集团有限公司出资 650.00 万元,持股比例 1.00%。[②]

南方传媒成立后,根据当时政府倡导的对国有企业进行深化改革的政策,解决了清理历史、集团改制、重组发行渠道三大难题,为上市做好准备。期

[①] 李玲,新闻与传播硕士,中国丝路智谷研究院研究员,研究方向:政治传播学,互联网与社会治理,新媒体。

[②] 《南方出版传媒股份有限公司 2016 年年度报告》。

间，经历了国内股票市场"重启—叫停—再重启"的波折后，于2015年同意入市。[①] 2016年2月15日，南方出版传媒股份有限公司（股票简称"南方传媒"，股票代码：601900）在上海证券交易所A股上市。南方传媒是广东省第一家实现整体股份制改造的大型国有文化企业，是广东省省级文化企业整体上市的第一股。

南方传媒自成立之初经营范围不断进行小范围调整，当前其主营业务为图书、报刊、电子音像出版物的出版和发行，以及印刷物资供应和印刷业务，其中图书出版物主要为中小学教材、教辅、一般图书。该公司聚合了图书、期刊、报纸、电子音像、新媒体等多种介质，形成了集传统出版发行业务与数字出版、移动媒体等新媒体业务于一体的综合性传媒业务架构，拥有出版、印刷、发行、零售、印刷物资销售、跨媒体经营等出版传媒行业一体化完整产业链。[②]

第二节 南方传媒执行社会责任现状

一、舆论引导与社会监督

一直以来，南方传媒将社会效益放在其发展的重要位置，追求社会效益和经济效益相统一，强化出版导向管理，组织了重点主题出版和重大项目的实施。

2016年，该公司出版一般图书3 644种，音像制品241种，电子出版物288种，共获各种出版物奖项225项。其中不少出版物获得业界及有关部门认可，如《大国筋骨：中国工业化65年历程与思考》等10种出版物获第六届中华优秀出版物奖，《穿越百年中国梦》等7个项目入选2016年度国家出版基金项目。此外，也有不少突出了国家的思想政策宣传。围绕加强社会主义核心价

---

① 邓满. 我国出版集团上市之路径研究——以南方传媒、长江传媒等6家上市公司为例 [J]. 科技与出版，2016（5）：41~44.

② 《南方出版传媒股份有限公司2016年年度报告》。

值观建设、纪念建党 95 周年、纪念红军长征 95 周年、"一带一路"等重大主题，精心策划 300 多种选题，占领了广东省内出版舆论阵地，引领了出版方向。①

此外，南方传媒的主要股东之一南方报业传媒集团作为中国南方的传媒标杆，在舆论引导与社会监督方面一直较为出色。相较于南方传媒旗下其他股东和子公司，南方报业传媒集团在全国的影响力更为重要，该集团及其旗下的各类报纸在舆论引导和社会监督方面一直发挥着重要的作用。

从国家的思想政策宣传这一点看来，南方报业传媒集团利用已经实施近两年的"1+X"采编联动机制，通过党报《南方日报》以及《南方周末》等多份报纸和产品共同发力，在国家的政策宣传上起到一定的示范作用。《南方日报》将国家政策与地方特色相结合，对"一带一路"战略做了报道和宣传；《南方周末》作为南方报业集团的一份品牌报纸，也使用这份报纸自己的方式对国家政策进行宣传，就"精准扶贫"政策多次进行专题报道；此外，《南方周末》经常对国家主席习近平的施政方针进行报道。②

对于重大会议的报道，南方报业集团在两会的报道上已形成非常成熟的经验，在"1+X"机制之下，南方报业传媒集团尤其重视全媒体矩阵的运用，形成了成熟的融媒体报道风格。2017 年两会期间，南方报业传媒集团旗下的 9 家媒体派出 90 多名一线采编人员到两会现场进行报道，通过这 9 家媒体的合作互动，截至 3 月 13 日，南方日报、南方都市报、南方周末、21 世纪经济报道、南方农村报、南方杂志等报刊推出超过 300 个版面、100 万字报道，南方网、南方+客户端及各媒体新媒体端口组成传播矩阵，全集团新媒体终端全国两会报道点击量超过 2 亿。③ 值得一提的是，两会期间，《南方日报》打造的两会短视频节目《两会 TALKS》创新了全国两会报道的形式。截至全国两会闭幕，《两会 TALKS》四集节目的全网点击量突破 5 000 万次。④

在促进社会发展，实现媒体监督功能，为受众提供信息服务，帮助解决实际问题这一点上，南方报业集团旗下的《南方都市报》开设了"马上办"栏

---

① 《南方出版传媒股份有限公司 2016 年年度报告》。
② http：//www.nfmedia.com/cmzj/cmyj/sysj/201608/t20160810_369875.htm
③ http：//www.nfmedia.com/jtdt/jtxw/201703/t20170314_371343.htm
④ 《南方日报》：打造全国两会短视频报道的现象级产品。

目。这档栏目自 2015 年 10 月起在南方都市报的"深圳读本"版面开设,在帮助提高当地政府民生工作质量和行政效率上起到了较好的效果。2016 年,根据"马上办"舆情指数报告,该节目全年共收到 200 宗投诉,其中 50% 已解决,25% 的事件取得进展。① 此外,针对新出台的二孩政策,全媒体版的"南方问政"《80 天奖励假"没得休"谁管》,关注二孩政策实施后的产假相关问题,对于时事热点及受众关切的问题进行及时报道和追踪。

对于公共事件、负面新闻的报道,南方报业集团也依据其一贯的新闻报道方式,作出了较多报道。例如,在广东地区频发的"邻避困境"问题,2016 年 4 月,南方日报牵头多家媒体,推出《求解邻避困境方法论》系列报道,直面重大项目、公共民生项目建设引发的"邻避冲突"现象,结合全国各地正反两方面经验,分析政府、企业、群众等不同社会主体在邻避事件中的行为取向及效果,并探讨解决方法与机制。② 2016 年 9 月,《南方日报》推出"八问电信诈骗"系列报道,从多个角度对电信诈骗问题进行分析。此外,《南方日报》针对社会现存问题,揭露事实真相,做出了一系列负面报道。如《违建豪华会所藏身罗浮山》一文报道了国家 5A 级景区内违规占地建豪华会所问题,《血液中心旁的黑色交易》一文中披露了非法有偿献血现象,还有茂名采石场调查报道、巴铁项目迷局系列调查、"一元购"非法网站游戏、廉江猪肉涨价、东莞代耕农、龙川保障房骗局、海丰千亩农田喊渴等报道。③

南方传媒及其股东在舆论引导与社会监督方面产生的影响力较大,无论是正面宣传还是负面报道都具有相当的社会效应。南方传媒因其集团体系的庞大及其股东、子公司众多,具备其他上市传媒公司所不具备的舆论监督引导优势。

二、市场责任

2016 年南方传媒运营稳健,财务状况良好,资产规模、营业收入、利润等

---

① http://www.nfmedia.com/jtdt/jtxw/201701/t20170109_371037.htm
② 南方日报社会责任报告(2016 年度)[EB/OL].南方日报 http://news.xinhuanet.com/zgjx/2017-05/25/c_136297436.htm.
③ 南方日报社会责任报告(2016 年度)[EB/OL].南方日报 http://news.xinhuanet.com/zgjx/2017-05/25/c_136297436.htm.

多项主要经济指标均超越过往数据。实现营业收入 49.18 亿元，同比增长 6.87%；净利润 5.03 亿元，同比增长 11.76%，其中归属于母公司所有者净利润 4.22 亿元，同比增长 12.01%；截至 2016 年 12 月 31 日，公司总资产达 86.09 亿元，同比增长 24.20%；净资产达 44.12 亿元，同比增长 43.02%。① 根据《南方传媒 2016 年年度报告》，2016 年南方传媒总资产为 8 609 003 256.56 元，归属该公司股东的净资产 3 579 482 218.92 元。2016 年下半年度该公司利润分配及资本公积金转增股本的预案为，拟以公司总股本 81 910.00 万股为基数，向全体股东每 10 股派现金股利人民币 1.047 元（含税），共计分配现金股利 85 759 770.00 元。②

可见，就市场责任这一项指标来看，南方传媒在总资产，营业收入及其股东收益方面都取得较好的市场效果。2016 年，该公司主营业务涵盖出版、发行、物资、印刷和报媒五大类业务，其中出版业务、发行业务收入占该公司主营业务收入 70% 以上，是其最主要的收入和利润来源。2016 年度，该公司的营收情况主要体现在五个方面：①出版板块有所增长，由于教材提标集中在 2015 年，对本年影响较小，增速下降；②发行板块，受益于全省新华书店整合工作、政府文化消费贴补政策以及教辅业务拓展，收入、利润持续增长；③物资板块营业利润率相比其他行业较低，报告期内物资贸易收入增长，主要是物资公司，社会产品的贸易有所增加，但毛利率基本持平略有下降；④印刷板块收入增长较快，主要为部分业务改变结算方式，由纯印刷改为购纸印刷，使得毛利率有所下降；⑤报媒板块收入同比下降，主要由于广告收入下降，而成本相对固定，导致毛利率同比下降。③

南方传媒在上市后迅速发展，市场效益良好可归功于其所在地广东省得天独厚的资源优势，以及该公司本身经营策略的有效性。南方传媒所在的广东省经济发达，GDP 总量多年连续处于全国第一位。就市场广阔性而言，广东省人口规模大，人口素质高，在校中小学生人数多，因此图书消费市场空间较大；就文化底蕴而言，无论是中小学教育资源还是高校教育资源，广东省都居于全国前列，其教育经费投入也处于全国首位，因而广东省具有全国最大的文化产

---

① 《南方出版传媒股份有限公司 2016 年年度报告》。
② 《南方出版传媒股份有限公司 2016 年年度报告》。
③ 《南方出版传媒股份有限公司 2016 年年度报告》。

品消费市场,书籍报刊及音像制品的消费额都在全国处于领先地位;就地理位置而言,广东省毗邻港澳,面向东南亚,具有先天的国际化优势,因而便于实施"走出去"战略,有利于南方传媒进行版权输出。

  从南方传媒本身的经营战略而言,其在提高图书品质,推进资本运作,巩固教育出版,深化媒体融合,推进发行渠道建设,提升产业布局六个方面进行了比较成功的探索。①南方传媒围绕加强社会主义核心价值观建设、纪念建党95 周年、纪念红军长征95 周年、"一带一路"等重大主题,精心策划300 多种选题,牢牢占领省内出版舆论阵地,引领出版方向。在图书品质上放眼世界,深耕岭南文化,着重精品出版物的开拓;在图书品牌上则紧贴市场,优化出版结构,扩大有效规模,提高内容质量,提升品牌效应。在图书品质的运作中还不断发挥人缘、地缘、语缘优势,推动"走出去"转型升级。②在资本运作方面,南方传媒推进发行集团重组,并成功上市,成为"广东省国有文化企业第一股"。并在此基础上打造资本运作平台,推动外延式扩张,积极参股金融企业获得新的利润增长点。③着眼于公司所在地的教育优势与资源,南方传媒不断巩固教育出版基础优势,并整合了教育资源,改革教材经营模式,推进教材、教辅数字化转型,发挥新华书店等渠道优势,积极向教育服务业延伸。④根植于其本身具有的传统媒体优势,加快传媒媒体与新媒体的深度融合,并开发出云出版、云教育、云阅读、云媒体、云终端等多种数字产品形式。⑤推进发行渠道整合,完善连锁书店经营体系,并推动"广东新华书香节"走进全省各地。⑥推进印务在转型中做强做大,2016 年公司印刷板块实现营业收入2.3 亿元,同比增长14.33%,物资贸易板块实现营业收入13.11 亿元,同比增长8.35%;此外,还推动文化地产专业化发展。

三、社会责任

  南方传媒自成立以来在社会责任的履行上就给予了一定的关注,对公益事业的投入,员工的关爱,经营的合法性,环境责任的执行等方面都较为重视。就公益事业而言,南方传媒借助其在书籍出版上的业务优势,多次进行捐赠活动。2016 年5 月16 日,南方出版传媒与人教社联合在揭阳第一中学举办了"编书育人,启智助学"图书捐赠活动,共同向揭阳一中、揭阳二中各捐赠10

万册图书。① 2016年5月24日，南方传媒对遭遇洪灾的信宜市进行了捐赠，将救灾教材送至该市第三小学与第十小学，解决了受灾地区学校师生的燃眉之急，使学校及时恢复了正常的教学秩序，受到广大师生及家长的一致好评。在社会公益事业上，南方传媒一直践行"心连读者，情系学校"的承诺。②

对于员工的关爱则体现在该公司的薪酬政策及培训计划上。南方传媒根据广东省有关规定，参考人才市场岗位价值评价情况，制定《南方出版传媒股份有限公司总部薪酬管理制度》，积极贯彻公司人才兴业发展战略，建立科学的薪酬管理机制，力求激励人才成长，吸引和留住人才。此外，还根据国有企业薪酬政策，将职位价值，绩效考核作为标准实施有竞争力的薪酬策略，根据国家政策、市场薪酬水平变化和企业效益，适时调整薪酬水平。该公司结合发展战略，按照"分级管理、分层实施、分类培训"的原则，坚持内部培训与外部培训相结合，制定培训计划，创新培训内容，突出提升培训质量，打造重点培训项目，促进公司人才的成长。③

2016年，南方传媒按照《公司法》《证券法》《上市公司治理准则》《上海证券交易所股票上市规则》以及中国证监会、上海证券交易所、广东证监局有关法律法规的要求，完善公司法人治理结构、规范运作，该公司治理的实际情况符合有关法律法规的规定。④ 在环保方面，南方传媒各项业务并未对环境造成破坏及影响，因而一般而言，不存在特别的问题。

此外，在社会责任方面，2016年南方传媒重点履行了政府各项扶贫工作的要求，按期完成了该年度贫困人口脱贫任务。根据广东省委省政府《关于新时期精准扶贫精准脱贫三年攻坚的实施意见》和《关于新时期相对贫困村定点扶贫工作方案》要求，南方传媒的对口帮扶单位为陆丰市桥冲镇桥冲村。扶贫目标为到2018年，稳定实现桥冲村贫困人口不愁吃、不愁穿，义务教育、基本医疗和住房安全有保障，基本公共服务主要领域指标相当于全省平均水平。有劳动能力的相对贫困人口人均可支配收入不低于当年全省农村居民人均可支配

---

① 南方出版传媒与人教社联合举办"编书育人，启智助学"图书捐赠活动［EB/OL］. 南方出版传媒官网 http://www.nfcb.com.cn/new/1460.jhtml.

② 发行集团：心连读者 情系学校［EB/OL］. 南方出版传媒官网 http://www.nfcb.com.cn/new/1486.jhtml.

③ 《南方出版传媒股份有限公司2016年年度报告》。

④ 《南方出版传媒股份有限公司2016年年度报告》。

收入的45%（7 365元），符合政策的全部或部分丧失劳动能力的相对贫困人口纳入低保，确保全部实现稳定脱贫。2016年的具体目标为协调有关部门将符合政策的全部或部分丧失劳动能力的贫困人口纳入社会保障，全部实现政策性保障兜底脱贫。南方传媒主要在四个方面开展扶贫工作：一是加强组织领导，落实扶贫工作责任制；二是落实精准识贫，实行动态管理；三是积极筹措资金，加强资金管理；四是加强思想政策宣传，引导贫困户脱贫。经过南方传媒的帮扶，桥冲村2016年贫困人口实际脱贫人数为36人，超过原计划的脱贫人数27人，顺利完成了陆丰市下达的2016年度脱贫任务。

四、责任管理

南方传媒的责任管理可从其经营状况以及社会责任的实现情况来考量。2016年，南方传媒营业收入的增加以及在公益、扶贫工作上的作为都足以体现其责任管理的有效性。

从发展战略看，南方传媒以"创新驱动，加快转型"的主线，以文化守望者、知识摆渡人为职业使命，增强自主创新能力，以数字化转型为抓手，夯实优化原有出版、传媒产业链；依托、发挥渠道优势，并购与创业双轮驱动，拓展新媒体和泛教育产业链，培育新的产业利润增长点，充分利用上市平台的融资功能，快速形成以出版传媒为"一体"，新媒体+教育、兼并重组+对外投资为"两翼"，实现"文化+金融""文化+科技"融合发展，打造最具活力和成长性的出版传媒企业。

南方传媒公司董事会认真履行《公司法》和《公司章程》等法律、法规赋予的职责，规范公司的治理和发展，因而在上市以来取得了迅速的发展。在2016年现有成绩基础上，南方传媒设定了2017年的经营计划。未来南方传媒将把握稳中求进的工作总基调，牢固树立和贯彻落实新发展理念，坚持把社会效益放在首位、社会效益与经济效益相统一，以提高发展质量和效益为中心，以资本运作为抓手，以深度融合为重点，推动供给侧产业结构改革发展，加快产业转型升级，促进经济平稳健康发展和公司和谐稳定，打造强势的出版粤军，新媒体和教育板块争取突破，稳步推进外延式投资。具体而言，主要围绕六个方面设定未来发展规划：①做强主业，提高内容质量和精品创作能力；②抓好教育出版经营，推进教育产业链开发；③盘活资本，推进文化企业供给侧结构性改革；④深度融合，促进传统出版与新兴出版融合发展；⑤加快转型，优化产业发展的战略布局；⑥外向带动，加强国际传播能力和对外传播实效。①

  从社会责任履行角度看来，南方传媒在社会公益、履行国家政策方针以及深耕本地文化方面有较为积极的探索。南方传媒根据其所在地区的实际情况与自身具备的资源相结合，打造了具有出版行业特色的公益之路。南方传媒的扶贫工作的开展和落实都具备一定成效，其在对口扶贫地点陆丰市桥冲镇桥冲村的扶贫目标为2016年协调有关部门将符合政策的全部或部分丧失劳动能力的贫困人口纳入社会保障，全部实现政策性保障兜底脱贫。2017年相对贫困户（含政策性保障兜底脱贫）脱贫退出率达到65%。2018年相对贫困户（含政策性保障兜底脱贫）脱贫退出率达到100%。到2018年，桥冲村人均可支配收入不低于当年全省农村居民人均可支配收入的60%，生产生活基础设施建设基本完善，村容整洁，公共服务设施和服务水平明显提高，村两委班子战斗力、凝聚力、号召力进一步增强，桥冲村脱离贫困村行列。②事实上，对于刚刚上市不久的南方传媒，扶贫工作是其社会责任中最为重要的一项任务。

  此外，在深耕本土文化方面，南方传媒结合其自身行业资源，其所在地广东省独特的岭南文化，发展出系列具有岭南地方文化特色的出版物。南方传媒以重大文库项目出版为抓手，挖掘地方特色文化资源，推出了一批重大文化精品。围绕地方文化资源的出版，建立了《岭南文库》《世界客家文库》《华人华侨文库》三大文库，推出《岭南知识书系》《当代岭南文化名家》以及广东方言辞典系列等产品线。其中，《岭南文库》将有关岭南的权威性研究成果和有价值的资料保存并积累下来，是岭南文化在图书出版方面颇具岭南特色的文化工程。这批研究成果普遍具有较高的文化品位和学术价值，曾先后获得第三届国家图书奖及30多项省级奖项；《童说岭南——听彭嘉志讲古仔》不仅得到广东省扶持文化走出去专项资金和广东省原创精品出版资金扶持项目资金，同时获得了市场认可，该系列（前三本）目前已经重印两次，总发行量36 000册。这些出版物成为受众了解岭南文化最好的载体，对打造广东的文化品牌，

---

① 《南方出版传媒股份有限公司2016年年度报告》。
② 《南方出版传媒股份有限公司2016年年度报告》。

提升广东文化强省形象，建设岭南文化新高地，提供积极的价值引领和学术支撑，也成为南方传媒在履行社会责任方面重要的一项举措。

实际上，南方传媒作为一家改制重组的企业，在上市短短一年时间内就取得了较高的营业收入是出版行业值得借鉴的案例。当然，因其发展时间短，在社会责任的履行上并不能像其他发展成熟的企业一样面面俱到，但因其股东及子公司众多，倘若加上所有股东与子公司在社会责任方面作出的探索及其成就，其社会责任的履行总体而言也是可观的。

第五章　凤凰传媒社会责任报告

王　波[①]

凤凰出版传媒股份有限公司（简称"凤凰传媒"）是全国最具影响力和规模最大的出版发行公司之一，兼有内容生产和渠道优势，是全国出版发行行业的龙头企业和中国上市公司的标杆企业之一。凤凰传媒按照上市文化企业要求，坚持改革创新、稳中求进、双效统一、挺拔主业、突出重点、攻坚克难、规范运作、防范风险，积极打造可持续健康发展的现代出版传媒企业。

第一节　凤凰传媒基本情况

凤凰传媒辖全资、控股公司209家，参股公司15家。所属20多家出版机构中有6家出版社进入中国百佳出版社行列，被评为国家一级出版社。公司拥有销售网点1 066个，总面积超80万平方米，网点规模和数量居全国同行第一，并拥有全国规模最大、现代化程度最高的图书物流配送中心。公司旗下海南凤凰新华出版发行公司是国内首家跨省并购重组的出版发行企业。

公司控股方凤凰出版传媒集团有限公司是中国规模最大、实力最强的出版产业集团。产业领域主要是出版、发行、印务、影视、文化酒店、文化地产、金融投资、艺术品经营等板块，控有凤凰传媒、凤凰股份、上海法普罗和江苏新广联四家上市公司。连续八年在新闻出版业总体经济规模和实力评估中名列第一，连续八届入选"全国文化企业30强"。

[①]　王波，南京邮电大学副教授，南京大学文化产业博士后。

第二节 凤凰传媒执行社会责任现状

凤凰传媒2016年履行社会责任情况如下。

一、坚持社会效益第一，文化影响力进一步提升

作为国有文化龙头企业，凤凰传媒积极贯彻党的十八届五中、六中全会精神，围绕"两学一做"学习教育要求，认真学习领会习近平总书记系列重要讲话，深入贯彻落实《关于推动国有文化企业把社会效益放在首位、实现社会效益与经济效益相统一的指导意见》等一系列中央文件，坚持社会效益第一，坚持正确出版导向和舆论导向，认真研究出版行业的发展形势，强化大众出版的导向意识和精品意识，把握主基调，唱响主旋律。

2016年，凤凰传媒负责发行的《习近平总书记系列重要讲话读本》等各类重点政治理论读物的发行总量保持全国领先。8种图书、3种音像电子游戏出版物、1篇出版科研论文入选第六届中华优秀出版物奖；1种图书入选中宣部2015年"优秀儿童文学出版工程"（全国仅有7种图书入选）；1种图书入选央视"中国好书"；56个项目入选国家"十三五"重点出版项目，数量列全国同行第四；4种出版物入选总局2016年主题出版重点出版物；4种图书入选总局2016年度大众喜爱的50种图书；3种图书入选中国出版协会2016年度中国30本好书；4种出版物入选总局2016年向全国青少年推荐百种优秀出版物；2个项目入选总局中国原创动漫出版扶持计划；3种图书入选"中国科普作家协会优秀科普作品奖"；4种期刊入选2016年全国优秀少儿报刊推荐名单；6种图书入选2016年度"中国最美的书"；1种杂志获评"2016年度中国最美期刊"；1种杂志获首届金镈奖。

与此同时，凤凰传媒加快"走出去"步伐，努力提升国际文化影响力。被评为"2015~2016年度国家文化出口重点企业"。40个项目入选"中国图书对外推广计划""经典中国国际出版工程""丝路书香出版工程""当代作品翻译工程""版权奖励计划"等国家级项目。PIP公司童书项目获评国家首批新闻

出版产业示范项目，有声童书年销量居全美前列。大型人文纪录片《长城：中国的故事》英文版在第十二届中美电影节获"最佳电视纪录片奖"，输出9个国家，2016年3月在马来西亚全集首播。全年版权输出220项，实现10%的增长。6种外向型图书入选中宣部外宣图书采购项目。《符号江苏》口袋本第二辑10种在伦敦书展首发。《百年话语变迁》英文版成功面市，获江苏社科成果奖一等奖。《青铜葵花》实现11国版权输出，获2016"中国版权金奖"作品奖。

二、经营业绩稳健增长，成长性和盈利能力表现良好

2016年，凤凰传媒实现了业绩的持续增长（以下数据均为汇总口径）：公司销售收入166.32亿元，同比增长4.74%；利润总额12.50亿元，同比增长1.87%；总资产255亿元，同比增长10.48%；净资产114亿元，同比增长8.7%。发行板块销售总量连续26年蝉联省域冠军，主要经济指标居全国同行前列。大众出版位列国内出版业第一阵营，是全国中小学教材第二大出版商。国家级出版大奖获奖总数位居全国前列。学科网、凤凰云校园、慕和网络、凤凰云计算中心、凤凰职教虚拟实训平台、凤凰传奇影业公司等成长迅速，形成品牌集群。

三、提供丰富精良的传媒产品，满足消费需求

凤凰传媒在严格遵守《著作权法》等知识产权法规，不出版、不印制、不发行非法出版物的基础上，致力于为读者提供优秀产品、优质服务。

一般图书和专业出版方面：出版《雨花台烈士传丛书》（第一辑）、《尺·度》等有较大文化影响力的主题读物。出版专业化水平进一步提升，明确"十三五"规划项目增补的思路与举措，完成凤凰文库21种。凤凰版图书市场表现稳中有升，在渠道零售市场的码洋占有率排名第3位，其中实体店第二、网店第四；生活类图书两个渠道均排名首位，传记市场均排名第2位，文学类和医学类均进入前3名。全年零售市场发行量超过10万册的一般图书达35种。设立曹文轩文学奖，与南京大学、伯明翰大学合作成立莎士比亚（中国）中心。2016年入选国家出版基金项目9项，共获资助241万元。

教育出版方面：2016年，凤凰版课标教材出版总数已达24种，居全国第二；公司教材发行连续38年确保完成"课前到书、人手一册"政治任务。基础教育教材方面，义教《道德与法治》教材起始年级修订以及《语文》教材专项排查等均通过教育部审定。《心理健康教育》教材，通过省教育厅审定。新增两册《劳动与技术材料使用说明书》，通过省教育厅审查使用，并成功进入河北市场。成功举办全国性"凤凰教育高层论坛"。组织省内大市教材培训309场、教材拓展培训13个批次，受训教师近两万人。教辅及助学读物方面，完成全学段《校园足球》产品开发，并成功进入陕西、安徽市场，《中小学生守则》单册销售32万多册。《凤凰新学案》销售127万册，保持省内领先。学前教育方面，《幼儿园综合教育课程》《多元能力探索区域材料》等系列教材出版新品10余种。职业教育方面，开发完成对口单招系列教辅25个品种、职教学业水平考试复习用书17个品种。出版中职国规教材11种、中高职衔接教材12种、国示范第二批专业课精品教材50种。

影视板块方面：《姐妹兄弟》《山海经之赤影传说》两部电视剧荧屏热播。参与投拍的电影《谎言西西里》《血战钢锯岭》上映后反响热烈。《谎言西西里》获第三届中澳国际电影节最佳制片人奖、第八届澳门国际电影节最佳女主角奖。《血战钢锯岭》首周票房成功破亿，最终票房4.26亿元，登顶外语战争片内地票房第一名，并获第89届奥斯卡金像奖最佳混音/音响效果奖、最佳剪辑奖。投拍两部精品大剧《人民的名义》《英雄烈》，参与投资的电影《秘果》开机。承办第三届中澳国际电影节。

四、创新服务形式，积极助推全民阅读

（1）举办"江苏书展""教育装备展"、春秋两季馆藏会等大型图书展览活动，为社会各界搭建出版信息交流、优秀文化传播的平台。2016年在扬州承办了第六届江苏书展，5天观展人数超过28万人次，380多家出版发行单位参展，12万种好书荟萃，共举办近220多场阅读推广活动。1家单位获评全国优秀职工书屋；1家单位获"江苏省全民阅读工作先进集体"；2家书城入选首批"江苏省青年书香号"。

（2）通过对中心门店升级改造，丰富业态和品种，打造综合性文化消费终端。在2016年"江苏最美书店"评选中，苏州自在复合书店、阜宁书城、凤

凰苏州书城、江宁同曦瑞都店、徐州铜山八斗书店等5家入选。

（3）延伸基层网点建设，建有各类型的小微型网点，包括校园书屋、政府企业书屋、社区书店、服务型区域书店等，2016年全省共新建小微书店97家。首创"书香建行"开辟了40家"书香建行"；在常州跨界布局，把书店开进汽车美容店和连锁药店；在镇江创新发展6家"红领巾书店"，得到当地市委宣传部肯定；同时已在全省开设常州青果书房等5家非营利性质的24小时书店，为读书人提供文化交流平台，成为当地的文化标志。

（4）通过与图书馆开展"你选书、我买单"活动，让读者在第一时间接触到新书，切实减少读者经济负担，实现读者、书店和图书馆三赢。目前已在南京、苏州、镇江、常州等地推广"你选书、我买单"业务，受到广大市民好评。

（5）开展形式丰富的阅读活动，营造有利于全民阅读的良好氛围。全年共组织"校园人文行"398场，着眼于提高教育质量和促进学生的全面发展，以形成人人读书、终身学习的目标。在做好"校园人文行""名家江苏行"等重点品牌活动的同时，创新开展"凤凰衔书"推荐活动，邀请业内资深人士为读者推荐好书、引导读书。开展"凤凰姐姐讲绘本"活动，共在全省范围内举办200场讲座。

五、拓宽服务渠道，服务社会主义新农村建设

（1）抓好"农家书屋"重点工程，积极做好"农家书屋"招标配供工作，无偿提供"农家书屋"部分硬件设施，并配合主管部门建立"农家书屋"建、管、用的长效机制。与省供销社合作联合打造供销网城"网上新华书店"，以建设"书香农村"为契机，加大对农村文化建设的投入力度。

（2）大力开展"服务三农，送书下乡"活动。中标省文化厅"送书下乡工程"政府招投标，做好中标后的服务工作。不断强化农村发行，多次被总局、省委宣传部评为先进集体。通过年度工作会议、目标责任制考核、《农村发行工作规范》等方式，从网点建设、人员队伍、业务营销、服务机制等方面，制定了有效的举措，努力优化和完善农村发行体系。目前在全省农村初步建成了以各市县中心门店为龙头，以中心城镇中小型书店、乡镇发行网点为主体，以书亭、代销点、送书下乡流动供应服务等为依托的发行网络。各子公司

中心门店均开设了"三农"图书专柜,经常开展农村图书大联展、书市、农家讲座、致富报告等各类形式的"送书下乡"活动。

六、重视环境保护,实践可持续发展

凤凰传媒认真贯彻执行政府有关环境保护的法律法规,贯彻执行国家和地方政府有关环境保护、节能、资源综合利用的专用标准,注重环境保护,节约资源,走绿色发展、可持续发展之路。公司加强绿色印刷管理力度,提高管控标准,实现中小学教材绿色印刷全覆盖,并与教材印制单位签订质量合同书,规范当事双方的绿色责任。引进按需印刷、智能印刷等先进技术,为减少图书库存、节约资源提供技术保障。

公司全资子公司江苏凤凰新华印务有限公司大力实施绿色印刷,与旗下控股公司获得ISO9001、ISO14001、FSC、职业健康安全管理体系认证和中国环境标志产品认证等资质。凤凰新华印务公司合作建成的绿色印刷实验室,成为国家总局出版产品质量监督检测中心江苏分中心,通过对印刷原辅材料、产成品的检测,加强绿色生产工艺研发,使绿色印刷从采购源头得到有效控制,确保图书达到环保要求。

七、积极投身公益活动,全力回报社会

凤凰传媒持续开展公益捐赠活动,每年在捐资助学、扶贫济困、援疆援藏以及开展读书活动等方面,得到了地方政府、教育部门、学校师生和家长的一致认可。2016年,公司共举办公益捐赠类活动超400场(次),投入超过1 500万元。

(1)公益助学,服务教育事业。2016年,公司在教育事业方面的公益投入超过1 000万元,约占全年公益活动总额的三分之二。公益活动及捐赠对象主要是在校学生、教师以及学校等部门,捐赠内容包括图书、资金、学习用品、教学设备等。公司自2014年起实施"春蕾图书馆"项目,至2016年底已建成6所"春蕾图书馆",共捐赠75万元图书。

(2)扶贫济困,承担社会责任。发行集团各单位将扶贫济困等公益捐赠活动常态化,2016年在扶贫济困方面,共计投入超500万元。自"十一五"以

来公司就持续开展援疆援藏工作。2016 年，对口援疆援藏图书码洋 200 万元，向喀什市阳光小学、塔什库尔干塔吉克自治县寄宿制小学两所学校分别捐赠了 20 万元的图书。公司还积极与爱德基金会、韬奋基金会、鲁迅文化基金会等社会公益组织合作，共同开展公益活动。通过韬奋基金会向山西省农家书屋、公共图书馆、学校图书馆、部队图书室捐赠图书 1.88 亿册、码洋 206 万元；向爱德基金会捐赠图书 2.6 万册，码洋 63 万元；向爱德基金会捐款 96.8 万元。

八、严格执行监管部门要求，公司治理进一步规范化

2016 年根据中央防范化解金融风险，加快形成融资功能完备、基础制度扎实、市场监管有效、投资者权益得到充分保护的股票市场的要求，证券管理部门加大监管力度，实施依法监管、从严监管和全面监管。作为"上证公司治理板块"样本公司，公司坚决落实监管部门的有关要求，高度重视公司治理和信息披露工作。通过加强学习政策法规，加强关注市场典型案例等方式，对年内监管部门重点关注的控股股东增持、签订战略合作协议、关联交易管理、信息披露豁免展缓等事项进行重点研究，制定或完善有关制度，及时履行披露义务，确保符合监管要求。

2016 年，是上交所《新闻出版行业上市公司信息披露指引》正式实施之年。公司证券部门组织相关部门认真学习指引内容，收集有关信息，统计有关数据，在此基础上编制报告内容。同时，根据《指引》要求按季度披露主要经营业务数据，对重大采购合同进行了披露。根据证监会要求，省证监局今年开始对辖区内上市公司进行"双随机"抽查，公司被抽中成为首批受检单位。根据证监局反馈的检查结果，公司治理较为规范，内控较为到位，未发现实质性瑕疵。

报刊篇

第六章　浙报数字文化集团（浙报传媒）社会责任报告

李慧娟[①]

浙报数字文化集团（原浙报传媒集团），是全国首家媒体经营性资产整体上市的省级报业集团，2017年实施重大资产重组后，更名为"浙数文化"，推动集团向互联网数字文化产业转型，并重点聚焦于数字娱乐、数字体育和大数据产业三大板块。超越"媒体+地方"的发展模式，继续积极探索"新闻+服务"的发展模式创新。并在舆论引导方面，利用"媒立方"打造全媒体中心，积极发展互联网政务服务新模式，高效护航G20峰会；在社会监督方面，全力打造浙江省首席舆情监测平台，举办国家治理舆情高峰论坛；此外还积极从事公益慈善活动，长期帮扶特定人群，打造、传承公益品牌。科学配置资源、进化管理手段，全面、深入地推动了社会责任的履行。

第一节　浙报传媒基本情况

浙报数字文化集团股份有限公司（以下简称浙数文化），脱胎于全国第一家媒体经营性资产整体上市的省级报业集团——浙报传媒集团股份有限公司，证券代码600633；于2011年9月29日在上海证券交易所借壳（ST白猫）上市。拥有浙江日报、钱江晚报等传统主流媒体33家，新兴媒体300多个，网络注册用户共6.6亿、活跃用户5 000多万、移动用户3 000多万，独资、控股子

[①] 李慧娟，博士毕业于中国人民大学新闻学院，现为浙江理工大学史量才新闻与传播学院副教授，杭州市舆情研究中心主任；研究方向：新媒体，传媒经济，大数据与舆情分析。

公司 37 家。

上市以来，浙报传媒致力于全面互联网化发展，并不断推动产业优化升级。2013 年，收购杭州边锋、上海浩方，搭建数字娱乐平台；2016 年，投建包括"富春云"互联网数据中心、浙江大数据交易中心、"梧桐树+"大数据产业园、大数据产业基金在内的"四位一体"大数据产业生态圈；2017 年初实施重大资产重组，全盘剥离新闻传媒类资产，由"浙报传媒"更名为"浙数文化"，进一步向互联网数字文化产业集团转型。

转型后的浙报数字文化集团以"建设国内领先的互联网数字文化产业集团"为目标，将全面发展基于互联网的数字文化产业。重点聚焦于以优质 IP 为核心的数字娱乐产业、数字体育产业、"四位一体"的大数据产业三大板块，同时着力发展具备先发优势和丰富商业变现能力的电商服务、艺术品服务等文化产业服务和文化产业投资业务。

浙报数字文化集团将坚持领先的持续创新，致力于为用户创造最大价值，近年来业绩持续保持较快增长，先后入选上证公司治理指数、上证 180 指数、沪深 300 指数样本股，2014、2015 连续两年荣获"年度最受投资者尊重的上市公司百强"称号。2016 年跻身中国上市公司市值 500 强，并入选亚洲品牌 500 强、"世界媒体 500 强"，公司监事会获评"卓有成效 30 强"奖等。

第二节 社会责任履行情况

2016 年，浙报传媒坚持深化改革，加快推动传统媒体与新兴媒体深度融合。率先自主研发支撑"中央厨房"的技术平台"媒立方"，建成融媒体智能化传播服务平台，全面推进移动端、PC 端和纸质端深度融合，重点建设以浙江日报、浙江在线新闻网站、"浙江新闻"移动客户端、浙江手机报等核心圈媒体，全力打造"三圈环流"新媒体矩阵，为实现跨媒体、跨业务提供了统一平台。已被国家新闻出版广电总局确定为全国出版融合发展重点实验室。集团传播力、引导力、影响力和公信力显著提升。

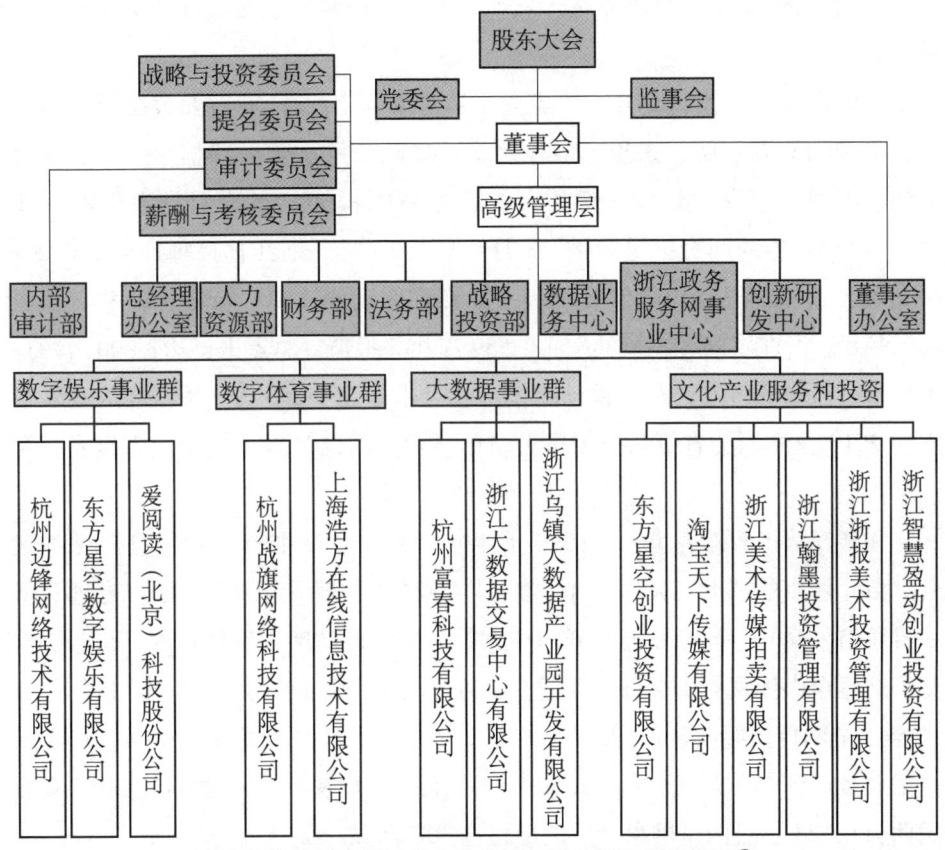

资产重组后的浙报数字文化集团有限公司组织架构图①

2017年2月，浙报传媒经历了重大资产重组，融资19.5亿元，更名为浙数文化，将大数据产业作为重点发展的产业之一，建立大数据存储中心、大数据交易中心，成立大数据产业基金和创客基金，用大数据激活资源价值，进行前瞻性的产业结构规划，以大数据为支撑，进行精准传播设计，超越"媒体+地方"的发展模式，继续积极探索"新闻+服务"的发展模式创新。

一、舆论引导责任

在舆论引导与社会监督方面，积极发挥主流媒体的作用和党报的积极影响，一贯高度重视社会责任体系的建设和完善。

---

① 架构图来源：http://www.600633.cn/zbcm/system/2011/08/29/017804188.shtml

(一)"媒立方"打造全媒体采编中心,全面提升舆论引导能力和科学发展能力

在融媒体采编发网络中,"媒立方"平台采用云计算、大数据等最新技术,集舆情研判、统一采集、多种生成、多元分发、效果评估于一体,统筹采访、编辑、审核、传播、评估,能够为新闻报道、舆论引导提供有力支持。以2016年的两会报道为例,3月4日至15日,浙江日报每日至少刊发8个专版,钱江晚报日均刊发6个版。浙江在线发布1 000篇稿件,总点击量800多万。浙江新闻客户端共发布1 559篇相关报道,总点击量达3 800万。加上微博、微信等转发转载,移动端稿件总点击量超5 200万。《新闻战线》发布的2017全国两会省级党报传播力榜单显示,浙江日报位列全国省级党报第一名。

在新媒体内容运营上,2016年下半年,开始尝试推行"栏目制"采编运营,由此催生的"政已阅""涌金楼""弄潮号""辣焦视频""学习有理"等一批微信公众号一亮相就迎来开门红,单篇文章最高阅读量超过45万,此外,专门组建全媒体视频影像部,部门成立以来已生产原创视频680条,日均原创10条,全网传播阅读量10万以上的有329条,总播放量达1.2亿次,单条最高播放量达到642万次。浙江新闻客户端推出的短视频《98秒看完2017年全国两会》,24小时内全网累计播放量超过300万次。

(二)积极引领政务服务,创建互联网政务服务新模式

在浙江省政府委托下,浙报数字文化集团组建了"浙江政务服务网事业中心",以承担省、市、县、乡、镇(街道/村/社区)五级政府部门的信息发布与服务工作。作为全国第一个以政务为主体、服务为主线,全省统一架构、五级联动的新型电子政务平台,网站集纳行政审批、便民服务、政务公开、互动交流、数据开放等功能于一体,为社会公众提供综合性、一站式的在线服务,被誉为"政务淘宝"。截至2017年9月底,浙江政务服务网的实名注册用户已达1200万,超过全省网民总数的四分之一。

在2017年9月举行的第二届全国政务服务论坛暨政务服务博览会上,浙江政务服务网荣获"中国政务服务突出贡献奖",这是浙江政务服务网继"2014年中国政府网站最佳政务平台实践奖""2015年中国'互联网+政务'最佳实践奖""移动政务服务十佳""2016年省级政府网上政务服务能力第一"之后

的又一重要殊荣。

（三）高效护航G20峰会，积极传递正能量

2016年10月，G20峰会在西子湖畔成功举办。从大会筹备阶段开始，作为党报集团控股上市公司，浙报传媒集团着力围绕宣传报道、网络信息、印刷出版、内部管理等几方面开展安全保障工作，切实防范和遏制各类事故的发生。

G20峰会安保工作开展期间，公司在原有基础上加强值班管理制度，依托完善的监测系统，对报纸广告、互联网游戏平台、直播平台等下属产业进行了更严格的管理监测，个别重点业务实施全天候24小时不间断监测制度，确保刊发、播出的内容引导和传递正确价值观。

另一方面，公司连续修订完善了《突发事件应急预案》《安全生产管理规范》等一系列文件制度，并积极和相关部门联动，加大管理力度，强化安全意识，杜绝生产、治安、消防等各方面一切问题出现，努力为G20峰会护航的同时，围绕着此次会议及相关工作向广大用户传递正能量，履行应有的社会责任。

（四）通过公益广告积极引领舆论导向

浙报传媒高度重视公益广告的宣传工作和在舆论引导方面的积极作用，各个层面全面部署，各运营媒体及媒体公司积极配合。报告期内，浙江日报共刊登公益广告60多个正版，钱江晚报共计刊登公益广告75个版，主要内容有社会主义核心价值观、G20峰会系列等。原创作品内容有"节约集约利用土地资源""水是美丽乡村的灵魂"等有关文明旅游、浙商回归、绿色电力、浙江制造等主题。在报告期内，浙江在线公益广告总发稿量为286条，从广播、平面、影视三个方面，使全省"讲文明树新风"的优秀公益广告在该平台得以集中展现。其中"图说我们的价值观"发稿量就达280条，助力了社会主义核心价值观的传播和推广。在推广过程中，浙江在线充分利用互联网平台的优势，在80篇公益广告宣传中使用了动画多媒体的形式，社会反响良好。

二、社会监督责任

在报告期内，集团依托舆情检测中心、广告监测中心和运营监测中心

建立有效的内容监管机制，同时常年聘请律所及相关领域专家对互联网平台进行合规体检，定期排查安全漏洞。公司努力引导用户树立网络安全意识，遵守网络安全规则，确保网络文化服务成为绿色的互联网信息传播平台。

（一）聚焦大数据产业建设，共筑网络安全防火墙

2016年5月，浙报传媒联合公安部网络安全保卫局、浙江省公安厅等多家单位共同召开了以"规范网络秩序、保护信息安全"为主题的互联网安全论坛，并得到了来自中国计算机学会大数据专家委员会、信息安全等级保护技术国家工程实验室等机构的大力支持。共计300多人参会，论坛上，主办方、协助方及腾讯、网易、新浪、搜狐等知名网站联合牵头发布"构筑网络空间安全"的倡议，得到了全国主要网站的响应，共同承诺为"共建网络信息安全家园"努力。

2017年7月8日，第三届全国"互联网安全与治理论坛"在杭州举行，本次论坛由浙报数字文化集团主办，论坛主题为"大数据时代的互联网治理创新"。针对伴随着互联网、大数据的高速发展而快速增长的网络犯罪数量、网络诈骗盗取和公民个人隐私信息泄露等情况，与会专家、领导提出了"云治理"模式，以及就如何依托"大数据"，及时预警和管控各种危害网络社会发展的风险隐患，激发网络社会的治理活力，就社会的整体风险防控等问题分享经验并进行了热烈讨论。

（二）全力打造浙江省首席舆情监测平台，举办国家治理舆情高峰论坛

2016年11月29日，"现代国家治理的术与数"——浙江首届大数据舆情高峰论坛在杭州召开。本次论坛由浙江省网信办、浙江日报报业集团指导，浙江在线新闻网站主办，北京拓尔思信息技术股份有限公司协办，通过主旨演讲和圆桌对话等形式，与会专家和业内人士就信息时代如何运用大数据及时掌握网络舆情，推动政府决策、管理和服务等问题，共同探讨了如何有效集成国家经济、政治、文化、社会、生态等方面的数据资源，为国家治理现代化提供基础数据和决策支撑。

论坛上，围绕大数据产业的再发掘和再利用，浙江在线"讯鱼"舆情监测云服务平台正式上线。同时，以相关部门领导、资深媒体从业人员、知名高校

学者和"网络大V"为主体，集"政、产、学、研"为一体的新型浙江舆情智库也正式组建。

论坛还发布了《浙江政务治理术与数的实践样本报告》，报告数据显示，截至2016年10月底，浙江政务新媒体已实现全省90个县（市、区）全覆盖，政务微信公众号6 100余个，浙江成为全国首个微信公众号全覆盖的省份，年阅读人次达3.44亿，认证政务微博3 200余个，覆盖粉丝1 070余万，成为全国政务新媒体建设的佼佼者。

（三）加强广告信用指数社会效益考核；完善广告审查和监测机制

2016年，公司加强了广告信用指数社会效益考核，加大了监测力度，协助各子公司梳理、完善了各自的广告审查流程，实现可实时进行线上线下的疑难审查解答和微学习、微讨论，加强了监测力度和监测频率；2016年9月，公司召集子公司广告审查员和广告一线业务员，对《互联网广告管理暂行办法》进行了全面、细致的审查业务培训，同时结合日常广告审查难点编写了内容详尽的《浙报传媒广告审查提示》。

三、市场责任

（一）公司经营状况及资产重组

目前，浙报集团总资产达100亿元以上，仅次于上海报业集团，在国内报业集团中排名第二。旗下上市公司浙报传媒自2011年上市以来，积极探索"新闻+服务"的商业模式创新，2016年浙报传媒公司总资产为93.20亿，净资产为64.73亿，年度末营业收入35.49亿元，净利润6.1亿元。2017年3月，公司启动重大资产重组，全盘剥离新闻传媒类资产，由"浙报传媒"更名为"浙数文化"集团，除去已分离出去的新闻传媒类资产，至2017年第三季度，归属于上市公司"浙数文化"的总资产为96.20亿，净资产为78.04亿元，营业收入为11.67亿。公司从2016年至2017年第三季度经营状况的主要财务数据如下表所示①。

---

① 2017年全年的总营业收入和净利润等数据在本报告撰写期间尚未发布，要至2018年3月左右才能发布。目前只有2017年第三季度的数据。

2016~2017 第三季度主要财务数据

单位：元

	本报告期末	上年度末	本报告期末比上年度末增减（%）
总资产	9 699 863 966.83	9 319 543 829.21	4.08
归属于上市公司股东的净资产	7 804 686 595.09	6 473 628 443.76	20.56
	年初至报告期末（1~9月）	上年初至上年报告期末（1~9月）	比上年同期增减（%）
经营活动产生的现金流量净额	105 940 208.57	222 222 761.54	-52.33
	年初至报告期末（1~9月）	上年初至上年报告期末（1~9月）	比上年同期增城（%）
营业收入	1 167 394 480.50	2 192 435 352.04	-46.75
归属于上市公司股东的净利润	1 551 809 789.21	398 234 925.15	289.67
归属于上市公司股东的扣除非经常性损益的净利润	201 075 783.38	284 654 773.36	-29.36
加权平均净资产收益率（%）	21.61	9.13	增加12.48个百分点
基本每股收益（元/股）	1.191 9	0.335 1	255.68
稀释每股收益（元/股）	1.191 9	0.335 1	255.68

* 本表来源：浙报数字文化集团股份有限公司2017年第三季度报告（上海证券交易所）①

2017年上半年，公司在经营平稳的基础上，大力推进体制机制改革，启动并成功完成了重大资产重组工作，将旗下新闻传媒类资产共21家一级子公司评估作价人民币199 671万元出售给控股股东浙报传媒控股集团有限公司。这次重组，是公司积极响应中央关于推动传统媒体和新兴媒体深度融合、落实中央全面深化改革部署、推进宣传文化领域改革创新的一项重要举措。有利于公司立足资本市场，进一步集中资金和资源优化产业结构，聚焦新兴产业战略，全面提升核心竞争能力和盈利能力并实现公司二次飞跃。

在剥离新闻传媒类资产后，公司产业结构进一步优化，并获得充足的流

---

① 网址链接：http://www.sse.com.cn/disclosure/listedinfo/announcement/c/2017-10-28/600633_2017_3.pdf

动资金，筹集资金 19.5 亿元全部到位。以此为基础，公司抓紧战略机遇，以"建设国内领先的互联网数字文化产业集团"为目标，全面发展基于互联网的数字文化产业，公司整体资产质量和盈利能力将得以提升，进一步提升运行机制活力和市场化竞争能力，有效推动了业务的转型升级和公司的可持续发展。

（二）股东权益：规范信息发布，提升运作水平；完善分红政策，积极回馈投资者

报告期内，公司继续以信息披露为核心，严格按照《上市公司信息披露管理办法》进一步完善制度体系，细化工作要求，强化规范落实，确保投资者获取公司信息、依照股份份额参与公司重大决策的权益。不存在任何虚假记载、误导性陈述或重大遗漏，维护了全体股东的知情权。完成了定期报告、利润分配和对外投资等重要事项的公告，公司也连续第二年获上交所信息披露评级A级。

2016年全年，公司在上证e互动平台共回复提问150余次，业绩交流会同时开放网上交流专区，为投资者与公司交流提供最大便利。围绕2016年非公开发行募集资金布局大数据产业重大项目，公司年内先后组织接待了300余人次的投资者现场交流，向市场充分阐述公司战略规划和发展愿景，取得了市场的广泛认可，2016年12月，成功完成发行工作[1]。

2016年，公司严格按照《公司章程》及"三会"议事规则，召开10次董事会及16次专门委员会，10次监事会、4次股东大会，审议议案49项。股东大会均开放网络投票，保障股东尤其是中小股东能够充分行使股东权利。董事会、监事会、股东大会的召集召开符合法定程序，重大经营决策事项均履行了相关程序，公司治理规范有序[2]。

公司坚持为股东创造价值，以良好的业绩回报股东。严格执行法律法规及《公司章程》规定的利润分配政策，如期完成年度现金分红，切实保护公众投资者的合法权益。自2011年公司重组上市后，坚持每年进行现金分红。2016年度向全体股东派现金股利0.95元（含税），共计派发现金红利

---

[1] 此处数据只统计至2016年末，2017年数据需待2018年上半年统计发布。
[2] 同上。

123 682 775.54 元（含税），归属上市公司股东净利润比例达 20%[①]；

四、社会责任

（一）公益慈善与品牌打造

1. 强化社会责任意识，发起系列公益活动

报告期内，公司发挥自身优势，通过联合相关部门或引入社会资源的方式，全新发起了多项大型公益活动。包括浙商传媒的"爱在浙商"系列公益行动、"浙江孝贤"系列评奖活动等。

2016 年 4 月，浙商财智女人会举办第二届"来自星星的你——关爱自闭症儿童"画展，由会员认领 13 幅图画，共计爱心捐款 10 000 元；8 月，浙商妈妈们在"美丽基金——扬帆起航女大学生助学活动"中为 53 名女大学生送上爱心款，共计 15.9 万元，此次活动获第五届"浙江慈善奖"，12 月，少帅会 LittleWish·城市猎人小分队感恩节走进浙江大学医学院附属儿童医院滨江儿童游戏治疗室，探望肿瘤科病患儿童。

百善孝为先，弘扬孝道是中华民族的优良传统。浙江老年报有限公司于 2017 年 11 月连续举办第六届"浙江孝贤"评选颁奖典礼，相比往年，本届"浙江孝贤"涌现出形式多样的孝的故事。经过评选，13 位"浙江孝贤"代表从数百位孝贤人物中脱颖而出。"浙江孝贤"推选活动到今年已是第六届，此前 5 届已产生 71 位"浙江孝贤"代表，是浙江省精神文明建设的宝贵财富之一。

2. 长期帮扶特定人群，打造、传承公益品牌

2016 年，浙江在线"甘泉泽校"新闻公益行动进入第五个年头，已为云南省缺水小学先后打下 5 口爱心井，包括 5 所村小学师生在内的 5 000 余名村民受益。

《海宁日报》大型公益助学项目"弄潮儿成长计划"已经进入第八个年头。共发放助学金 12.1 万元，通过海宁日报电商平台进行公开认领。该计划累计已收到助学金 80 多万元，帮助困难学生 200 多人。此外《海宁日报》还

---

① 此处数据只统计至 2016 年末，2017 年数据需待 2018 年上半年统计发布。

和团市委、市少工联合举办"61个小小心愿"公益圆梦行动，社会爱心人士不仅参与物资的捐赠，并和爱心团队一起，将礼物送到孩子手中，给予他们温暖。"61个小小心愿"公益圆梦行动这一公益品牌也将持续下去。

2016年，浙报公司联合浙江省残疾人联合会共同主办的"创新浙江"助残帮扶创业创新大赛成功举办。本次大赛是浙江省首次以公益创新项目为主，为省内社会企业，尤其是残障人士的就业创业而专门进行的大赛。在2016年首届浙江助残公益峰会中，共有32个精品助残帮扶创业创新项目进行分场路演，竞选"十佳项目"，在各地形成了良好的舆论反响，其中，"浙报公益"微信公众号成为大赛线上展示的新媒体助力平台，共发布大赛相关报道30余篇，累计四万余人通过微信平台参与网络投票。

（二）员工关爱与责任管理

浙报公司一贯坚持人本管理的理念，将员工作为公司最宝贵财富和发展的动力源泉。努力建设和谐劳动关系，依法保障员工的合法权益，加大人才引进和培养力度，让广大员工成长有动力、发展有盼头，促进员工和公司共同发展。具体的相关措施如下。

1. 规范完善用工体系，健全劳动保障机制

严格贯彻国家《劳动法》《劳动合同法》等相关法律法规，尊重人权，与全体在职员工签订规范劳动合同，明确双方权利义务关系；进一步改进完善考核与薪酬激励机制，及时按国家相关规定和标准为员工缴纳社会保险和住房公积金，继续为符合条件的员工办理企业年金。

以岗位薪酬管理为目标着力深化人事和分配制度改革，打破事业企业身份界限，实现了同岗同酬。公司积极探索接轨互联网企业的管理新模式，即P序列岗位管理和KPI考核。2014年年底，制订了《互联网技术人员管理办法（试行）》和《实行P序列岗位管理细则》，并在新媒体和技术部门试行。实践证明，P序列岗位管理能够大大激发创造力和生产力。据先行实施P序列岗位管理的5个技术部门统计分析，两年多来，有20%的职工岗位等级得到提升，30%的职工薪酬得到提升。基于这些经验的积累，2016年1月起，管理范围逐步向地方分社、浙江日报、共产党员杂志等单位覆盖。

2. 强化人才培养发展，激发人才队伍活力

浙报公司不断深化人才培养工作，经过多年的积累，基本搭建起新员工、

专业技术和管理三大序列的培训体系,"600633 咖啡馆"、网络学院两个学习分享平台。

为了适应全媒体报道要求,强化采编人员适应融媒体报道的能力培养、技术装备建设。公司专门组建全媒体视频影像部,以"视频标配化、直播常态化"为目标,打造视频内容生产的排头兵和专业团队,对全体采编人员分批进行视频技术能力培训。集团还为采编人员新装备包含智能手机、外接镜头、手持三脚架、麦克风等专业设备的全媒体采访包,具有录音录像、视频直播、无线传输等功能,作为全媒型记者的标配,目前,已有 111 名记者配备这一采访包。

2016 年,公司先后组织了"启航""引航"管理训练营、"钢铁营销团队打造"、智慧运营、产品经理坊等 10 余场大型培训项目,鼓励员工积极参加社群、新媒体运营、IxDC 国际体验设计大会、开发者大会等外部专业培训和行业峰会,全年线上线下培训人数超过 2000 人次。特别是联合省内三家企业开设历时一年的"首届名企管理精英跨界研修班",对开拓中高级管理人员的思维视野,激发创造力等起到了积极作用。此外,公司还着手举办了内训师认证和拜师大会等一系列人才培养活动,均取得了良好的效果。

在职业拓展方面,2016 年、2017 年先后派出多名记者到《纽约时报》《金融时报》等世界知名媒体考察学习,提高了员工的职业素养,培养了员工的前瞻性眼光和国际化视野。

3. 积极营造良好工作条件和文化氛围,切实保障员工身心健康

公司历来重视员工的健康安全,始终坚持"安全第一、预防为主"的员工职业健康安全管理理念,建立健全劳动安全健康制度,严格执行国家相关劳动安全健康规定,定期组织员工进行身体健康检查,为员工提供健康、安全的工作环境,防范职业危害。

公司一直倡导"激情工作、快乐生活"的工作理念,通过定期组织开展各类丰富多彩的企业文化和"小而美"的团建活动,扶持一批由员工自发组织的文化俱乐部,有力提升了员工的凝聚力和归属感。2016 年重点结合公司上市五周年,组织实施"浙里的故事很精彩""凡人故事会"等一系列文化主题活动,极大地激发员工的工作热情、责任心和使命感。

第三节　面临的问题及提升路径与方法

当前，媒体融合进入关键时期。寻求互联网化融合发展的新的生存逻辑，成为当前国内媒体集团必须面对的课题。

宏观上，浙报集团在进行媒体融合的过程中有几大困惑：一是制度，随着媒体融合的深入，原有的增量创新逐步转向存量改革，如何进一步突破原有的流程、机制，创造更适应于全媒体融合的生产机制；二是技术，移动互联网时代，技术革新挑战原有传播范式，如何跟进技术趋势抢抓先发优势；三是变现，随着读者转化为用户，原有纸媒商业根基被破坏，如何重塑商业变现模式，将传播关系链转换为传播服务链。这也是当下大多数传媒集团一直探寻解决的问题。尽管在媒体融合方面做了大量工作，但思想观念、体制机制、内容创新、发展动力等深层次问题还没完全突破，深层次问题的解决，也会更有利于社会责任的履行，促使更多社会群体受益，未来三年，浙报集团还将积极进取，争取更大突破。

第一，推进"互联网+服务"平台建设：以"媒立方"融媒体传播服务平台为重点，未来三年建成包括亿级用户规模的集团用户数据仓库；打造互联网传播评价体系、互联网传播版权智能维护系统、讯鱼舆情和影响力产品、媒体云开放平台等，基于业务主体需求，建设视频、浙商、教育服务、艺术品拍卖、流量运营和分发平台等垂直应用系统，支持政务服务网的产品规划和开发。以更好地服务于舆情监测和政务工作。

第二，重点发展大数据产业：通过非公开发行和自筹资金相结合的方式，投资20亿设立浙江省数据交易平台及其配套大型数据中心，随着逐步完善的大数据战略、开放数据的措施及法规等方面的不断完善，将加速推动分散在各个部门的政府服务及公共服务进行统一，创造数万亿的新型产值，同时大数据服务产业深刻地影响着人们的生活、思维和生产方式，不断为城市建设和民生发展提供作用力。

第三，建立多方联动培训机制：在集团采编、技术、经营、管理等岗位建立师带徒导师制。推进与具有媒体融合理论和丰富实践经验的媒体集团、高校、研究机构及知名互联网企业的交流,派送到海外知名新闻学院和传媒集团培训,借鉴成功经验,引进先进理念,不断优化、提升科研人才队伍的思维模式、知识结构和操作技能。打造更专业、更前沿的专业队伍。

为了践行习近平总书记"融合发展关键在融为一体、合而为一"的要求,关键是要做到从做增量向调存量转变,从相加到相融转变,从外围突破向正面强攻转变,全面推进组织重构、流程再造、机制创新。真正实现融为一体,合而为一,关键在于体制机制的突破,核心是人的融合。在现有框架下,通过扁平化管理、创新机制、试错容错等体制机制的设计,科学配置资源、进化管理手段、不断激发创新活力,从而全面、深入地推动社会责任的履行,更好地服务于国家和社会。

第七章 粤传媒社会责任报告

陈南先[①]

广东广州日报传媒股份有限公司成立于1992年12月，2007年11月公司成功登陆深圳证券交易所，证券代码002181，证券简称"粤传媒"，是首家获得中宣部和国家新闻出版总署批准并在中小板上市的报业传媒公司。2012年6月，广州日报经营性资产整体注入上市公司，成为广东省唯一的报业传媒集团整体上市公司。

粤传媒在2011年就提出"从平面到平台"的口号，《广州日报》在国内最早建设网络平台，十年间逐步从平面媒体发展到全媒体，寻求多元化发展。根据世界品牌实验室公布的中国媒体品牌价值排行榜，《广州日报》品牌价值从2011年的99.36亿开始，每年大幅递增，到2015年达到221.86亿元，2016年达到268.36亿元，2017年首次突破300亿元，高达305.19亿元大关。在我国所有的纸媒中稳居第二，仅排在《人民日报》之后。迄今为止，广告收入连续23年稳居全国纸媒第一，发行量稳居华南地区第一。公司旗下拥有主报加15份系列报和5家杂志社，在专业领域保持领先地位。此外，它还拥有数十家子公司和分公司。业务涉及报刊出版、印刷包装、广告运营、发行物流、新媒体等，同时涉足文化传媒产业等相关领域。公司总资产达45亿元，拥有员工近4 500人。

第一节 粤传媒的发展战略和经营理念

"以媒为本，多元多赢""资源整合、媒体融合、转型升级"是粤传媒的

---

① 陈南先，博士，广东技术师范学院文学与传媒学院教授。

发展战略。深化产业融合，加快媒体跨界创新发展的步伐，全力构筑拥有强大传播力、公信力、影响力和竞争力的新型文化传媒集团是粤传媒的奋斗目标。公司按照"资源整合、媒体融合、转型升级"三位一体的发展战略，加快媒体转型、融合的步伐，积极推进系列报刊、印刷、广告、销售、新媒体、会展、电子商务和现代物流等板块的资源业务整合，同时涉足文化传媒产业投资相关领域，正在建成一个共生、互生、再生的新型综合传媒企业。早在2013年，粤传媒就确定了"三化一大"的发展策略。"三化一大"是指产业化、平台化、移动化以及大数据。粤传媒"三化一大"发展策略，着重点在以下四个方面。

（一）开发"纸媒+移动端"产品模式

粤传媒全资子公司"广州先锋报业"，利用旗下体育和体彩资讯类报纸杂志资源，开发"云彩彩票"购彩平台，发展移动互联网彩票业务。利用纸媒的推广能力结合移动端新颖的活动形式，目的是吸引更多的读者参与到活动当中。

（二）打造社区报群，锁定数据营销

粤传媒2013年3月出资480万元设立全资子公司"广东广报社区报有限公司"。迄今为止"大沥社区报""清远社区报"等12份公司所属的社区报已经创办，逐步形成覆盖番禺、增城、从化、佛山、清远、惠州、肇庆等地的社区报网络。粤传媒计划未来在省内总数将达到100家社区报，总发行量为300万份至500万份。在发行量增大之后将以此做数据挖掘，整合营销，打造新的营销平台。

（三）并购上海香榭丽，拓展多媒体互动营销平台

粤传媒在2014年以4.5亿元并购户外LED广告商上海香榭丽，以拓展公司的广告业务种类。这种并购的目的是探索拓展"纸媒+户外媒体"的模式，为客户提供更立体的营销传播服务。

（四）携手华工和甲骨文，探索大数据应用

粤传媒在2014年先后与华南理工大学、软件厂商甲骨文建立战略合作关系。粤传媒和华南理工大学共建云传媒协同创新实验室和人才培养基地，甲骨文则协助粤传媒对其业务进行数字化梳理和提升，从而实现新闻报道数字化、

新闻采编流程再造、广告发布流程智能化等。

"三化一大"是先通过业务的产业化、平台化和移动化发展提高经营范围以及规模，达到累计大量数据的目的，再挖掘当中有价值的数据，根据数据去确定业务的经营策略，指引业务的产业化、平台化和移动化发展，这是一个不断循环优化的过程。

第二节 粤传媒业务经营布局

粤传媒公司的业务涵盖几个部分，具体情况如下。

（一）广告板块

为了实践粤传媒"以媒为本，多元多赢"的战略布局，2016年下半年，粤传媒公司积极探索广告业务转型升级，将线上与线下有机结合，为广告客户提供全案策划，满足客户全方位营销需求的同时，初步构建多元化、全渠道广告平台。营销活动策划力度的加强，为更多客户量身定做立体化、个性化活动策划，将广州日报的品牌影响力转化为实际的客流量，为客户提升销售业绩，从而带动广告和活动项目的营收；公司积极发展融媒体业务，通过融媒体营销满足客户"广覆盖、深传播"的需求；利用广州日报的品牌影响力，搭建资源共享、跨界合作的平台，创造多赢局面。

（二）发行板块

粤传媒在2016年积极落实"发行物流双轨发展"的战略，发挥自身的本土优势和服务优势，做强物流创造效益反哺发行网络建设，促进发行、物流协同发展，向现代化大型物流公司转型。在营销网络建设方面，创新销售模式，建立包括物流、电商、仓储、运输、批发零售等的营销网络；在电商物流方面，以电商服务平台为切入点，以城市"极速达限时送"和城市"极速达约时送"为特色，以城市电商物流为核心，建设社区配套服务点、日常家居入宅家政配套服务等增值性服务的综合型一体化发行物流电商服务体系，致力于成为华南最佳城市物流配送服务商。粤传媒物流信息平台项目获得广州市工信委的立项支持。

（三）印刷业务板块

粤传媒对印刷业务进行优化，通过对资源和业务的整合和优化，构建全省乃至华南地区的综合性印刷平台。公司及时建立了报纸印刷基地、商业印刷及包装印刷基地。在业务方面，向印前制作和印后加工两端延伸书刊印刷价值链，巩固和扩大书刊印刷在商业印刷中的主导地位；推进商业包装印刷业务，通过开拓新业务领域，提高印量，创造利润。

（四）新媒体板块

在粤传媒公司的业务中新媒体的创新颇有亮点。在网站建设方面，作为大洋网移动化转型推出的第一款 APP，大洋网实现了全新改版，"广报汇" 2.1 版本的更新上线已实施。"广报汇"获得广州市工信委的立项支持，涵盖新闻、政务、社区及电商四大业务；在视频直播平台研发方面，大洋网开发了"大洋直播"多媒体直播系统平台，新闻、党政等部门进行多场直播使用后，效果良好；在电商业务方面，大洋网成立了"大洋电商"频道，利用传媒优势为活动提供宣传主阵地，并提供创意与策划支持；在新闻作品版权保护方面，大洋网已着手进行新闻作品版权保护与应用平台的开发工作，以技术手段构建新闻作品版权大数据，促进传媒产业和内容产业市场化的健康发展。2016 年下半年，大洋网在已有的"新闻"和"政务"两大优势板块的基础上，融合信息时报 E 家通和粤传媒"宅之便"服务，引入"电商"和"社区"两大新板块，推进信息进社区，服务进社区。

（五）系列报板块

公司子报《羊城地铁报》致力于转型探索，积极打造"M+"媒体融合平台，目前首批 4 家"M+"体验店已于 2016 年 1 月 5 日正式开业运营。地铁报公司正从以报业经营为主，转型为"免费+渠道+互动体验"的运营模式，专注定位于地铁空间整体营销、传播服务的主流综合运营平台、互动生活平台。

先锋报业致力体育产业的项目开发及转型尝试：上半年，完成了广州体面体育科技有限公司、北京先锋赛讯科技有限公司注册，体面 APP 拍卖平台已于 6 月初上线，先锋赛讯于下半年开通。2016 年下半年，先锋报业重点推进体面和先锋赛讯两款 APP 业务，包括诸如"冠军课堂"公开课、赛事结束后的现场竞拍/义拍、球迷众筹、现场粉丝 1 元购活动等等。先锋赛讯要争取在与中超俱乐部的合作中取得突破。公司控股子公司地铁报公司拟申请在全国中小企业股份转让系统挂牌,目前相关工作正在紧锣密鼓地推进。

(六)新业务板块

2015年底,粤传媒以7.195 5亿元竞得琶洲黄金地块,与众多互联网巨头一起入驻广州市重点开发建设的琶洲互联网创新集聚区,进一步提升了公司在业界的影响力和传播力,也标志着公司多元化投资战略转型迈出了新步伐。

第三节　粤传媒在资本市场上的重大举措

在全媒体时代,粤传媒在资本市场上有许多大举措。2013年底成立粤商会,为天下粤商提供一个专属智力支持和社交服务的权威媒体平台。2014年与德同资本共同发起设立"德粤文化产业投资基金"。2015年3月,牵手阿里上海万象开拓O2O生活服务市场。公司还与影谱在原生视频广告领域开展深入合作。

粤传媒投资大手笔是,2015年11月24日,以7.195 5亿元竞得广州市海珠区琶洲互联网创新集聚区面积为4 432平方米的AH040246地块。不久以后,公司将与腾讯、阿里、唯品会、小米等互联网巨头一起入驻琶洲互联网创新集聚区,成为成功入驻该互联网集聚区的首家文化传媒企业。2017年7月12日,粤传媒大厦正式开工建设。该项目建筑面积约5.8万平方米,总建筑面积约7.2万平方米。项目将通过整合媒体、广告、物流和现有电商业务等优势资源,进一步完善产业链;借助对本地用户的公信力、影响力和覆盖力优势,构建三大平台,实现从平面媒体经营业务向综合性全媒体经营业务的跨越。业内人士认为,粤传媒大厦有三大亮点:创新+科技型融媒工场;文化+电商型产业集群;众创+智库型创新空间。可以预见,粤传媒大厦落成以后将被打造成为高层次、高水平、高效率的创新驱动和成果推广中心。

汽车产业是广州的支柱产业。2016年4月23日,粤传媒和它的紧密广告合作伙伴广汽本田,发布全新的中文品牌口号"让梦走得更远",鼓励消费者去追寻梦想。

第四节 粤传媒对投资人的责任

粤传媒 2016 年 1 月 14 日晚间公告，粤传媒全资子公司先锋报业拟与睿达科技共同出资设立广东体面体育科技有限公司。体面科技的注册资金为 1 000 万元。其中，先锋报业拟出资 600 万元，占其 60% 的股权；睿达科技出资 400 万元，占其 40% 的股权。体面科技以先锋报业旗舰产品《足球》报和《篮球先锋报》的专业资源为依托，并结合睿达科技的优势，打造一个在线体育明星用品和物品竞拍平台。该平台将以 APP 为主体，打造全国最专业的在线体育"星品"竞拍平台，满足互联网体育用户的多元化需求。在体育产业蓬勃发展，投资人在搭乘体育便车的时候，有识之士提醒三大风险也应被考量，即竞争风险、经营风险、平台用户转化风险。

2016 年 8 月 19 日下午 15:00，粤传媒召开 2016 年第一次临时股东大会。本次股东大会采用现场投票和网络投票相结合的方式进行表决，出席本次股东大会的股东（委托代理人）对会议议案进行了审议，逐项表决了相关议案。

2017 年 5 月 17 日下午，粤传媒召开 2016 年年度股东大会。本次股东大会采用现场投票和网络投票相结合的方式进行表决，出席本次股东大会的股东（委托代理人）对会议议案进行了审议，逐项表决了相关议案。

2017 年 4 月 19 日，粤传媒发布 2016 年年报，公司实现营业收入 10.21 亿元，同比下降 20.61%；净利润为 1.90 亿元，同比增长 451.58%；每股收益为 0.16 元。具体数据如下：

粤传媒 2016 年主要会计数据和财务指标：

报告期指标	2016 年年报	2015 年年报	本年比上年增减（%）	2014 年年报
基本每股收益（元）	0.163 2	-0.383 6	142.54	0.325 3
每股净资产（元）	3.26	3.34	-2.46	5.99
每股公积金（元）	1.1	1.1	-0.07	2.36
每股未分配利润（元）	0.901 7	1.064 3	-15.28	2.360 7
每股经营现金流（元）	0.301 3	0.068 2	341.79	0.271 1
营业收入（亿元）	10.21	12.86	-20.6	16.18
净利润（亿元）	1.9	-0.54	452.44	2.3
净资产收益率（%）	5.140 0	-10.830 0	—	5.620 0

第五节　粤传媒履行的社会责任

粤传媒是全国第二家经营性资产整体上市的党报集团。2011年9月29日，浙报传媒成功上市，成为国内第一家传媒经营性资产整体上市的党报集团。同年10月19日，经中国证监会并购重组委审核，粤传媒发行股份购买资产暨重大资产重组申请获得有条件通过。粤传媒实际控制人广州日报报业集团。

（一）采编与经营"两分开"，社会效益和经济效益相并重

报刊媒体在上市前实行的是采编与经营"两分开"，采编业务、资产、人员仍保留在各报刊社，与报刊经营有关的广告、发行、印刷业务的相关资产及人员剥离后进入上市公司。上市以后，媒介公司仍然是实行采编与经营"两分开"。对暂未上市的采编业务资产，党报集团承诺"如未来行业政策允许、无条件允许上市公司收购"。党报集团是上市公司的实际控制人，控股比例超过51%，为绝对控股。这样，采编与经营"两分开"逐渐演变成为一种新的制度安排：采编部分从事媒体内容的采集和编辑工作，事关舆论导向和文化安全，按事业体制运行，体现媒体的意识形态属性；广告、发行、印刷等经营部分可以转制为企业，成为市场主体，产业化运作，体现媒体的产业属性。从报刊媒体产业链来看，采编、广告、发行、印刷是报刊产品生产的四个环节，缺一不可，实际上"分不开""分不清"，"两分开"人为地割裂了产业链条，由于分开后各部分目标取向并不完全一致，采编事业体制和经营市场化运作并不兼容，容易出现"两张皮""两脱节"、协调难等问题。目前报刊产业竞争的重点还是"内容为王"，内容才是报刊媒体的核心竞争力。这是不得已而为之，也是《广州日报》等履行社会责任的担当之所在。

报纸，尤其是党报既要讲经济效益，也要讲社会效益。它是党和政府的"喉舌"，也理所当然会获得当地政府的财力支持。2016年12月粤传媒全资子公司广州日报报业经营有限公司收到《广州市财政局关于下达支持党报媒体发展资金的通知》：安排3.5亿元人民币支持党报媒体发展资金。该笔专项资金将用于《广州日报》的印刷、发行支出。

（二）借助品牌形象，参与社会事务

2016 年 7 月，全国首个专业跨境电商行业展——2016 中国（广州）国际跨境电商展览会暨跨境电商发展高峰论坛在广州举办。作为主办方之一，粤传媒与展览会组委会签署了战略合作协议，就本次展会的宣传策划工作展开深度合作；并作为发起者之一，发起成立中国国际跨境电商行业联盟，力求搭建中国跨境电商行业最大的资源整合平台。粤传媒公司将继续探索与业内的优势企业合作，进一步布局会展经济、户外广告、文化投资、电商等板块，开拓新业务空间，培育新的利润增长点。在电商业务的探索上，粤传媒将以新的视角和决心，整合现有各类电商资源，探索一个基于现有优势、结合公司特色、符合公司战略发展需要的一体化电商平台，致力于成为公司的新增长点；在互联网彩票业务方面，公司一直密切关注国家的有关政策，将在政策允许的条件下，依托旗下专业体育媒体优势和雄厚的读者资源，积极探索和发展互联网彩票业务。此外，粤传媒将整合新媒体技术及业务等多种方式，发展新媒体业务，加速媒体融合转型的进程。

2016 年 12 月 17 日至 18 日，中国卡通形象营销大会在广州中新知识城举行。大会由中国动漫集团与中国广告协会联合主办，广州日报·粤传媒承办，以"动漫和实体经济融合发展"为主题，旨在通过动漫文化的注入以推动实体企业转型升级。作为此次大会的独家承办单位广州日报·粤传媒，深度参与活动，探索进军动漫产业的途径，对卡通形象和文化创意进行新闻宣传和品牌建设。

2016 年 12 月 28 日到 2017 年元旦，粤传媒独家承办 2016 年中国（广东）民间工艺博览会，大批代表中国当今最高水平的工艺品纷纷在此次展会上亮相。

2017 年 5 月 9 日，广州文化上市公司产业联盟成立大会在广州白云国际会议中心召开，粤传媒当选"文化上市公司产业联盟"理事会理事。

2017 年 5 月 13 日下午，由广东省南方文化产权交易所股份有限公司、粤传媒、广东省流行音乐协会、广东创路文化产业投资管理有限公司、广州中大文化创意发展有限公司、广东南广传媒有限公司、广州欢聚传媒有限公司、广州珠江钢琴集团股份有限公司、广东珠江啤酒股份有限公司、广州市旅游商务职业学校等 42 家省、市文化产业机构联合发起的"岭南文化创意产业联盟"

正式成立。

粤传媒就是这样借助自身的品牌影响力,积极参与社会事务。

(三) 培植企业文化,关心员工成长

2016年1月22日博识大讲堂第23期在广州日报报社采编楼多功能会议室举办。腾讯微信行业运营中心、市场运营总监刘特鑫先生在大讲堂分享2015年12月在乌镇召开的第二届世界互联网大会所传递的动态,通过丰富案例为大家剖析2016移动互联网的发展趋势,及微信团队的智慧城市项目现状。来自报社采编团队、粤传媒总部及各分子公司等80多名员工积极参与。粤传媒·博识大讲堂的宗旨是"实用、多元、创新、深度"。粤传媒·博识大讲堂的创办,为构建粤传媒学习型组织,确保粤传媒的可持续发展,打造了一个学习和交流的平台,让员工不断充电。

2016年7月11日~17日,集团人力资源部和粤传媒人力资源部在广州记者乡村俱乐部联合举办了为期一周的广州日报·粤传媒校园招聘新员工入职培训。培训的对象是2016年录取的61名海内外高校优秀毕业生,其中集团44名,粤传媒17名。

2017年3月9日,粤传媒在印务中心组织"粤传媒·展才计划2017新员工培训"。来自粤传媒总部、大洋网、粤传媒印务、读好书、俱乐部、丝路邮报、社区报等单位共78位员工参加。

2017年母亲节前夕,粤传媒组织了一场主题为"妈妈·爱你"的母亲节送祝福活动,公司领导给总部女职工送上了鲜花,此外还开展了"说出你的祝福"微信集赞活动。

第六节 粤传媒的投资和决策失误及其教训

2016年9月初,广州市越秀区人民检察院决定,依法对原广州日报报业集团粤传媒公司总部副总经理、董事会秘书陈广超涉嫌受贿案件立案侦查,并采取强制措施。案件侦查工作正在进行中。

2016年10月19日,因为涉嫌违反证券法律法规,粤传媒收到中国证监会的调查通知书，被证监会立案调查；其2016年度财报报表被立信会计师事务所出具了带强调事项段的无保留意见，深交所也于2017年5月2日向其发函问询了年报中的多项财务指标。

2016年4月份，粤传媒公告披露，其2014年并购的香榭丽传媒2015年实现净利润为-3.74亿元，远低于此前重组中承诺的6870万元，实际完成率仅为-544.78%。

祸不单行，被证监会立案调查的粤传媒（002181）2016年10月20日股价大跌6.14%，收盘价为7.8元/股。根据《证券法》及最高法院虚假陈述司法解释规定，上市公司因虚假陈述受到证监会行政处罚，权益受损的投资者可以向有管辖权的法院提起民事赔偿诉讼。

据粤传媒财报显示，2016年前三季度粤传媒实现营业收入为7.57亿元，同比下降28.72%；净利润亏损2.41亿元，同比下滑380.97%。

粤传媒拟破产的子公司香榭丽公司业绩亏损对粤传媒合并经营业绩造成重大影响，2016年前三季度香榭丽公司业绩亏损达2.46亿元。

粤传媒收购香榭丽传媒，暴露了在决策上的重大失误：首先是收购标的质量差；其次是"业绩不够，承诺来凑"；其三是业绩承诺难以兑现的问题。收购香榭丽传媒的代价是沉重的，仅在2015年粤传媒就亏掉了4.45亿元！

2016年2月26日晚间发布的粤传媒2015年度业绩快报显示，受宏观经济影响，公司传统广告业务收入下滑幅度较大，收入同比减少2.3亿元，下滑幅度14.31%，导致报告期内归属上市公司股东的净利润为798.47万元，同比减少96.52%。

针对粤传媒公司遭遇的滑铁卢，有研究者提出了一些建议：剥离和主业无关的资产，使公司资产聚焦到主营业务上来；充分利用闲置资金，或通过换股、增发新股的方式收购自身盈利前景好、与现有传统业务有协同作用、能够提升传统业务盈利能力的新媒体资产；适度加大负债水平，提高管理和资产运营水平，提高资产周转速度，进而提高权益收益率（ROE），更好地回报公司股东。

第八章 华闻传媒社会责任报告

申玲玲[①]

本报告采用文献分析法,结合传媒业发展环境与华闻传媒的实际发展状况,从舆论引导与社会监督责任、市场责任、社会责任、责任管理等四个维度,细致梳理了华闻传媒2016年社会责任的履行情况,并总结了华闻传媒在执行社会责任过程中存在的四个问题,围绕提升该集团公司社会责任执行力,给出了四个方面的具体建议。

第一节 华闻传媒基本情况

华闻传媒投资集团股份有限公司(原名华闻传媒投资股份有限公司、海南民生燃气(集团)股份有限公司、海口管道燃气股份有限公司),股票代码:000793。1997年7月在深圳证券交易所A股挂牌上市;2006年,公司进军传媒产业,控股收购了"时报传媒"和"华商传媒";2006年11月,更名为华闻传媒投资股份有限公司;2008年2月,更为现名(下文简称华闻传媒);2012年,中国国际广播电台旗下国广环球传媒控股有限公司成为公司实际控制人。

华闻传媒包含控股子公司深圳证券时报传媒有限公司(下文简称"时报传媒")、陕西华商传媒集团有限责任公司(下文简称"华商传媒")、北京国广光荣广告有限公司、北京澄怀科技有限公司等17家公司,在职员工6 593人。

国家新闻出版广电总局规划发展司公布的《2016年出版传媒上市公司上半年经营情况分析报告》,提到华闻传媒的业务内容为报业,其100%股权控股的

[①] 申玲玲,西北政法大学新闻传播学院副教授,博士后;研究方向:新媒体。

华商传媒主业为四家区域性都市报——华商报、新文化报、华商晨报、重庆时报；华闻传媒旗下的时报传媒，主要是拥有《证券时报》经营业务的独家经营权，而不涉及内容生产领域，所以本报告的研究对象主要是上述四家区域性都市报。

本报告中的相关信息主要来自于企业主动公开的社会责任报告、官方网站（含微博、微信公号）、媒体报道等。若无特别说明，本报告中的数据截止时间为2016年12月31日。

第二节 华闻传媒执行社会责任现状

本报告从利益相关方角度出发，结合上市传媒企业的特殊性，从以下四个方面梳理并分析华闻传媒的社会责任履行情况。

一、舆论引导与社会监督责任

华闻传媒的主营业务包括：报刊经营、广播广告、留学服务、手机视频、漫画动漫、楼宇广告、舆情监测等业务。真正与舆论引导和社会监督紧密相关的主要是华商传媒旗下的四家都市报，故本部分主要研究华商报、新文化报、华商晨报、重庆时报在2016年的舆论引导和社会监督情况。

2016年，华商传媒旗下的四家报纸，新浪微博粉丝数量超过2 400万；华商网PC端流量日均在3 000万，微信用户超10万，华商头条用户量超过100万，日均活跃用户10到12万，新平台的建设为扩大新闻影响力、增强传播效果建立了良好的用户基础。

作为区域性日报，上述四家报纸在进行重大新闻报道、宣传主流价值观、传递社会正能量、引导社会舆论、履行社会监督等方面表现较为突出。

（一）舆论引导

华商传媒旗下的四家报纸坚持正确舆论导向，服务发展大局，采用多种报道形态，以权威发布引导热点，以连续报道的形式完成了2016年全国"两会"、党的十八届六中全会、纪念中国共产党成立95周年、纪念红军长征胜利

80周年、2016丝绸之路国际博览会等重大报道。

（二）挖掘新闻素材，传递社会正能量

华商报的《姐弟俩常年无偿献血用感恩回报社会》，弘扬了芮和珍和芮宝德姐弟无私奉献的精神，在社会上引起了较大关注；《新文化报》推出的"守候母亲河之徒步活动"和"感动吉林"颁奖典礼两项公益活动报道，互动，体现正能量，社会反响热烈；文字评论《"真"和"美"打架，让"善"来评评理》、报纸版面《飞到380公里高空看月亮》和《众筹光明系列》、摄影作品《宪法宣誓》等反映了新闻工作者牢记职责使命，坚持正确导向，围绕中心，服务大局的意识，得到了第26届吉林新闻奖评选委员会的好评。

（三）履行社会监督责任，维护公共利益，推动社会发展

华商报秉承"民本为魂，民生立报"的办报理念，积极发挥社会监督职能，维护公共利益，推动社会发展，搭建沟通桥梁，促进相关问题的解决。

从曝光车检费联手涨价内幕、火车站乱象、疯狂渣土车到督促长安通推行实名制，从取消奇葩证明到呼吁独生子女证延期等，华商报切实为百姓服务，取得了较好的传播效果，提升了媒体的影响力。2016年华商报还向省内各级政府部门和相关职能单位发送新闻调查咨询函2 581件，替市民传递心声，收到回函1 989件，调查函中涉及的大部分问题均得到了及时处理和回复。

2016年，华商报较有影响的舆论监督报道还包括以下内容：①连续报道多起校园暴力事件，并组织法官、律师、民警等在内的十余名专业人士讨论校园暴力事件的成因和解决措施；②揭露全国专业技术人员职称外语等级考试替考黑幕，维护诚实考生的权利；③在报道"魏则西"事件的同时，揭露游走在西安的"莆田系"黑幕；④探访西安市长安区无证水上乐园，促使长安区制定出台了《长安区充气式水上游乐场所安全管理暂行规定》，对水上乐园的经营进行规范，弥补了这一领域的监管空白。

新文化报则连续推出几十篇有关供热价格的报道，最终促使当地供暖费下调2元；新闻稿《九台区政务大厅午休清场》一经报道引发网友关注，体现舆论监督作用。华商晨报首发报道的《辽宁"最美野长城"被砂浆抹平系700年历史的国宝》，在网上引起热议，同时也引发了国人对长城保护的热议深思。

二、华闻传媒的市场责任

2016 年,华闻传媒连续第四年入选世界媒体 500 强(第四届)榜单,位列第 231 名,排名较 2015 年上升 13 位。陕西华商传媒集团获评"2016 年度新丝路十大最具影响力企业"。

(一)总资产情况

2017 年 3 月底,华闻传媒注册资本已超 20 亿元。公司资产总额由上市之初的 6 亿余元扩展到 138 亿余元,净资产由上市之初的 5 亿余元增长到 95 亿余元。平均每年纳税三四亿元。公司总市值最高时曾达到 400 亿元。2016 年净利润 8.73 亿元,比 2015 年增长 4.17%;每股收益 4.290 元,比 2015 年增长 4.08%。在 70 余家 A 股文化传媒类上市公司中,2016 年度营业收入位列 14 名,净利润排第 9 名。

(二)营业收入情况

传媒文化领域一直是公司最重要的支柱型业务板块,营收占公司总营收的 71.4%,比 2015 年上涨 2%。华商传媒集团旗下华商报、新文化报、华商晨报、重庆时报均名列 2015~2016 中国报刊经营价值排行榜全国都市报三十强。陕西华商传媒集团有限责任公司在 2016 年报刊出版集团总体经济规模排行榜中名列第六。

表 1 2016 年华闻传媒分行业营业收入情况

	2016 年 金额	占营业收入比重	2015 年 金额	占营业收入比重	同比增减
营业收入合计	4 571 426 678.25	100%	4 335 548 540.72	100%	5.44%
分行业					
传播与文化产业	3 264 236 290.69	71.41%	3 008 179 429.67	69.38%	8.51%
燃气生产和供应业	677 186 134.45	14.81%	603 550 888.91	13.92%	12.20%
数字内容服务业	312 814 947.06	6.84%	239 064 018.18	5.51%	30.85%
网络与信息安全服务	161 361 386.53	3.53%	130 756 057.56	3.02%	23.41%
动漫产品及动漫服务业	100 121 019.76	2.19%	152 480 302.73	3.52%	-34.34%
房地产销售	23 559 465.57	0.52%	169 955 327.99	3.92%	-86.14%
其他业务收入	32 147 434.09	0.70%	31 562 515.73	0.73%	1.85%

华商传媒在报业整体环境不佳的情况下,不断创新经营,在巩固既有优势基础上,秉承差异化策略和"互联网+"的理念,积极优化架构,简化管理环节、加快与行业内的优势企业合作,进一步布局和完善会展经济、物流配送、互联网金融等板块,使新业务获得突破性的增长,2016年营业收入13.52亿,净利润4.15亿,同比增长76.02%,占华闻传媒总利润的47.54%;深圳证券时报2016年营业收入6.69亿,净利润1.54亿,同比增加48.84%,占华闻传媒总利润的17.64%。2016年华商传媒及附属公司的发行收入共计4 000多万元,广告收入3.95亿元。日均发行量65万份,比2015年的104万份,下降近四成。

2017年,我国报业市场持续下滑,华商传媒按照"利润优先、严控成本、共享成果、有效激励"四个原则,以及"分步突围,务实前行"的操作思路,加大创新步伐,强力推进转型业务,总体运营态势好于预期。如下表所示,但经营压力依然存在。

表2　2017年半年度华闻传媒分行业营业收入情况

分行业	营业收入	营业成本	毛利率	营业收入比上年同期增减	营业成本比上年同期增减	毛利率比上年同期增减
传播与文化产业	1 165 535 266.80	649 121 424.29	44.31%	-3.65%	-12.85%	增加5.87个百分点
燃气生产和供应业	167 836 665.49	129 612 314.58	22.77%	-46.33%	-39.48%	减少8.74个百分点
数字内容服务业	83 601 941.31	42 248 415.00	49.46%	-32.34%	9.12%	减少19.20个百分点
网络与信息安全服务业	14 798 751.18	6 447 906.71	56.43%	-54.98%	-9.48%	减少21.90个百分点
动漫产品及动漫服务业	26 761 994.24	19 080 766.92	28.70%	-31.85%	-30.70%	减少1.18个百分点
房地产销售	279 242.68	32 591.84	88.33%	-97.84%	-99.53%	增加42.35个百分点
其他业务收入	14 660 734.16	6 533 211.71	55.44%	19.24%	2.20%	增加7.43个百分点

（三）股东收益情况

为了回报股东，并确保公司拥有资金投资新项目或购买相关传媒资产，以利于公司长期稳定发展，根据《公司章程》规定，公司董事会以 2 017 365 965 股为基数，向全体股东每 10 股派发现金 0.45 元（含税），共分配红利 0.91 亿元，母公司剩余未分配利润结转以后年度分配。

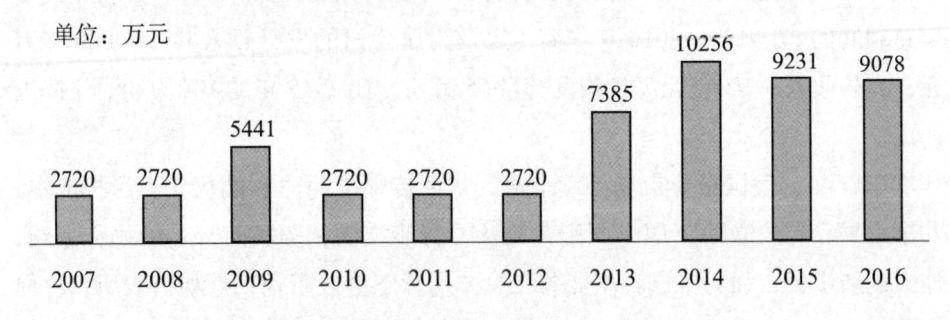

单位：万元

年份	2007	2008	2009	2010	2011	2012	2013	2014	2015	2016
分红	2720	2720	5441	2720	2720	2720	7385	10256	9231	9078

图1：华闻传媒2007~2016年分红情况

三、社会责任

（一）公益慈善

2016年，公司继续坚持积极参与捐赠、帮残、扶贫、助学等活动。组织员工深入社区，服务社群，坚持定期开展慰问教师、关怀孤儿、孤寡老人等活动，积极参与建设和谐社区等各类社会公益活动，促进企业与社会的和谐发展。

1. 精准扶贫

从2016年5月开始，公司分别组织相关人员四次赴海南省白沙县细水乡白水港村定点抚贫村进行调研和开展工作，为公司确定扶贫基本方向（乡村旅游开发、产业帮扶和助学等）提供了依据。到年底，公司帮助该村的29户141人脱贫；完成"农家乐"试点选址、初步规划设计。

2. 帮扶助学就业

2016年8月公司组织"一对一"助学帮扶，募集10.2万元助学金，资助白水港村的32名高中以上的学生学习；对于该村高中以上文化程度、愿意到海口打工的村民，公司可帮助他们参加相关培训，根据实际情况安排合适岗位就业；华商报在高考后启动"牵手行动"，募集社会爱心捐款，资助贫困学子，帮助多名家庭困难学子圆大学梦；华商网自2007年4月创办"微爱行动"栏目，9年时间共为100位西安周边区县贫困生找到了长期的捐助人。

3. 开展爱心慈善活动

时报传媒携手证券时报社连续6年关注、关心深圳自闭症儿童，2016年携手深圳欢乐谷，为紫飞语康复中心和蓝天社的孩子们举行了"庆六一，游欢乐谷"大型关怀自闭症儿童的公益活动；2016年8月，时报传媒与证券时报社联合举办关爱深圳义工留守儿童的公益活动，同时，还发起了支持江西赣南教育事业、关爱义工留守儿童、创建爱心基金等公益活动；西安华商网络有限公司组织了2016"红腰带"幸福健康亲子马拉松、"红脸蛋"公益行动、"童在蓝天下，有爱不孤独"系列报道等公益活动；华商论坛10年来，公益互助团队先后有46人次荣获全国、省、市、区等各类荣誉，累计捐款、捐物超过百万。

4. 通过报道弘扬正能量

吉林华商传媒联手《新文化报》推出"感动吉林"公益评选活动连续开展十余年，寻找和挖掘区域内具有代表性的优秀人物、事迹，通过新闻宣传将优秀的道德品质和积极进取的精神力量向更广大的民众进行传播，铸造吉林精神，赢得广大民众赞誉；组建公益宣传员团队，全年组织10余场次公益大讲堂活动。

（二）员工关爱

2016年，公司继续通过改进制度，完善机制，保障员工的权益，为员工创造进步、成长的空间。

1. 保障员工权益

2016年2月，公司经营层与工会代表续签了2016~2019年《华闻传媒投资集团股份有限公司工资集体合同》；按照《薪资管理制度》和各单位的目标管理责任书为员工考核、发放薪酬；通过司务公开栏、简报、网站、微信、内部交流群、邮件等平台，让员工及时了解公司相关信息，做到信息发布及时、透明。

2. 逐步优化薪酬结构，完善员工绩效考评体系

时报传媒根据行业趋势结合自身情况，及时调整绩效考核以及福利制度中的相关内容，在总额可控的范围内做到公平、公正、合规，将员工激励做到最

大化;华商传媒按照国家法律法规,坚持规范用工,与所有员工签订劳动合同,劳动合同的期限、类别均按规定执行。

3. 组织学习、培训

公司开展了"两学一做"系列学习教育,并组织部分党委委员、党支部书记共 11 人参加以"加强党性锻炼"为主题的党性教育培训;时报传媒实施专业课培训,开设特色课堂,开展新员工培训及部门内训,逐步丰富培训内容,有效提升员工个人能力;华商传媒财务人员坚持每年开展一到两次包括新入职员工在内的继续教育;华商网组织了主题为"关于品牌策划与执行""微信直播"的培训。

4. 为生活困难职工献爱心

春节期间,公司工会为困难职工发放慰问金;设立员工互助基金,先后资助员工 82 人次,金额 29.76 万元;华商传媒及下属子公司每年定期为员工进行免费健康检查;西安华商卓越文化发展有限公司建有员工重大疾病救助基金会;西安华商广告一位员工不幸患上严重肝病,华商传媒自发为此员工捐款 20 余万元,并积极联系相关机构进行义务献血。

5. 积极组织各种活动,增强团队凝聚力

各子公司组织歌唱比赛、职工运动会、摄影大赛等赛事,组建读书、足球等兴趣小组,增强团队的向心力和凝聚力。

(三)依法经营

2016 年,公司严格按照各地税务部门的要求,积极配合税务部门对公司相关子公司的税收检查工作,坚持依法办理税务登记,如实申报缴纳增值税、企业所得税(个人所得税)、房产税、印花税等各项税收,没有因逾期申报纳税而受到税务部门行政处罚的情况。

媒体从业人员能贯彻中央精神,落实有关政策,遵守职业规范,加强新闻采编人员的教育培训,抓好制度建设和内部管理,自觉树立并维护自身良好形象,在实际工作中,加强各个环节的审核把关,确保避免重大差错。

(四)环境责任

2016 年,华闻传媒各子公司在延续既有活动的同时,吸引了更多人关注环境保护,并以具体的行动支持环保。

自 2012 年始，华商报连续五年举行开展"绿动榆阳"植绿大行动，用切实行动关爱环境，1 900 个家庭参与该活动，共植树 6 000 株；吉林华商传媒创立公益徒步社群，聚拢数万爱心人士，相继开展了文明游园、守护母亲河、助学帮困等大型活动。

（五）注重业务创新

华商黄马甲公司经过不断探索与筹备，2016 年正式启动黄马甲"96128 惠民放心菜"项目，致力于以优质低价、送菜到家的新模式服务广大市民；辽宁盈丰联合"新益农"进入农村电商平台，开设乐农帮栏目，进行"百名新农人儿"评选，全面盘活农村新经济资源。

四、责任管理

2008 年，华闻传媒首次发布企业社会责任报告，初步阐释了企业的社会责任理念，并每年定期公布，做到了社会责任执行的情况披露要求。2016 年的社会责任报告涵盖了公司概况、价值与理念、经济、客户、员工、安全与社会七大部分，如果比照深交所发布的《上市公司社会责任指引》第六章和第七章内容，会发现该公司的社会责任报告中关于"公司在经营活动中应充分考虑社区的利益，鼓励设立专门机构或指定专人协调公司与社区的关系""定期检查和评价公司社会责任制度的执行情况和存在问题……社会责任履行状况是否与本指引存在差距及原因说明；改进措施和具体时间安排"等内容，并没有提及。

虽然该公司会定期发布发展报告（侧重于经济层面），但对于企业内部社会责任的全面梳理、规划、评估等内容重视程度不够，也没有公开发布的社会责任管理办法、指标制度/绩效考核等。

作为一家上市公司，经济效益固然重要，但是对于自身社会责任的履行情况进行全面汇总与分析、公布，既可以彰显企业的社会责任意识、塑造自身公众形象，长远来看，也可以促进经济效益的提升。

第三节　华闻传媒执行社会责任存在的问题

华闻传媒，较好地执行了社会责任，在肯定既有成果的前提下，笔者认为其在执行社会责任方面存在的问题大致概括如下。

一、总公司层面缺少总体规划

以目前的公开资料来看,华闻传媒较好地履行了市场责任,保证了股东的各项权益,实现了较好的盈利。旗下媒体在舆论引导和社会监督方面,取得了一定的成绩,为区域经济的发展贡献了一己之力。但相对于其年度净利润近9亿元的规模而言,在公益事业等方面的投入金额较少,也缺少系统性规划。子公司的相关行为是零散的、不成规模的,这在一定程度上影响了企业社会责任执行的总体效果和社会效益。

二、公益慈善的内容有待拓宽

对于一家上市公司而言,公益慈善的内含较为宽泛,但是据华闻传媒发布的《2016社会责任报告》的内容来看,该方面的举措主要为完成定向扶贫任务、开展关爱自闭症儿童、留守儿童等,缺乏主动性的、具有较大反响的活动。即使已经开展的上述活动,惠及人群和传播范围都相对较少。对于公益慈善、环境保护等方面的责任,着力较少。

三、社会责任履行水平较低

根据阿奇·卡罗尔提出的"企业社会责任"金字塔模型(自下至上依次为:经济责任、法律责任、伦理责任、自愿责任),处于金字塔底端的经济责任,是企业最基本、最重要的社会责任,是其他更高层次社会责任实现的基础。依此结构而言,华闻传媒在前三种责任方面,都做得不错,但在最高层级的自愿责任方面,还有待提高。自愿责任是企业的愿尽责任,是指企业作为社会的组成成员,必须为社会的繁荣、进步和人类生活水平的提高做出自己应有的贡献。华闻传媒作为上市传媒公司,在上述几个方面还有提高的空间。

四、传媒执行社会责任情况披露不详尽

根据华闻传媒公布的《2016社会责任报告》中披露的有关责任管理的信息,该企业搭建社会责任管理系统的意识不强,缺乏整体的规划与统筹,涉及

相关细分内容时，以罗列各子公司的活动为主，缺乏统一的安排。社会责任的履行并不仅仅体现在年度报告中，更多地应该体现在集团层面的筹划、安排上。

传媒业务是华闻传媒的主营业务，在公司发展中占据重要地位，但是公司发布的社会责任报告中，并没有凸显其特色，关于传媒社会影响力的相关内容在报告中是缺失的。这一点与其传媒类上市公司的身份有些不符。

第四节 华闻传媒社会责任执行力提升路径与方法

国内学者经过多年追踪研究发现企业承担的社会责任与经营绩效之间存在着正相关关系，承担社会责任较多的企业，整体绩效显著提高。换句话说，社会责任的履行情况在一定程度上会影响上市传媒公司的社会评价和综合竞争力。长远来看，企业的社会责任能够转换成良好的声誉资产，为其持续发展带来积极的影响。

对传媒类上市公司自身来说，过多地履行社会责任虽然会增加经营成本，但是可以建立企业良好的社会影响力、塑造社会形象、维护与各利益相关者的信任关系。因此，传媒类上市公司应建立完备的公司社会责任自律制度、完善公司内外部治理结构、关注并满足关键群体和利益相关者的实际需求、合理真实地披露社会责任信息、提高主动承担社会责任的积极性。

一、实行责任管理，完善责任管理制度

首先，公司社会责任的执行，离不开管理层的理念与员工的具体执行。实践中，可以将社会责任建设与管理融入企业战略与企业文化中，使得公司从上到下都认识到履行社会责任对于企业和个人的重要性，增强核心竞争力。

其次，制度建设在企业社会责任执行的过程中十分重要，拥有明确的责任管理制度，企业的社会责任履行才能清晰明确地开展进行。可以考虑安排专门人员提前进行制定社会责任未来执行计划，以保证其专业性与可行性；在日常的绩效考核中添加有关社会责任的指标，增强管理人员的社会责任意识，促进

子公司的执行能力,发挥好传媒的示范和带动作用。

二、增强内驱力和主动性

从构建并推动具备责任意识的企业文化着手,制定企业长远的发展战略、合理的薪酬和晋升体系,激发员工的工作积极性、主动性,将个人发展与公司未来相结合,从每一篇具体报道开始,给读者、客户、合作伙伴奉献有价值的内容,利用媒体的平台传播功能和品牌号召力,凝聚更多的资源,积极主动实现社会责任更好的履行。通过在内部定期发布《企业社会责任简报》,在内部形成良好的氛围,敦促各子公司积极履行社会责任。

三、发挥总公司的统筹协调作用

改变各自为战、单打独斗的现状,站在一定高度上进行社会责任的审视。充分整合现有资源并合理调配,凝聚旗下媒体和公司的合力,系统性地制定社会责任履行的计划。以期实现更好的效果,包括经济效益和社会效益。

四、定时公开,积极宣传

提升自我宣传意识,不要等到撰写上市公司社会责任报告的时候,才开始着手进行相关信息的搜集与发布,应该借助多种渠道,实时更新公司在社会责任方面的举措或成果。第一,充分利用媒体的平台功能,联结、调动更多的资源,以责任意识搭建更为有效沟通的平台,发挥好协调调动作用,整合资源,提升社会效益,组织、调动更多的人参与进来;第二,树立典型,广泛宣传企业履行社会责任的重要意义和典型案例,鼓励有能力的企业进行慈善活动并为其提供必要的条件。充分借助旗下媒体的传播优势,进行年度的活动总结和宣传推广,树立企业有担当、负责任的社会形象;第三,成为积极主动的社会责任承担者,发挥传媒优势,做好沟通的桥梁,积极整合企业资源,连接需要帮助的对象,开展形式多样的公益活动,切实履行社会责任。

第九章　博瑞传播社会责任报告

何　睿[①]

本报告概述了 2016~2017 年博瑞传播社会责任履行情况、存在的问题以及建议路径。在这期间，博瑞传播进一步助力我国教育事业，其产业链条覆盖整个基础教育阶段。神鸟数据搭建的智能化和信息化城市管理平台，有效推动了成都文明城市建设。借助于户外广告媒体优势，博瑞传播布局全国的户外媒体网络逐渐成为弘扬社会主义核心价值观，促进社会和谐的载体。博瑞传播在履行游戏新业务"走出去"的国际化战略的同时，也将我国优秀的传统文化传播出去。此外，帮助困难人群就业，爱心捐赠旧衣物等公益扶贫活动也体现了博瑞传播的社会责任意识和社会担当。不过，其转型和升级过程中也面临着诸多挑战，如市场表现欠佳，信息披露不及时，舆论引导和公益投入力度不够等。针对这些问题，报告也提出了可能的解决思路。

第一节　博瑞传播基本情况

成都博瑞传播股份有限公司（下称"博瑞传播"）原名四川电器股份有限公司，成立于 1988 年，是成都市仅有的三家国有上市公司之一，也是成都市国资委下属唯一的文化类资本运作平台。

自 1995 年在上海证券交易所正式挂牌上市以来，经历了多次资产管理和业务调整。1999 年，随着《成都商报》媒体经营业务的注入，其主营业务由电器生产与销售调整为广告、印刷、发行及投递、配送及信息传播的相关业务。2000 年，公司名称变更为"成都博瑞传播股份有限公司"。随后分别于

[①] 何睿，上海财经大学人文学院讲师、博士。研究方向：健康传播，网络舆情，数据新闻。

2003年主办树德博瑞实验学校，切入教育产业；2007年进军户外广告领域，布局公交户外广告平台；2009年全资收购成都梦工厂网络信息有限公司、2013年收购北京漫游谷信息技术有限公司等，逐渐进军新媒体游戏领域，形成新媒体游戏行业的全产品布局。根据博瑞传播2015年发布的公司战略发展规划，拟将打造"以移动互联为核心，以数字娱乐集群和产业金融体系为两翼的创新型传媒集团"。2016年9月，成都小企业融资担保有限责任公司的股东变更登记备案工作完成，博瑞传播持有小保公司20%股权。2017年1月，经证监会批复，国有资产管理层级调整，博瑞传播公司的实际控制人正式由原来的成都商报社变更为成都市国资委。2017年12月，博瑞传播进行业务调整，与控股股东成都博瑞投资控股集团有限公司签订协议，将原持有的成都商报发行投递广告有限公司95.07%股权及成都博瑞数码科技有限公司100%股权进行转让，至此，印刷与发行投递等传统媒体经营业务被打包剥离。2018年1月，博瑞传播原董事长曹建春辞去公司职务，由控股公司成都传媒集团党委书记、董事长连华代理董事长一职。

博瑞传播第一、第二大股东分别为博瑞投资（23.37%）、成都新闻宾馆（10.20%），两者均为成都传媒集团控股公司，国有资产备案登记后，博瑞传播的实际控制人实为成都国资委（图1）。截至2017年12月31日，公司注册资本1 093 332 092元，主要经营业务包括传媒投资运营（如印刷、发行、广告等）、网络游戏投资运营（自主研发或游戏运营平台联合运营游戏项目，包括海外发行和推进游戏产品等新媒体游戏业务）、营销传播服务、创意地产、博瑞教育、产业金融（提供小额贷款、融资担保等准金融业务）等。印刷发行投递等传统业务打包出售后，其主要业务线更为清晰，调整为现代传媒（户外媒体、广告代理）、数字流量新经济（游戏、文化创意投资、大数据与市场调研）、教育培训和文化金融（融资担保、小额贷款）等四大块。

社会责任报告是有关上市公司较为重要的非财务信息，对分析上市公司、评估企业形象，以及投资者决策有着十分重要的作用。本报告数据来源于博瑞传播公司公布的各类年报和半年报、企业社会责任报告、公司官网公开发布的内容以及巨潮资讯网等信息网站，下文将概述博瑞传播2016年以来社会责任的履行情况及存在的问题。

```
            成都市国有资产监督管理委员会
                        │100%
                        ▼
                  成都传媒集团
                        │100%
                        ▼
                 成都日报报业集团
         │100%                    │100%
         ▼                        ▼
    成都商报社                成都市新闻培训中心
         │95%                     │100%
         ▼                        ▼
  成都博瑞投资控股集团          成都新闻宾馆
      有限公司
         │23.37%                  │10.20%
         ▼                        ▼
            成都博瑞传播股份有限公司
```

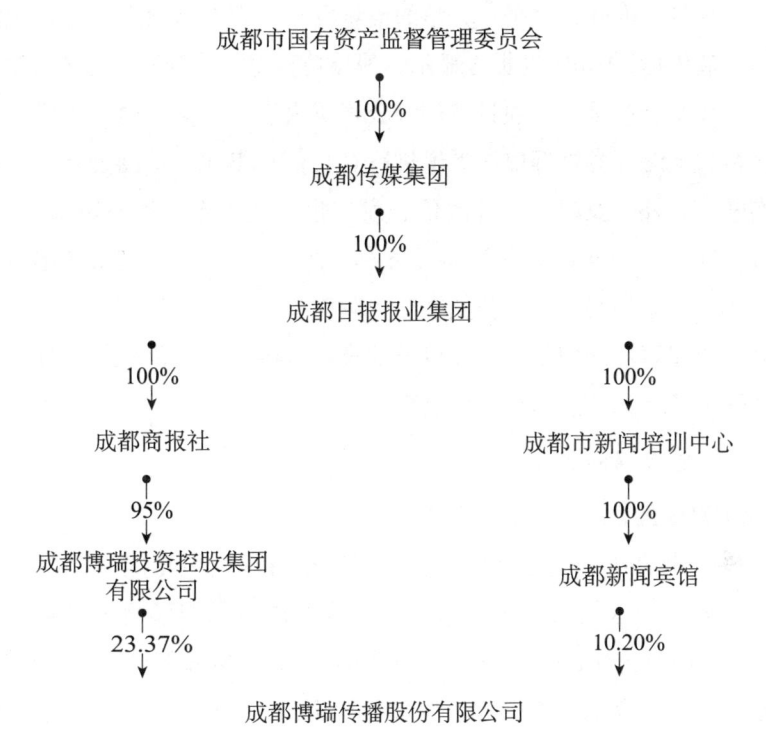

图1　博瑞传播与实际控制人之间的产权及控制关系[①]

第二节　博瑞传播执行社会责任现状

一、舆论引导与社会监督责任

作为传媒上市公司，传播正确的价值观，进行舆论引导，发挥社会监督作用是其企业社会责任所包含的特殊要义。

（一）信息披露力求及时公开

依据《上市公司信息披露管理办法》等相关法律法规的规定，上市公司应

---

① 图片来源于博瑞传播官网，网址：http://www.b-raymedia.com/a/touzi/guanli/gudong/.

遵循真实、及时、准确、公平、完整的信息发布原则，向股东及公众披露相关信息。据博瑞传播2016年度报告显示，博瑞传播全年累计总共完成了约200份公告披露，涉及资产重组、项目并购等公司重大事项，并通过公司官网，以及中国证券报、上海证券报等媒体渠道进行日常信息发布，帮助公众及投资者作出合理判断。此外，及时、公开的信息发布也有利于企业做好舆情应对工作。除日常报告外，2017年，一些较被公众关心的舆情事件，如博瑞传播诉武汉市公共交通集团未履约交付部分公交亭广告牌案件，有关上海证券交易所问询其出售子公司股权事项的回复公告，以及董事长曹建春先生辞职等事项的信息披露，有效澄清了不实信息与谣言的蔓延。

（二）坚持正确的舆论导向

1. 规范媒体经营业务，弘扬社会主义核心价值观

新媒体时代的到来对传统媒体的信息传播与舆论引导能力提出了更高的要求。作为西部地区最大的报刊运营商，博瑞传播承担了《成都商报》《成都日报》等报刊的印刷、发行、广告等业务，还参股了《每日经济新闻》《西部商报》等。博瑞传播积极研发印刷新技术，提升报刊的运输、投递质量，审核和把控广告内容，杜绝低俗化的广告内容，弘扬社会主义核心价值观。

2. 发挥广告媒体平台作用，贯彻党的各项精神宣传工作

博瑞传播自2002年开始投资建设的"成都通"信息亭项目，目前已成为成都市委宣传部公益宣传广告的重要载体，尤其是在成都市贯彻学习党的各项精神的宣传工作中起到了积极的推动作用。2016年，博瑞旗下的发行投递公司还组建了专门的信息亭项目服务组来进行日常管理与维护，并积极配合成都市委宣传部完成相关专项工作，坚持正确的意识形态导向，传播主流价值观与先进文化。除成都外，博瑞传播也获得了武汉等地公交亭广告牌代理经营权，在传播过程中，成为弘扬新风正气、促进社会和谐的平台与载体。

3. 实行走出去的国际化战略，传播中华传统文化

博瑞传播旗下多款游戏均以中国传统历史文化为制作背景，弘扬积极向上的传统文化，公司自主研发的网游产品曾入选"中国民族网络游戏出版工程"项目名单。

除内地市场外，博瑞传播实行"走出去"战略，与境外、海外的渠道服务商也建立了战略合作关系，旗下多款游戏逐渐步入海外市场，成为展现中华优秀传统文化的重要载体。2016 年以来，其自主研发的游戏分别在我国港澳台地区以及韩国、东南亚国家等地实现上线运营。

二、博瑞传播的市场责任[①]

（一）总资产情况

1. 总资产情况

截至 2016 年底，博瑞传播总资产为 434 226.52 万元，归属于上市公司股东的净资产为 361 837.51 万元；根据 2017 年前三季度报告，博瑞传播总资产则为 418 974.2 万元，比上年末减少约 3.51%，归属于上市公司股东的净资产为 356 407.11 万元，比上年末减少约 1.5%。无论是从总资产增长率还是上市公司股东净资产增长率来看，博瑞传播总体上保持低增长或负增长，这一状况恐使公司各项经营管理工作面临较大的压力。

2. 主要业务情况与结构调整

在传统媒体业务缩减的大环境下，博瑞传播结合自身特色，在 2016～2017 年进行了结构调整，主要业务倾向于数字游戏、广告营销、教育培训等领域，并推行"传媒+金融"战略。

一是游戏经营业务的调整，加强网游业务研发与运营一体化在整个公司转型中的重要性，形成包含网络游戏、终端游戏、移动游戏的全产品格局。截至 2016 年底，博瑞传播正在运营的游戏总数为 16 款，其中包含 4 款端游、6 款网游、6 款手游。

二是全国户外广告媒体网络的布局，加强户外项目管控力度，抢占户外媒体平台。其中较大的一次动作是在 2016 年末，博瑞传播通过竞拍获得武汉主城区公交车站候车亭广告牌三年的经营权（共计 3115 块），约占武汉总公交候车亭广告牌总数的 90%。

三是教育培训业务的拓展，使之延伸至基础教育整个阶段，推进教育产业

[①] 部分内容参考《成都博瑞传播股份有限公司 2016 年度社会责任报告》，参见 http：//www.b-raymedia.com/UploadFile/201731171552.pdf.

化经营。除公司旗下原有的树德学校外，博瑞传播还推进幼儿园项目，开展特色课程、冬夏令营等课外培训，完善从幼儿园到高中的教育产业链。

四是"传媒+金融"融合战略的推进，打造数字娱乐集群，多举措促进传媒产业转型。2016年9月，博瑞传播收购成都小企业融资担保有限责任公司（简称"小保公司"）20%的股权，布局产业转型升级；博瑞传播旗下漫游谷增资参与持有了广州糖谷信息科技有限公司10%股权。此外，博瑞传播还通过文化产业投资并购基金，涉足包括影视娱乐、体育休闲、在线教育领域等的大文化产业。

除以上业务发展外，博瑞传播的其他尝试还包括租赁出租，在现有报刊发行渠道基础上发展物流链，如承接美团、京东、唯品会、天猫等电商落地的配送业务[1]，等等。

（二）营业收入情况[2]

1. 营业总收入情况

在印刷、发行等传统媒体业务整体需求收缩以及数字娱乐、游戏等新业务未达预期的背景下，博瑞传播在2016～2017年度业绩出现了明显下滑，传媒业务营业收入及毛利率均为负增长。2016年度博瑞传播营业总收入100 564.72万元，比上年同期减少18.97%；利润总额计9 414.26万元，比上年下降1.35%，扣去非经常损益，则比上年下降151.25%；归属于上市公司股东的净利润6 013.61万元，比上年下降19.46%，扣除非经常损益，则比上年下降191.60%。2017年前三季度营业总收入62 818.03万元，比上年度末减少12.56%；归属于上市公司股东的净利润亏损4 270.50万元，同比下降167.74%[3]。需要说明的是，2017年12月，博瑞传播拟将旗下印刷与发行投递等传统业务的两家公司全部资产整体出售，由于这两家公司都是亏损资产，此次股权转让预计将增加非经常性损益约8 034万元。尽管如此，根据博瑞公司

---

[1] 华宇虹，张铭菲. 媒体融合环境下我国报业上市公司经营发展及战略转型[J]. 中国出版，2017，(22)：54～59.

[2] 数据来源于《成都博瑞传播股份有限公司2016年年度报告》，参见http://www.b-raymedia.com/UploadFile/201702280369909110_01.pdf.

[3] 数据来源于《成都博瑞传播股份有限公司2017年第三季度报告》，参见http://www.b-raymedia.com/uploads/soft/180202/2017113165842.pdf.

发布的预亏损公告,预计2017年度归属于上市公司股东的净利润与上年同期相比,仍可能减少30%～50%①。

这一状况与其他传媒上市公司相比,也处于较劣势。根据方光正、李竟成等人对A股上市交易的18家新闻出版上市公司的成长性对比分析,博瑞传播在2015、2016年度的营业收入增长率均为负值且低于全行业平均(表1)②,表明在业务转型过程中,博瑞传播新业务的发展效果尚不明显。

表1　18家新闻出版上市公司的营业收入增长率(%)

公司简称	2016年度	2015年度	同比差值	公司简称	2016年度	2015年度	同比差值
华媒控股	17.39	4.63	12.76	博瑞传播	-19.06	-26.28	7.22
大地传媒	10.52	0.51	10.01	中南传媒	10.10	11.58	-1.48
华闻传媒	5.44	9.68	-4.24	皖新传媒	15.38	14.56	0.82
天舟文化	182.68	43.30	139.38	凤凰传媒	4.98	4.45	0.53
中文传媒	10.12	10.46	-0.34	出版传媒	5.18	4.16	1.02
时代出版	12.38	12.26	0.12	中文在线	54.14	44.68	9.46
浙数文化	2.60	12.82	-10.25	读者传媒	-9.01	8.70	-17.71
长江传媒	15.98	153.54	-137.56	南方传媒	6.87	4.24	2.64
新华传媒	-3.06	-12.09	9.03	城市传媒	15.26	10.68	4.58

2. 分行业营业收入情况

由于报告写作期间,博瑞传播2017年年度报告尚未公开,主要对博瑞传播2016年度分行业营业收入情况进行分析(见表2)。

表2　2016年度博瑞传播主营业务分行业情况

分行业	金额(万元)	占营业总收入比重	比上年增减
印刷相关业务	18 343.13	18.24%	-25.20%
广告业务	25 538.24	25.39%	-11.55%
发行及投递业务	14 494.77	14.41%	-6.01%
学校业务	10 557.43	10.50%	18.18%
租赁及物业管理业务	5 784.52	5.75%	38.68%
网游业务	18 873.58	18.77%	-41.25%
小贷业务	4 343.56	4.32%	-29.40%
其他业务	1 833.87	1.82%	8.05%

---

① 数据来源于《成都博瑞传播股份有限公司2017年年度业绩预减公告》,参见 http://www.b-ray-media.com/uploads/soft/180202/1-1P202101915.pdf.

② 方光正,李竟成.我国新闻出版上市公司成长性分析[J].科技与出版,2017,(12):80~84.

从主要业务构成来看，其三大传统业务——印刷、广告、发行主营业务收入占据营业总收入的58.05%，但是收入规模显著下降，这一状况在2017年底博瑞传播的传统业务剥离后或许有一定好转。网游新业务由于推广等原因，增长率与上年相比也有大幅缩减。因此，虽然博瑞传播在积极调整业务结构，但是从营业收入结果来看，其转型之路显得颇为艰辛。

（1）传统的印刷、发行业务持续低迷，营业收入分别比上年递减25.20%、6.01%，其中，发行业务中，外卖配送业务收入4 800余万元；广告业务比2015年减少11.55%，其中，户外广告业务受益于武汉等地公交候车亭广告牌资源的获取，营业总收入20 172.42万元，比上年有较大幅度减亏。

（2）学校业务总体向好。2016年，在校生人数再创新高，并且，博瑞旗下树德学校、九瑞大学堂等均实现营业收入和净利润的稳步增长。

（3）网游业务营业收入持续负增长。受新老游戏生命周期以及行业竞争等因素影响，2016年博瑞传播旗下游戏业务收入和利润双降，营业收入持续负增长。新手游如《伏魔咒》没能如期在网易平台上线，影响了整体游戏业绩，博瑞传播旗下的游戏公司梦工厂净利润则连续两年出现负值。不过，从比重来看，游戏业务占主营业务收入比率的18.77%，体现了出版传媒上市公司通过跨界游戏投资以优化业务结构的努力与尝试，网游或许可能成为其重要盈利点[1]。此外，博瑞传播也在东南亚与韩国等地区上线运营了游戏业务，实现了自研游戏在海外的推进。

（4）另外，小贷业务2016年营业收入也呈现下降趋势；租赁业务营业总收入（包含物业服务）则实现大幅增长。

（三）股东收益情况

博瑞传播公司于2016年制定并通过了2015～2017年股东回报规划，在兼顾投资者利益和不损害公司可持续发展能力的基础上，实行持续、稳定的利润分配政策。[2]

2016年，博瑞传播在公司现有总股本1 093 332 092股的基础上，向全体

---

[1] 朱静雯，陆朦朦．投资视角下出版传媒上市公司跨界游戏效果探析［J］．出版发行研究，2017，(11)：34～37．

[2] 参见：成都博瑞传播股份有限公司未来三年（2015年～2017年）股东回报规划［EB/OL］，http：//pdf.dfcfw.com/pdf/H2_AN201603310014160820_01.pdf．

股东共计派发 2 186.67 万元（每 10 股派发现金红利 0.20 元含税），占当年归属于上市公司股东的净利润（合并报表数）的 36.36%。不过，从财务状况上看，2011~2016 年，博瑞传播净利润下降较多，在 2009 年 12 月 31 日前上市的 9 家 A 股出版传媒上市公司中，其净利润排名已从第 4 名跌至第 8 名。[①] 并且，预计博瑞传播 2017 年度归属于上市公司股东的净利润将进一步减少 30% 到 50%。如这一状况持续恶化，或可能影响可供分配利润的范围，进而影响股东利润分配。

三、博瑞传播的社会责任[②]

国内外研究表明，企业社会责任已成为企业可持续化战略的重要组成部分，大量实证研究也表明，企业社会责任绩效有助于提升财务绩效。[③]

（一）依法经营规范运作

2016 年，博瑞传播在公司运营过程中遵从法律法规相关规定，并完善经营管理和风险把控制度。

1. 规范法人治理

根据上市公司法律法规，博瑞传播不断健全和完善法人治理结构，建立了包含股东大会、董事会、监事会及经理层的公司治理结构，并且在董事会下设了战略、薪酬与考核、提名、审计等四个委员会，从制度上规定其各自的职责，以实现规范运营。在 2016 年，博瑞传播共召开股东大会 3 次，董事会 13 次，监事会 10 次。

2. 完善内部控制和风险管控

博瑞传播按照监管要求，完善内部控制和风险管控，定期对公司的投资运营以及财务环节内部控制的有效性进行自我评估，如发布《2016 年度内部控制评价报告》、不定期开展专项审计活动等。

---

① 朱静雯，徐佩佩．基于财务分析的我国出版传媒上市公司转型研究［J］．出版广角，2017，（7 上）：24~28．
② 参见：博瑞传播 2016 年度社会责任报告［EB/OL］．http：//pdf.dfcfw.com/pdf/H2_AN201702280369909094_1.pdf．
③ 陈斌，李泱，王伟，廖涵平．企业社会责任：现状、重点与交易所角色（全文深证综研字第 0181 号）［EB/OL］．［2017-10-12］．http：//www.szse.cn/main/files/2011/05/12/845512932999.pdf．

（二）履行社会公共责任

博瑞传播社会公共责任的履行主要体现在教育培训、城市建设、扶贫等方面。

1. 支持教育事业

博瑞传播自 2002 年开始涉足基础教育领域，与成都树德中学开展联合办学，目前，在校学生人数已超过 3 500 人，包含小学、初中、高中。2016 年开始拓展在线教育、课外培训、早教幼教等业务，举办九瑞大学堂，形成完整的基础教育事业链条。

2. 助力文明城市建设

（1）神鸟数据推动督查工作信息化。作为城市的一员，博瑞传播积极参与城市管理工作。为推动市民参与文明城市建设，成都市组建了一支专职的市民督查员队伍，博瑞传播旗下的神鸟数据为该项目的运营方。通过搭建文明城市智能管理平台和移动终端，神鸟数据帮助市民督察员的工作实现了信息化和网络化。

（2）投递队伍建设专业化。博瑞传播整合已有的发行投递渠道资源，设立了专业的物流公司。其研发的"灵点物流系统"，提高了快件末端投递信息化和智能化水平。2016 年全年快递工作无爆仓和重大投诉事件，即使在"双十一"等活动中，也体现了较高水准的服务质量，获得由四川省邮政管理局授予的"四川省快递旺季服务先进单位"称号。

此外，博瑞传播还借助户外广告和媒介代理优势，多次举办公益活动，助力城市文明建设，促进社会和谐与市民参与。

3. 履行扶贫责任

2016 年度，博瑞传播公司及下属各子（分）公司通过对就业困难人员进行职业技能培训、帮助贫困残疾人员实现就业、爱心捐衣活动等方式，进行转移就业脱贫、兜底保障及专项扶贫工作，取得了一定的成效。其中，发行投递公司对总计 200 名就业困难人员进行了职业技能培训，并提供资金共 56 万元，帮助 18 名贫困残疾人成功就业；博瑞麦迪亚、物业公司联合慈善机构开展的"温暖心冬爱心捐衣活动"共捐赠旧衣物 880 件，折合价值约 2.6 万元。

（三）对员工和投资者责任

1. 保障员工利益，加强员工培训

博瑞传播遵守劳动法的相关规定，与全体员工签订并履行规范的劳动合同，并按照国家规定为全体员工缴纳五险一金等社会保障。2016年，博瑞公司及下属子公司没有发生违反劳动合同法、没有出现受到劳动监管部门处罚的情况。同时，博瑞传播还实施股票期权和薪酬考核激励制度，在2016年博瑞传播净利润大幅下降的状况下，其在高管薪酬总额、人均薪酬与最高值三个指标上与上年却均有大幅提升。

博瑞传播通过健全培训体系，为员工定制个人成长与公司需要相结合的培训计划，帮助员工实现职业发展的同时，兼顾公司发展的需要。博瑞传播还设立了"教育助学金"，帮助员工提升学历学位教育。2016年，博瑞传播共组织或参与37门培训课程，全年累计培训371人次，累计课时1 850小时，课程的平均完成率达到98.8%。

2. 关注员工身心健康，重视安全生产

博瑞传播提倡员工关怀，如制定哺乳期休假政策，为哺乳期女性员工提供更多休息及授乳时间；定期安排员工体检，开展"健康跑"等文体活动；落实员工带薪休假政策等。

同时，通过开展安全教育活动、完善安全管理工作机制、健全安全生产隐患排查机制等措施，提高员工安全生产的意识，预防和减少可能的安全事故，为员工创建安全的工作环境。

3. 提升企业公信力，加强品牌文化传播

较好的企业文化与公司发展预期亦是加强员工凝聚力和对员工负责的表现。博瑞传播通过门户网站、微博、微信公众号以及《今日博瑞》等媒体平台对企业品牌和文化进行推广；通过多种媒体途径，开展劳模宣传，树立员工典型，增加员工向心力。

2016年，中诚信国际信用评级有限责任公司对博瑞传播信用等级评估为AA，评级展望为稳定。2017年11月，博瑞传播获得"2017年度中国上市公司杰出公司治理实践奖"，体现了其品牌形象和传播公信力的进一步提升。

四、责任管理

博瑞传播于 2014 年、2015 年、2016 年连续 3 年发布了社会责任报告,根据上海证券交易所发布的《〈公司履行社会责任的报告〉编制指引》等进行编写。报告分别从对投资者负责、对员工负责、对社会负责等方面阐述了博瑞传播对利益相关者与对公共社会的责任。①

根据《上海证券交易所上市公司环境信息披露指引》,公司应根据所处行业与自身特点,制定符合实际的社会战略责任规划与机制,且应当包括:①商业伦理准则,②员工保障与职业发展支持计划,③社会发展资助计划,④合理利用资源以及保护环境的技术投入与研发计划,⑤社会责任规划进行落实管理及监督的机制安排等内容②。从博瑞传播发布的 2016 年社会责任报告来看,其社会责任战略理念有一定规划,但是对于资源环境可持续发展内容较少提及,报告或其他公开信息中也未体现社会责任履行与披露的评估机制方法。此外,博瑞传播三年以来的社会责任报告的阐释框架侧重点不尽相同,但从各类公开信息中也暂未看到公司对于不同年度社会责任报告的优劣进行评估的方法。

最后,从报告内容结构来看,博瑞传播的社会责任报告在披露其在承担社会责任方面的举措也未体现传媒上市公司的特色,且较多倾向于投资者和员工责任,对于公共社会责任如每股社会贡献值等信息较少披露。

第三节 博瑞传播执行社会责任存在的问题

一方面,根据我国"十三五"规划,出版传媒行业作为文化产业的重要组成部分,将有较好的政策保障与发展前景,有助于上市公司更好地履行社会责任;另一方面,随着技术与社会环境的变革,传媒上市公司的发展与转型也面

---

① 郝雅楠,刘益. 传媒企业社会责任报告评估——以博瑞传播为例 [J]. 北京印刷学院学报,2017,(12):11~14.

② 参见 http://www.sse.com.cn/lawandrules/sserules/listing/stock/c/c_ 20150912_ 3985851. shtml.

临着诸多挑战与困难。①

一、经济效益体现不充分，产业转型困难重重

市场责任是上市公司社会责任的重要组成部分之一，从博瑞传播的市场表现来看，其在国有资产保值增值、维护股东权益以及市场竞争力的加强方面还存在不足。受到新技术冲击，发行、广告、印刷等传统业务呈下滑态势；游戏行业竞争加剧，新游戏产品推进速度和时间延迟，经济效益未能体现。主营业务收入不佳影响了博瑞传播2016年度经营业绩，导致其净利润大幅下降。从最近报告来看，这一状况或许短期内仍难以改善。虽然博瑞传播打包出售了其传统的发行、印刷业务，然而2017年度净利润仍可能大幅缩减。旗下2017年第三季度重点运营的手游《战地指挥官》虽已上线数月，但整体运营却反响平平。②

除大力推进搭载新媒体和互联网新技术的游戏业务外，博瑞传播通过一系列举措进行产业结构调整和转型，如布局武汉乃至全国户外广告业务网络，试水"传媒+金融"格局等。然而，这个过程亦不轻松。2015年，博瑞传播收购杭州瑞奥广告有限公司60%的股权，然而由于杭州瑞奥无法正常经营，2017年9月博瑞传播向法院提起诉讼，要求杭州奥翔返还股权转让和增资款项以及投资补偿共计3 029.56万元。2017年底，由于武汉公交集团未按时或无法交付公交车亭灯箱广告1 327块（约占竞拍获得武汉公交亭广告牌代理权总数的42.6%），博瑞传播诉武汉公共交通集团要求赔偿约8 016万元，目前这些案件仍待推进。

二、履责信息披露不及时，责任监管落实不到位

依据有关法律法规及规定，上市公司有向股东及公众披露相关信息的责任。2017年9月，博瑞传播旗下四川博瑞书坊文化有限公司公开挂牌出售其

---

① 朱静雯，徐佩佩. 基于财务分析的我国出版传媒上市公司转型研究［J］. 出版广角，2017，（7上）：24~28.

② 参见：成都博瑞传播股份有限公司2017年第三季度报告［EB/OL］. http://www.b-ray-media.com/UploadFile/2017113165842.pdf.

名下共计34处商业用房，据测算，如全部成交，预计净利润可达到2 697.39万元，占上年度归属于上市公司股东净利润的44.85%，而博瑞传播2017年前三季度净利润仅为 -4 270.50万元，预计会对2017年公司净利润产生较大影响，此次交易涉及金额较大，已达到应当披露的标准。然而，博瑞传播却未及时公开披露交易事项信息，一直到12月才在监管部门的督促下才予以公布。博瑞传播这一举动违反了《上海证券交易所股票上市规则券交易所股票上市规则》，其董事会秘书苟军也因未能尽到责任而被上海市证券交易所予以监管关注[①]。此事也说明博瑞传播在信息披露责任上内部评估与监督的缺失。

三、传媒与文化创意特色不突出，舆论引导力度不够

博瑞传播主要业务涉及印刷、广告、游戏、租赁、教育等方面，尤其是媒体业务更偏向发行、游戏和广告经营，相较于其他以内容为主的传媒集团，它在舆论宣传与引导上有一定的劣势。从博瑞传播已有的舆论引导与宣传实践来看，主要是借助户外广告平台，以及微博、微信、内刊等，弘扬社会主义核心价值观，促进和谐社会和文明城市建设。无论是舆论引导与宣传的力度，传播内容、方式的多元化，或是人群覆盖率都有一定的欠缺。

博瑞传播坐落于西部城市成都，成都作为我国文化创意产业的重要城市，也是"一带一路"对外文化交流的重要桥梁，因此，博瑞传播如何借助各种资源，发挥各项优势，彰显自我特色更好地开展传播工作也是其履行舆论引导责任的重要命题。

四、资源环境责任未体现，公益与扶贫项目投入有限

作为国有企业，扶贫等活动体现了其社会责任和担当。从博瑞传播披露的2016年度社会责任报告来看，大量的篇幅主要是对于员工和投资者的社会责任履行，社会公益活动、扶贫项目等方面的投入均十分有限，能够引起社会关注和社会反响的公益项目寥寥。此外，其报告鲜少提及资源环境责任，虽然博瑞

---

① 参见：成都博瑞传播股份有限公司未及时披露交易事项信息被监管关注［EB/OL］. http://news.sina.com.cn/o/2018 -01 -29/doc - ifyqyqni4664492. shtml.

传播并未涉及环境污染类业务,但是环境责任还包含产品服务、资源占用等与一般企业相关的内容①。这表明公司对环境责任较少关注,也可能是已有关注或重视但是没有体现在公开的报告或信息披露中。

第四节 博瑞传播社会责任执行力提升路径与方法

从经济责任来说,传媒上市企业应在遵循法律法规与商业道德等基础上为投资者、员工与社会获取最大的利益;从文化功能上看,传媒企业担负着信息传播,弘扬社会正义,促进社会和谐的责任;从社会责任上说,传媒企业应增强社会公共意识,服务公众。②

一、提升运营能力

从博瑞传播 2016 年报数据来看,传统媒体业务转型取得了一定的成绩,尤其是户外广告资源的汇集,租赁管理和学校业务稳步上升,网游业务也在海外实现上线运营,但是总体上,营业收入和净利润均不理想,产业转型也任重道远。提升运营能力、优化产业结构势在必行。

一是借助"十三五"规划的政策动向,抓住文化创意产业发展的机遇。我国文化产业对于经济增长的作用逐步显现,其增长速度已超过同期 GDP 的增长速度③。作为成都市三家国有上市公司之一,同时也是唯一一家传媒上市公司,博瑞传播应在成都文化创意产业发展的过程中发挥重要作用④,同时,这也是其自身转型以适应新经济发展要求的需要。

二是调整业务结构,推动公司转型升级。在剥离发行、印刷等传统业务

---

① 国际上对于企业社会责任报告的评估多采用全球报告倡议组织(GRI)发布《可持续发展报告指南》(G3/G4)标准。
② 郝雅楠,刘益.传媒企业社会责任报告评估——以博瑞传播为例[J].北京印刷学院学报,2017,(12):11~14.
③ 参见:博瑞传播剥离印刷、发行投递等传统资产轻装上阵转型发力文创产业[EB/OL]. http://money.163.com/17/1207/00/D50VVAGQ002580S6.html.
④ 参见:博瑞传播代理董事长连华上任立马抓业绩:2018 年是博瑞的"闯关年"必须要看到日新月异的业绩变化[EB/OL]. http://finance.ifeng.com/a/20180204/15968088_0.shtml.

后，博瑞传播也应当尽快挖掘和布局具有发展潜力和市场竞争力的业务，提升公司的核心盈利能力，以最大化地保障投资者和员工的利益。

二、及时披露信息

一方面，根据相关法律法规，上市公司理应披露相应的信息，以助于投资者和公众对公司实际发展状况进行判断并进行决策。

另一方面，及时的信息披露有助于正确引导舆论，反之，则可能引发舆情危机事件。在重组并购、业绩公告、高管人事变动等公司重大事件上，及时、公开的信息披露尤为重要，未及时披露信息可能会产生负面舆情，进而可能造成上市公司市值波动。

三、加强舆情引导

作为传媒上市企业，舆论引导和宣传是其必然承担的责任。博瑞传播应结合自身优势和特点，在实践中利用传统和新媒体舆论阵地，提升舆论引导力，促进社会和谐发展。

一是借助母公司成都传媒集团的力量。成都传媒集团是我国西部综合实力较强的全媒体集团，业务范围涵盖传统媒体产业、新兴媒体产业、户外传播媒体，以及影视等关联媒体产业等。这一资源有助于增强博瑞传播在传播内容上的舆论引导力。

二是发挥自身媒体运营优势。借助于户外广告资源、游戏平台等，助力社会发展和文明城市建设。

四、增加公益投入

社会公共责任对于维护企业形象有重要的作用。从我国企业履行社会责任的实践看，常常会出现两个误区，一是将履行社会责任等同于做慈善，属于"砸钱"项目；二是将企业社会责任视为负担，缺乏实践的内在动力[①]。

---

① 陈斌、李泱、王伟、廖涵平等. 企业社会责任：现状、重点与交易所角色（全文深证综研字第 0181 号）[EB/OL]．[2017 – 10 – 12]．http：//www.szse.cn/main/files/2011/05/12/845512932999.pdf.

从博瑞传播 2016 年的社会责任报告来看，博瑞传播在公益投入和扶贫工作上还有进一步改善的空间。应加强社会公共意识，服务公众，突出企业自身的特殊性与特色，进一步提升公益活动的深入度和多样化。

第十章 读者传媒社会责任报告

于重榕[1]

读者传媒作为全国期刊业实力最强的出版集团,应该是期刊社会责任履行情况的标杆,本报告阐述评析了其履行社会责任的做法与成绩,也指出了其存在的问题与不足,并提出了一些促进社会责任执行力提升的方向与路径。

第一节 读者传媒基本情况

成立于2009年的读者出版传媒股份有限公司(以下简称读者传媒)目前拥有期刊和教材出版单位3家、8个职能部门、12家全资子公司、5家控股子公司、参股2家公司,员工500余人,旗下的读者杂志社、甘肃教材出版中心、期刊出版中心、甘肃人民出版社、甘肃教育出版社、甘肃少年儿童出版社、甘肃科学技术出版社、甘肃人民美术出版社、甘肃民族出版社、敦煌文艺出版社、甘肃飞天电子音像出版社等几乎囊括了甘肃省主要的出版单位。2015年12月10日,读者传媒上市,实现了甘肃省文化企业上市零的突破,成为西北地区首家在国内主板市场上市的出版传媒类企业,也是A股中唯一拥有出版行业品牌的概念股。上市当日,"读者传媒"即以44.01%的涨幅达到上市新股44%的涨幅上限涨停。(读者出版传媒股份有限公司官网)

2016年,读者传媒出版期刊6 357万册,比去年同期下降9.79%,在整体下滑的期刊市场中下降幅度相对较小。2016年,教材中心共代理以人教版教材为主的教材品种309种,其中义务教育阶段教材163种,高中阶段教材146种,

---

[1] 于重榕,云南美术出版社办公室主任,副编审;研究方向:新闻出版。

总印数 3 130 万册，造货码洋 2.6 亿元，公司代理的人教版教材在甘肃省的市场占有率继续保持相对较高水平。公司全年共出版图书 3 185 种、印数 3 809 万册，同 2015 年相比，印数增长 16%。（读者出版传媒股份有限公司 2016 年年度报告）

读者传媒为上市企业，有义务定期披露企业的运营情况和相关数据。然而材料显示，读者传媒自上市至今并没有专门发布过社会责任报告，其社会责任履行情况仅在其公司年报和半年报中有所涉及，同时公司官网和各类媒体的报道中也披露了一些相关信息。本报告主要依据上述公开公布的相关内容，结合有关传媒社会责任的相关研究，概述读者传媒 2016 年社会责任的履行情况及存在问题。

第二节 读者传媒执行社会责任现状

读者传媒作为国有上市出版企业，坚持党的领导，坚持正确的出版导向，完成国有资产保值增值，向广大股东负责，同时提升公共服务意识是其应尽的责任和义务。这其中既有我国国情下对于国有出版企业的天然要求，也有对于上市企业的特殊要求。本报告结合读者传媒的企业属性，从利益相关方角度出发，从以下四个方面论述读者传媒社会责任履行情况。

一、舆论引导与社会监督责任

我国出版业在发展中遵循"以社会效益为首，实现社会效益与经济效益相统一"的原则。读者传媒的主业为期刊和图书出版，作为政治利益和社会利益考量的舆论引导是其内容生产首先要考虑的方面。在社会监督方面，由于时效的原因，出版业的社会监督作用没有新闻业体现得那么直接和明显，但同样以引导的方式体现着监督的责任。

（一）以阳光主题做精品出版，传递正能量

谈到读者传媒，不得不提到《读者》。作为读者传媒核心产品的《读者》杂志，多年来坚持"博采中外、荟萃精华、启迪思想、开阔眼界"的办刊宗旨，力求精品，通过一篇篇发掘人性真善美的精致文章温暖人心，传递着深层次的情感和人文关怀，被誉为"中国人的心灵读本"，体现着"选择《读者》，就是选择了优秀文化"的办刊理念。

2016年，《读者》杂志继续保持着其办刊特色，栏目构成稳定、精练，文章精致、优美，主题正面、阳光。其中，"言论"是《读者》杂志中最具有时效性的栏目，以第三人称的视角冷静、客观地转述新闻当事人的发言，内容涉及时事、社会、民生等，以间接发言的方式委婉、保守地发表观点，在坚持主旋律、正能量的前提下引导读者做出对于事件、话题的价值判断。

（二）狠抓出版质量，不断提升社会效益

出版质量是出版单位的生命线，也是出版单位坚持正确导向、坚持社会效益为首的前提和基础。年报显示，2016年，读者传媒继续坚持把好出版质量关。其中值得点赞的是，《读者校园版》《妈妈画刊》在2016年全国少儿报刊编校质量检查中，编校差错率为零。在国家新闻出版广电总局近年来逐年加大出版物编校质量检查力度的大背景下，差错率零的成绩得之不易，体现了读者传媒对于出版物质量的重视力度。

随着社会效益评价体系的引入，出版单位承担重点项目的数量和能力成为衡量其社会效益好坏的重要指标。2016年，读者传媒在此方面表现突出。甘肃教育出版社、甘肃科学技术出版社、甘肃人民美术出版社、甘肃民族出版社的5种图书入选2016年度国家出版基金资助项目，民族社、美术社和飞天社的7种图书、音像出版物入选"十三五"国家重点出版物出版规划项目，人民社1种图书入选2016年度古籍整理项目，人民社、美术社分别承担1种国家级重点出版项目。

此外，在社会效益的其他体现方面。甘肃少年儿童出版社1种图书上榜"中国好书"月榜单。读者传媒代理的人教版各阶段教材稳定保持甘肃省内市场占有率。在敦煌文博会期间，读者传媒7家出版社挑选的1 500余种图书参展，展现了读者传媒的整体实力和良好形象。其中，《丝绸之路文化年展精品图集》《如意甘肃大观》《关山明月三千里——历代咏陇诗词选》成为文博会出版物的亮点；《读者敦煌文博会特刊》及《读者欣赏敦煌专辑（上下）》（中英文对照）等文博会宣传书刊，取得了社会效益和经济效益的双丰收。

（三）做好主题出版，加强舆论引导

主题出版目前已成为出版单位的重要出版板块，体现着履行政治责任，强化舆论引导，实现社会效益和经济效益统一的重要职能。

2016年，纪念中国共产党成立95周年、纪念红军长征胜利80周年为出版单位在主题出版领域的开拓提供了广阔空间。在全国媒体开展轰轰烈烈的纪念红军长征胜利80周年活动之际，读者传媒推出《铁血红旅——红军陇南战斗与三大主力会师》等9种关于长征的主题图书，从不同角度讲述红军长征途经甘肃时发生的故事。读者传媒在主题出版领域的积极策划，取得了引导舆论方面的显著成效。

二、读者传媒的市场责任

关于读者传媒总资产、营业收入及股东权益等数据根据其公布的2016年年报和2017年半年报整理。由于2017年半年报部分数据是报告期内数值，如营业收入等，因此下文数据部分是2016年末数据，部分是2017年6月30日数据。

（一）总资产情况

截至2016年12月读者传媒总资产为193 728.47万元，到2017年6月30日总资产为196 489.46万元，比2016年末增长1.43%。

2016年末，公司实现净利润8 025.14万元，较上年同期下降17.71%；归属于母公司股东的净利润8 425.25万元，较上年同期下降17.04%；基本每股收益0.29元。扣除非经常性损益后的归属于母公司股东的净利润6 521.86万元，较上年同期下降25.87%；扣除非经常性损益后每股收益0.23元。根据年报分析，利润下降的主要原因一是在传统纸媒整体下滑的大环境下，纸质期刊销量下滑及其广告版面减少导致期刊业务利润减少；二是教材业务受在校中小学生人数减少及教材循环使用的影响，利润出现下滑；三是部分子公司持续亏损。

（二）营业收入情况

2016年，读者传媒实现营业收入75 087.76万元，较上年同期减少9.01%。收入减少的主要原因一是手机等数码产品贸易额和代理广告收入的减少；二是读者杂志、教材销量减少。主要业务板块经营情况见表1。

表1 2016年读者主要业务板块经营概况

主要业务板块	2015年营业收入（万元）	2016年营业收入（万元）	增长率
出版业务			
自编教材教辅	8 412.22	9 418.67	11.96%
租型教材教辅	16 202.65	15 182.99	-6.29%
一般图书	4 031.59	4 158.56	3.15
发行业务			
教材教辅	106.38	64.36	-39.50%
一般图书	422.54	478.17	13.17%
新闻传媒业务			
期刊	21 840.01	19 685.81	-9.86%

从表1显示的情况来看，公司主要营业收入来自教材教辅和期刊出版，这既符合目前出版单位依赖教材教辅出版的共性，也符合《读者》杂志作为读者传媒核心产品的特性。受生源减少和教材循环使用的影响，2016年教材略有下滑，而针对教辅业务，读者传媒经过详细的市场调研，提高部分产品单价，在行业整体下滑的背景下，逆势增长11.96%；期刊业务受大众阅读习惯改变的影响，下滑9.86%；一般图书业务基本保持稳定。

最新数据显示，读者传媒2017年上半年实现营业收入3.23亿元，归属于上市公司股东的净利润3 500.43万元，与上年同期相比分别增长15.75%、9.54%。其中，教材教辅业务收入达到1.01亿元，较去年同期增长16.20%；一般图书业务收入2 297.53万元，同比增长52.51%；期刊业务收入为8 374.72万元，同比下降11.75%。出版业务仍是公司最重要的收入来源。期刊业务持续下滑。

（三）股东收益情况

2016年，由于期刊和教材发行量、数码产品及广告收入同比减少，导致营业收入同比下降9.01%，归属上市公司股东的净利润同比减少17.04%。2016年度，读者传媒实施了资本公积金转增股本方案，股本从24 000万股扩大到28 800万股，每股收益因此摊薄。

截至2017年6月底，总资产19.65亿元、归属上市公司股东的净资产16.50亿元，同比分别增长1.43%、0.38%。报告期内，公司营业收入3.23亿元，归属于上市公司股东的净利润 3 500.43 万元，与上年同期相比分别增长 15.75%、9.54%。所有者权益情况如下：资本公积为 5.68 亿元，股本 288 000 000.00，盈余公积 0.94 亿元，期末未分配利润 6.99 亿元，所有者权益合计 17.01 亿元，负债合计 2.64 亿元，资产总计 19.65 元，资产负债率为 13.44%。

从读者传媒的总资产、营业收入及所有者权益等数据来看，2016 到 2017 上半年出现了一些起伏，但目前正处于稳健发展的轨道上。目前读者传媒正积极调整发展策略，不断调整产业布局。针对产业结构的现状，读者传媒入股黄河财险，参与华龙证券增资扩股，与光大资本合作设立新兴产业并购基金，实现上市后在金融板块的快速拓展；调整近年探索的新业务板块，优化子公司布局，提高资源配置效率；破产清算资不抵债的广东读者公司等子公司和部分不良资产和业务。同时，深化体制机制改革。对业务相近的文艺社、美术社进行人员、业务和资源整合，减少内部同质化竞争；对人民社和民族社现有藏学编辑资源进行整合，成立了藏学出版中心，提高资源配置效率；拓展"读者"品牌，计划将全资子公司甘肃人民美术出版社有限责任公司更名为读者出版社有限责任公司，并对其增资 4 500 万元人民币。此外，读者传媒还进一步加大对文创产品支持力度，继续完善制度体系，加强人才队伍建设等。

三、读者传媒的社会责任

读者传媒作为国有上市出版企业，身份决定了其必须在政治利益、社会利益和经济利益间寻求有效的平衡。体现在社会责任方面，作为文化企业，读者传媒要承担与之相适应的社会角色；作为国企，读者传媒相较于一般企业要承担更多的责任。

（一）公益慈善

2016 年度，读者传媒积极参与社会公益慈善事业。以《读者》为代表的期刊长期免费刊登公益广告，传播社会主义核心价值观。公司各相关单位或子公司举办"读者大讲堂""读者的挚爱"公益诗文朗诵会等文化惠民活动。

"《读者》光明行动"免费救助贫困家庭的先天弱视儿童是读者传媒获得较好社会影响的一项公益项目。该项目由中华少年儿童慈善救助基金会与读者杂志社、北京光彩明天儿童医院共同发起成立，并在每期《读者》杂志的"互动"栏目中都进行相关宣传报道。"《读者》光明行动"项目医疗队在全国展开弱视儿童筛查活动，足迹遍布革命老区、少数民族地区、贫困地区、边疆地区，许多在校读书的小朋友在《读者》杂志上看到项目报到，便节省下自己的零用钱，寄到基金会，帮助同龄的小朋友恢复视力健康，并写下祝福的话语鼓励他们好好治疗。

（二）精准扶贫

2016年，读者传媒按照甘肃省委、省政府的要求，在上级部门指导下，确定了"小康引领，规划先行，项目强村，果畜富民，创新机制，科学推进"的发展思路，立足贫困村发展现状、条件和资源优势，指导帮扶村在基础设施建设、特色产业开发和强化基层组织建设等方面确定发展思路，制定了精准扶贫工作计划和安排，进一步深化、细化、实化双联和精准扶贫脱贫工作措施。一是公司中高层党员领导干部驻村蹲点，深入农户，宣传富民政策，探寻脱贫路子；二是通过项目扶持，帮助帮扶贫困村发展重点产业，改善基础设施，增加农户经济收益；三是结合各联系村工作实际，动员和组织全体力量参与"大走访，回头看"活动，切实使困难群众得到关怀、关注和更多帮助，使双联行动政策措施更具针对性，发挥更大作用，确保做到精准识别、精准帮扶、精准脱贫。

2016年，读者传媒投入80万元用于精准扶贫，物资折款2万元，帮助建档立卡贫困人口100人，开展农林产业扶贫项目5个。2017年上半年，读者传媒又投入30万元用于精准扶贫，帮助建档立卡贫困人口80人，开展农林产业扶贫项目13个。同时在半年报中表示，公司将坚决完成精准扶贫任务，让扶贫工作更加务实，继续发挥好文化企业在双联行动中的示范引领作用。

同时，读者传媒还在甘肃省庆阳市完成了65个行政村的"读者数字农家书屋"试点，并入选国家网络扶贫"双百"项目。

（三）员工关爱

1. 保障从业人员权益责任

读者传媒严格按照国家要求与从业人员签订劳动合同，并为员工足额缴纳"五险一金"。除基本养老保险外，公司还依据国家企业年金制度的相关政策建立了企业年金缴费制度，按职工工资总额的一定比例向当地社会保险机构缴费。薪酬由基本工资和绩效工资两部分构成，基本工资按月发放，绩效工资根据业绩按年考核。加强员工培训学习，每年制定培训计划，组织新员工入职培训、专业技能培训、管理能力培训等培训活动。同时，公司内部有完整的工会组织，保障和维护员工权益。

2. 履行人文关怀责任

定期组织员工进行常规体检，运用基层党组织和对工会组织企业贫困职工进行帮扶，定期开展职工活动为职工减压，增强企业团队凝聚力等。

（四）依法经营

2016年，读者传媒根据《公司法》《证券法》《上市公司治理准则》等法律法规和中国证监会发布的有关上市公司治理的规范性文件的要求，不断完善公司治理结构与相关制度。公司股东大会、董事会、监事会依法独立运作，相关人员切实履行各自的权力、义务和职责。公司各次股东大会均按照《公司章程》及《股东大会议事规则》规定的程序召开，公司的股东大会对董事任免、利润分配、公司重要规章制度的修订、建立等事项做出相关决议，切实发挥了股东大会的作用，并通过通讯或现场加通讯的方式，确保所有股东，尤其是中小股东充分行使表决权。进一步完善治理结构，健全内部管理和控制制度，确保股东充分享有法律、法规、规章所规定的各项合法权益。

2016年，读者传媒上缴各项税金及附加728.39万元，比2015年增长56.31%。

四、责任管理

自2015年上市，读者传媒截至目前没有发布过专项的社会责任报告。其社会责任执行情况的披露体现在其年报的相关部分中，但内容较少，表述较为概括，缺少对于责任战略、责任治理、责任绩效方面的详细介绍，且其对社会责任执行情况的介绍局限于社会效益和精准扶贫方面，对社会责任的其他方面如股东和债权人权益保护，职工权益保护，供应商、客户和消费者权益保护，环境保护与可持续发展及公共关系和社会公益事业等，都没有做直接的介绍，仅为间接的反映，对其社会责任履行情况缺少更为深入、系统的披露。

作为出版单位，读者传媒在生产经营中必须接受社会效益考核。社会效益与社会责任有相似之处，因此，或许读者传媒在社会责任方面有一定的规划、目标，内部也有一定的社会责任管理办法、绩效考评和履行能力评估办法，但都没有披露出来，或者这些仍只局限在社会效益而非社会责任的层面上。

第三节 读者传媒执行社会责任存在的问题

读者传媒的成功上市证明了其强大的品牌影响力和市场实力，其在上市之初的优异表现也给出版行业极大的振奋。作为出版单位，读者传媒的成功证明了其在政治利益、社会利益和经济利益之间找到了相对恰当的平衡点。但作为上市公司，其在社会责任的履行方面依然存在着不足。

一、社会责任履行情况披露不充分

上市公司有披露社会责任履行情况的责任和义务，同时作为一家建立现代企业制度的出版单位，履行社会责任更是其实现政治利益、社会利益和经济利益统一的必然要求。一方面，读者传媒上市两年来没有发布专项的社会责任报告；另一方面，在其年度报告中，读者传媒的社会责任信息披露显然还不够全面和系统，多为公文式的表述，缺少数据和事例的支撑，并在某种程度上将社会责任等同于出版单位常说的"社会效益"，等同于作为国有企业应当承担的政治义务。

此外，在读者传媒目前披露的社会责任履行情况中，其信息主要局限于母公司的履行情况，而没有涉及众多重要子公司的社会责任履行情况。

二、规定动作外增加自选动作，精准扶贫仍需加强

目前，大型国有企业均承担着精准扶贫的重要政治任务。精准扶贫在企业层面是其履行社会责任的重要内容。然而，责任不是被动的接受，而是主动的承担，社会责任更是如此。

读者传媒在精准扶贫方面做了大量的工作，在其关于精准扶贫方面的报告中，我们可以看到诸如驻村蹲点、建档立卡、项目扶持等表述。这些举措与其

他国有企业的精准扶贫举措大同小异，缺少读者传媒作为文化企业的特点和创造性。加强在精准扶贫方面的力度，同时结合自身的优势创新方式方法，在规定动作之外增加自选动作，这样才能在精准扶贫方面做出企业的声誉。

三、选择性披露，缺少对缺陷和不足的探讨

无论是年报还是官网提供的相关内容，读者传媒披露的有关社会责任的信息大多讲述贡献，而缺少对缺陷和不足的探讨，几乎是只字不提。只在出现效益下滑涉及投资人利益时，对生产经营方面出现的客观原因进行说明。

社会责任的履行并非轻而易举，对于偌大一个企业来说，无论多么优秀，在履行社会责任方面都会有这样那样的不足，及时地自我分析，主动披露，恰恰是企业主动负责的态度，不但不会影响企业的声誉，反而更能够树立企业良好的公众形象。作为上市公司，如果面对公众一味刻意回避问题，那企业在日后的发展中也很难发现自身存在的缺点，影响企业形象，不利于企业的可持续发展。

此外，读者传媒在经营绩效方面还需提升，面对期刊下滑、印刷成本增加等大趋势，虽积极寻求多元化布局，但在此过程中，目前部分经营数据并不是很理想，需更好地维护股东权益。

第四节　读者传媒社会责任执行力提升路径与方法

一、对管理层组织专门的社会责任培训

从有关社会责任履行情况的信息和相关报告的缺陷来看，读者传媒在建立履行社会责任的理念方面还有进一步提升的空间。企业对社会责任重要性的认知程度决定了企业在实际履行时的重视程度，而这在很大程度上取决于企业的管理者。对管理人员进行社会责任培训，进行认知上的强化，将有助于进一步促使管理者提升意识、建立理念，进而促使企业更好地全面履行社会责任。

二、建立统一的社会责任评价体系

社会责任包括的内容较为庞杂，作为寻求政治利益、社会利益和经济利益平衡的出版单位又具有自身的特殊性。因而，不同出版单位根据不同理解编制的社会责任报告很容易大相径庭，难以在相互间做出比较、判断；同时，缺少统一标准让出版单位无法掌握履行社会责任的广度和深度，给选择性披露等留下了空间。探讨为出版企业建立一套统一的社会责任评价体系，既能够督促出版企业履行社会责任，又能使社会责任的履行更为科学和规范，有助于可持续发展。

三、设置专门的社会责任部门，加强协调和执行

履行社会责任是企业在盈利之外的另一个目标，在从企业战略的高度认识和把握社会责任重要性的基础上，建立专门的社会责任部门，开展社会责任履行情况的监督、协调、汇总、撰写社会责任报告，这对于将社会责任意识融入企业发展具有重要意义。建立专门的社会责任部门，有助于在一个拥有众多子公司的大型企业内调配人力、物力、财力，进行社会责任的规划、控制、绩效考评、影响评估，使相关社会责任活动的开展、配合、补充成为可能，从而能够极大地增强企业履行社会责任的责任管理能力。

广播影视篇

第十一章 电广传媒社会责任报告

闫伟华[①]

本报告从利益相关方视角出发，结合传媒上市企业特点，梳理了电广传媒及其实际控制人湖南广电 2016 年的社会责任执行情况，揭示其在社会责任执行方面存在的不足，并提出了相应的建议。2016 年电广传媒在有效保障广电网络安全播出的情况下，积极履行舆论宣传及正面引导的职责；同时根据自身优势开拓多元市场，大力发展影视内容和新媒体业务，保障国有企业保值增值，努力提升企业效益，为广大股东负责；电广传媒还在公益慈善和精准扶贫等领域践行更多社会责任，积极响应国家扶贫政策；按照深交所要求，定期披露企业社会责任报告，提升责任管理意识；但是电广传媒在履责方面也存在着不足，如舆论宣传和引导力有待加强，履责信息披露不够充分等，因此公司应根据传媒上市企业特殊性，结合自身特点，更好地履行党和国家对传媒企业社会责任的要求。

第一节 电广传媒基本情况

湖南电广传媒股份有限公司（以下简称电广传媒）于 1999 年深交所上市，股票代码：000917，当时被誉为中国传媒第一股。目前主要从事有线网络运营、广告策划代理、影视内容制作发行、投资管理、互联网新媒体、旅游酒店等业务。电广传媒主要由当年湖南电视台的经营性资产改组而来，截至撰稿时（2017 年 7 月），电广传媒的实际控制人未发生变化，依然是湖南

[①] 闫伟华，内蒙古大学文学与新闻传播学院讲师，中国人民大学传媒经济学博士；研究方向：数字出版、网络文学、出版经济。

广播电视台（以下简称湖南广电），由其全资控制的湖南广播电视产业中心持有电广传媒 16.66% 的股份。电广传媒与实际控制人及控制关系如图 1 所示。

```
              湖南广播电视台
                   │ 100%
                   ▼
           湖南广播电视产业中心
                   │ 16.66%
                   ▼
          湖南电广传媒股份有限公司
```

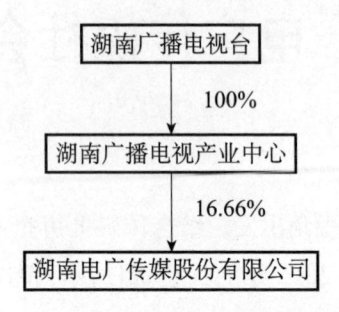

图 1　电广传媒与实际控制人及控制关系

然而根据 2017 年 4 月 28 日电广传媒公布的公告《关于豁免湖南广播电视台履行避免同业竞争相关承诺的义务的提案》显示，经湖南省人民政府和财政部批准，同意将湖南广播电视产业中心所持有的湖南电广传媒股份有限公司 23 614.20 万股份（占总股本 16.66%）无偿划转到湖南广电网络控股集团有限公司。此次股份无偿划转完成之后，产业中心将不再是电广传媒的控股股东，湖南广播电视台也将不再是电广传媒的实际控制人，也就意味着电广传媒与湖南广播电视台即将分离，2014 年 4 月成立的湖南广电网络控股集团有限公司将实际控制电广传媒，并接受湖南省文资委管理，成为与湖南广电系统平行的两大文化产业板块。

电广传媒为上市企业，有义务定期披露企业相关内容和数据。电广传媒自 2008 年开始定期披露企业的社会责任报告，公司年报和半年报中也有社会责任执行情况，同时公司官网中也披露了一些上市公司和主要子公司的相关信息。此外，截至撰稿，上述股权无偿划转并未完成，因此湖南广电作为实际控制人的社会责任履行情况也在本报告考查之内。材料显示湖南广播电视台从 2010 年也开始定期公布社会责任报告，且 2016 年社会责任报告也已公布，较为详细地展示了湖南广电的社会责任履行情况。因此，本报告主要依据上述各方公开公布的相关内容，概述电广传媒 2016 年以来社会责任的履行情况及存在问题。

第二节　电广传媒执行社会责任现状

电广传媒作为国有控股传媒企业，接受党和政府的领导，做好舆论引导和社会监督，完成国有资产保值增值，做大做强企业，向广大股东负责，同时强化公共服务意识和行为是其应尽的责任和义务。本报告从利益相关方角度出发，结合上市传媒企业特殊性，从以下四方面总结电广传媒的社会责任履行情况。

一、舆论引导与社会监督责任

电广传媒主业是围绕内容生产的相关公共服务设施及其他行业，主营业务中涉及内容的只有影视制作。电广传媒影业成立于2010年，近年来的突出表现是2015年与美国狮门影业合作投资拍摄影片。但是，电广传媒内容生产即使不是主业，作为国有上市传媒类企业依然负有不可推卸的社会责任：一是目前其实际控制人湖南广播电视台以内容生产为主，因此负有舆论引导和社会监督的责任；二是电广传媒占用公共服务类设施和资源因而具有公共性，也必然承担相应的公共服务和公益责任。因为电广传媒内容生产少，因此在新闻报道及舆论引导方面存在不足，故本部分主要体现了其实际控制人湖南广电在2016年的舆论引导和社会监督情况。然而，湖南广电已经发布过2016年社会责任报告，内容比较详细，在此为概括式介绍。

电视湘军一直以娱乐内容见长，但在主流价值观宣传、正面报道引导及传播正能量牢固舆论阵地方面表现也比较突出。

（一）重大活动和事件中，通过及时正面发声引导舆论

从全国"两会"、十八届六中全会、纪念中国共产党成立95周年、纪念红军长征胜利80周年及抗洪救灾等重要节点和重大新闻事件，湖南广电旗下各媒体始终做到率先发声、现场发声、正面发声和深度发声。2016年湖南广电调度全台主力平台组成了160多人的全国"两会"报道组，通过制作两会新闻、系列专题等多种形式做了两会的宣传报道。2017年湖南广电又整合旗下湖南卫

视、湖南经视、广播传媒中心、媒体和新闻中心等精锐力量，组成了180人的"两会"报道组。由此可见，"新闻生产"依然是湖南广电在重大活动中体现"新闻立台"的重要手段。此外，2016年和2017年湖南还遭遇特大洪涝灾害，湖南广电在第一时间报道汛情及救援工作的同时，在2016年岳阳新华垸溃堤后，又及时推出了《卡车敢死队》《将星闪耀新华垸》等新闻特写，发挥了主流媒体在抗洪救灾中的积极引导作用。湖南广电通过重大事件报道，在传播国家声音，沟通人民群众，引导正面舆论方面成效显著。

（二）创新新闻节目内容，传播社会正能量

2016年，湖南广电相继推出了《初心璀璨》《湖南好人》《你好，新湖南》《筑梦新湖南》《醉美大湘西》《中国好人 声音传记》等新闻作品。如《初心璀璨》聚焦人物故事带出他们从事的伟大事业及崇高信仰，播出后在社会各界产生良好反响。16集电视专题报道《湖南好人》，讲述身边的"平民英雄"背后不为人知的动人故事，传递民族血脉里的真善美。体现了芒果人坚持做政策主张的传播者，时代风云的记录者，社会正能量的传递者的角色定位。

（三）深入调查，传递信息，履行社会监督责任

2016年湖南广电通过对《踢爆潭耒高速天价救援费》《张家界两日游套票背后的猫腻》《百度搜索"湖南竞价排名"黑金交易曝光》《长沙查禁危险重重"流动加油站"报道》等报道，对侵害民众的负面新闻予以曝光追问，维护民众利益，化解社会矛盾。此外，湖南公共频道《帮女郎 帮你忙》2016年共做了263期舆论监督报道，其中68%与食品安全有关，维护了人民群众的切身利益。也通过负面新闻报道，代表民众发声，履行了媒体的社会监督责任。

2016年和2017年湖南遭遇到重大洪水险情，光缆损坏严重，有线网络受到威胁，为确保安全播出，湖南有线网络集团组织队伍奋力抗洪抢险，也是电广传媒履行公共责任的体现。

二、电广传媒的市场责任

关于电广传媒总资产、营业收入及股东权益等数据根据其公布的2016年

年报和 2017 年半年报整理。由于 2017 年半年报部分数据是报告期内数值，如营业收入等，因此下文数据部分是 2016 年末数据，部分是 2017 年 6 月 30 日数据。

(一) 总资产情况

截至 2016 年 12 月电广传媒总资产为 225.17 亿元，到 2017 年 6 月 30 日总资产为 233.47 亿元，比 2016 年末增长 3.69%。2016 年末归属于上市公司股东的净利润为 3.33 亿元，比上一年降低了 12.64%，归属于上市公司股东的净资产为 109.92 亿元，比上一年增长了 2.52%。

为更直观显示电广传媒在行业中的地位和发展情况，本报告统计了广电类以有线电视为主营业务的 10 家上市公司的资产情况，见表 1。

表 1　2016 年 10 家广电类国有上市公司资产情况

单位：亿元

序号	公司名称	总资产	营业收入	净利润	归属上市公司股东净利润	归属上市公司股东净资产
1	电广传媒	225.17	74.86	4.77	3.33	109.88
2	东方明珠	367.97	194.45	31.96	29.34	264.89
3	江苏有线	316.60	54.22	10.68	8.74	129.65
4	歌华有线	150.84	26.65	7.25	7.25	126.90
5	华数传媒	140.33	30.81	6.00	6.02	101.07
6	吉视传媒	98.39	22.15	3.67	3.66	63.13
7	湖北广电	81.2	24.82	2.99	3.03	55.98
8	广西广电	67.58	27.95	3.00	3.01	34.52
9	广电网络	65.16	25.96	1.34	1.33	28.02
10	天威视讯	37.82	16.88	3.05	3.03	26.92

从表 1 可以看出，按照总资产排名，电广传媒可以排到行业前三，但从利润数值来看，电广传媒并不突出，2016 年营业收入有 74.86 亿，但净利润和归属上市公司股东净利润分别只有 4.77 亿和 3.33 亿，低于其他多数企业水平，因此，电广传媒体量虽大，但经营管理等方面还需加强，进一步降低运营成本，才能提高利润率。

(二) 营业收入情况

2016 年电广传媒的营业收入为 74.86 亿元，比 2015 年增长 25.08%。业务收入分行业情况见表2。

表2 2016年电广传媒分行业营业收入情况

分行业	金额（元）	占营业收入比重	比2015年增减
广告代理运营	3 893 728 391.44	52.01%	38.44%
网络传输服务	2 489 046 273.82	33.25%	2.61%
移动新媒体收入	394 523 979.56	5.27%	132.61%
旅游业	305 776 750.43	4.08%	2.60%
影视节目制作发行	225 567 461.80	3.01%	124.82%
投资管理收入	144 689 921.81	1.93%	1.69%
艺术品	11 100 000.00	0.15%	-47.14%
房地产	334 418.08	0.00%	-11.45%
其他	21 625 275.45	0.29%	40.63%

从表2显示的情况来看，公司主要营业收入来自广告代理运营和网络传输服务，两者相加占营业收入8成以上。二者也是电广传媒成立之初一直运营的业务，其中广告代理运营增长较快，发展空间较大。电广传媒成立之初获得了湖南电视台旗下8大媒体的广告独家代理权，2010年之前，电广传媒拥有湖南电视台40亿额度的独家代理权，从中抽取15%~20%的广告代理费，如果超过40亿元，代理费再行计算。但是2011年广告代理权被湖南电视台拿回，电广传媒又依托原有基础开始新的广告业务，目前涵盖广告策划和代理，包括户外高铁等广告业务。而有线网络业务在数字媒体的冲击下有所反复，电广传媒除了维护好基础网络业务外，不断拓展无线及数字业务，目前仍是公司主要的营业收入来源。面对融合发展趋势，电广传媒还初步构建了升级发展的新生态。联手阿里巴巴，成功举办了"2015开创家庭数字娱乐新时代"发布会，推出了国内领先的新一代智能机顶盒"家盒"，打造家庭互联网娱乐新生态；以平安城市为切入点打造智慧城市模式；同时还在省外拓展相关业务，在新疆和大连广电网络中都持有股份。在其他营业收入中，影视制作发行和移动新媒体是近几年新涉足行业，虽然两者营业收入还不是特别高，没有占到营业收入的10%以上，但是增长势头强劲，同比增长都超过100%。而近年在国内表现突出的达晨创投，却没有给上市公司带来大幅的业绩增长，营业收入和增长比例都不是很高。2016年艺术品投资则出现大幅下降的局面。

最新数据显示，电广传媒2017年上半年实现营业收入37.88亿元，较上年同期增长8.38%，实现归属于上市公司股东的净利润1.22亿元，较上年同期减少9.67%。其中广告代理和有线网络传输占营业收入86%，仍是公司最重要的收入来源。同时移动新媒体依然发展较快，但影视节目制作发行严重依赖卖座影片，2017年上半年业绩表现平平。

（三）股东收益情况

截至2017年6月30日，归属上市公司股东的净资产为109.88亿元，较2016年年末减少0.04%。所有者权益情况如下：资本公积为61.57亿元，股份总数1 417 556 338.00，盈余公积2.08亿元，期末未分配利润26.77亿元，所有者权益合计122.63亿元，负债合计110.84亿元，资产总计233.47元，资产负债率为47.47%。对于行业普遍认可的40%~60%的资产负债率，电广传媒的资产负债率处在比较合适的水平。

从电广传媒的总资产、营业收入及所有者权益等数据来看，2016到2017上半年的情况比较稳定，没有出现大的起伏，但是个别数据有所浮动，如2016年末归属于上市公司股东的净利润下降超过10%，艺术品投资收入也出现大幅下降。目前电广传媒的发展战略是，一方面稳固已有传统优势业务，同时面对新的发展竞争环境，不断开拓新的增长板块，移动新媒体业务和影视业务的大幅增长也证明了公司未来业务拓展的方向，在同行企业中转型较早。电广传媒近几年大幅并购新媒体公司，同时又与美国狮门影业开展深度投资合作，目前来看取得了较好的回报。作为国有控股传媒企业，保证了国有资产的保值增值。

经过历次改革，到2017年6月30日湖南广电对电广传媒的控股权已被稀释至16.66%，加上其他国有法人股，目前国有法人股持股比例是25%，已经达不到重大事项否决权所需的33.34%，但也因此引入了更多优质社会资本，这对推动国有企业的进一步改革，增强市场竞争能力和企业自生能力都有助益。作为上市公司既要对控股股东负责还要对广大中小股东负责，如果国有股在市场回报之外还有更多的政策导向、网络安全等社会效益方面的要求，那么中小股东主要看中的是市场回报率，因此在国有股比例不断下降的情况下，上市公司只有优秀的表现才能获得中小股东的肯定，这在客观上推动了公司市场竞争能力的提升。

虽然在2017年半年报的报告期内，还未完成无偿股权划转工作，但在2011年湖南广电对电广传媒广告代理权"断奶"后，实际上两者业务相互独立发展已经很明显，两者也曾因同业竞争问题几次协商。未来股权划转完成后受控于湖南广电网络控股集团有限公司，即可在湖南市场化程度较高的有线网络领域继续发力，也可在无线网络方面发展，这对电广传媒近两年涉猎的移动互联新媒体业务应有益处。因此面对湖南文化领域的重要改革，股权划转或许对中小股东难以理解，对电广传媒而言，也许面临新的发展契机。

三、电广传媒的社会责任

电广传媒作为国有上市传媒企业，应在社会效益和经济效益间寻求有效平衡，甚至比一般企业应承担更多的社会责任，这既是国有身份的要求，也因占用公共资源获益而承担相应责任，如 2016 年电广传媒获得国家各类补贴总计 4 214 万元。

（一）公益慈善

电广传媒主业非新闻宣传报道，因此缺少公益慈善等相关新闻报道的内容。实际控制人湖南广电 2016 年的公益慈善宣传报道体现在以下几方面：一是出台了"关于规范管理、扶持公益广告宣传工作条例"，从制度上保障公益宣传工作的实施；二是加大公益广告宣传，"安全用电公益宣传""节能环保"等公益片入选新闻出版广电总局 2015～2016 年度广播电视公益广告专项资金扶持，全年共制作了 544 条公益宣传片；三是 2016 年芒果 V 基金与全台多档节目合作，5 年来募捐和引进社会捐赠累计超过 4 亿元人民币。控股上市公司快乐购实施了"一县一品"等新农村电商的精准扶贫模式。

电广传媒公益慈善行为主要体现在以下三方面。

1. 慈善捐款参与公益事业

2016 年电广传媒出资 400 万元，拉动总投资 800 万元，援建保靖民族中学电广科技楼；捐助 80 万元建设双峰县井字镇两栋教学楼；支持慈利县阳和镇渔浦小学 20 万元解决了小学生两年放心中餐项目，5 万元用于该校唇裂残疾学生康复手术，支助学校龚校长尿毒症治疗费用 8 万元；捐助安徽省合肥市孤寡老人刘贤英甲状腺肿瘤治疗费用 6 万元；捐资 325 万元支助龙山县杨家村 65 户农村家庭宾馆第二期项目竣工。

2016 年电广传媒子公司达晨创投加入中国心灵公益联盟，关注投资界相关受困人群的心理健康问题,同时达晨创投为希望工程、乡村建设等公益活动及 2008 年雪灾、汶川大地震受灾群众累计捐款超过 1 100 万元。

2. 精准扶贫彰显企业责任

2017 年上半年电广传媒投入 200 万元用于精准扶贫,主要有两个项目,一是改善贫困地区教育资源投入,支持张家界市慈利县慈利小学新建校舍 100 万元;二是支持郴州市桂阳县社会主义新农村项目 100 万元。同时在半年报中表示,公司还将继续跟踪龙山县里耶镇杨家村新农村建设项目,精准扶贫的力度不断加大。

3. 与政府联动,打造智慧城市、美丽乡村

智慧城市是运用物联网、云计算、大数据、空间地理信息集成等新一代信息技术,促进城市规划、建设、管理和服务智慧化的新理念和新模式。目前,湖南有线网络已经签署湖南 14 个市县政府开展了智慧城市合作,服务内容涵盖了规划设计、智慧政务、天网工程、智慧城管、智能交通、智慧教育、智慧社区、无线城市、智慧医疗等多个领域,智慧桃江、智慧湘西等项目已经开展。与阿里巴巴、方正国际等国内智慧城市领域知名企业展开合作,建设广电网络云数据中心,构建智慧城市共性平台,共同推进智慧城市项目建设。同时,湖南有线网络在无线数字电视、无线宽带业务、公共 Wi-Fi、无线屏屏通、无线城市和智慧美丽乡村等公共服务方面的建设也在不断推进,成为连接百姓与政府、百姓与科技生活的重要桥梁。

(二)员工关爱

1. 保障从业人员权益责任

电广传媒严格按照国家要求与从业人员签订劳动合同,并为员工足额缴纳"五险一金",在保障员工权益方面做得比较好。加强员工培训学习,并积极搭建员工晋升通道。2016 年电广传媒公司内部组织了多次员工和管理人员学习培训工作,如邀请北京大学光华管理学院龙军生教授讲授"移动互联网变革下的行业变局与机遇";组织总部中层管理人员及新媒体公司高管人员 30 多人分三批到百度、京东、小米、阿里巴巴、华为等互联网标杆企业考察学习。通过组织机构调整,明确岗位职责,使员工晋升和流通更有操作性和可行性。

到 2016 年末,公司管理层持有上市公司 1 554 870 股股份。上市公司实

行管理层持股是一种激励手段，把管理者和企业的中长期发展联系在一起，能更有效调动管理者的工作热情，避免管理者为了业绩从事短期行为。

总之，电广传媒及其子公司在机制、制度、用人等方面不断深化内部人事制度改革，将国企的人情味、归属感和私企的契约精神、规则意识有机统一起来，破解公司团队建设中的"通道失畅、激励失效、结构失衡"等问题，推动了公司各项事业发展。搭建了"让有为者有位"的机制，打通上升通道；坚持"培训是最大福利"理念，践行全员培训；营造"奋进、通透、快乐"的氛围，不断提升员工获得感。

2. 履行人文关怀责任

定期组织员工进行常规体检，对员工体检结果进行了统计并建立了员工健康档案。对贫困职工进行定点帮扶，2017年春节前夕公司对12名生活困难的职工进行了重点帮扶。

（三）依法经营

2016年电广传媒根据《公司法》《证券法》《上市公司治理准则》等法律法规，进一步完善了治理结构，健全内部管理和控制制度，确保股东充分享有法律、法规、规章所规定的各项合法权益。根据中国证监会《上市公司信息披露管理办法》等规定，2016年全年共发布89份编号公告，涉及披露文件150多份。

2016年，电广传媒上缴各项税金（含减免税额）3.73亿元，其中，企业所得税19 019.48万元（扣除减免后净额），增值税9 867.33万元（抵扣后净额），个人所得税4 919.41万元。

（四）责任管理

2006年深交所发布《上市公司社会责任指引》，2008年电广传媒第一次发布了企业社会责任报告，初步阐释了企业的社会责任理念，并按照指引要求从股东和债权人权益保护、职工权益保护、供应商、客户和消费者权益保护、环境保护与可持续发展及公共关系和社会公益事业几方面编制了公司的社会责任报告，每年定期公布，做到了社会责任执行的情况披露要求。电广传媒是广电类国有上市企业中较早公布社会责任报告的公司，如表3所示，10家国有上市企业只有4家公布了社会责任报告。

表3 10家广电类国有上市公司社会责任报告公布情况

公司名称	电广传媒	东方明珠	江苏有线	歌华有线	华数传媒	吉视传媒	湖北广电	广电网络	广西广电	天威视讯
有无责报	有	有	无	有	有	无	无	无	无	无

然而对深交所《上市公司社会责任指引》要求的第七章制度建设与信息披露中的"社会责任履行状况是否与本指引存在差距及原因说明""改进措施和具体时间安排"在电广传媒历次的社会责任报告中没有太多体现。因此，电广传媒在社会责任战略理念方面有一定规划，但是在责任治理和责任绩效方面的评估没有跟进，抑或是内部有评估机制，但在各种披露的信息中没有体现出来。目前未查询到电广传媒社会责任管理办法、指标制度或是绩效考核相关的内容，也缺乏对自身履责情况的评估。

第三节 电广传媒执行社会责任存在的问题

电广传媒作为第一家传媒上市企业，上市之初被赋予了很多期待，包括完成党和政府的要求，市场竞争中有优秀表现，服务于公众等等，但是研究发现电广传媒在履行社会责任方面还存在一定不足。

一、传媒内容中的舆论宣传和引导力不够

2010年电广传媒影业成立后，开始从事传媒内容制作，包括电影、电视剧、综艺节目的策划、制作、发行和引进。并提出了"价值导向，内容导向，品质导向，观众导向"的观念，推出了《大侦探霍桑》《中国推销员》《兰陵王妃》《红高粱》《空房间》等影视节目，但目前这些作品的市场导向更明显，如果电广传媒以后在内容制作方面发力，还应在主旋律宣传与舆论引导方面有所突破。这也导致本报告在梳理相关内容主要依托于其实际控制人的表现。作为国有传媒上市企业站好舆论阵地，通过内容进行正向的宣传和引导是应有责任，这方面可参考中视传媒的影视制作表现。

二、履责信息披露不够充分，没有体现传媒企业的特殊性

上市公司有及时披露信息的责任和义务，因此在各种报告和公告之外，电广传媒还定期披露了年度社会责任报告，但是母子公司间的相关信息并未在社会报告中有更好体现。如达晨创投和湖南有线网络集团作为重要的子公司，它们的一些公益慈善活动并未体现在公司的社会责任报告中。

此外，传媒企业相对于其他企业具有意识形态的特殊性，如果涉及内容行业，应有效平衡社会效益与经济效益之间的关系，当两者冲突时还应以社会效益为先。目前电广传媒的社会责任报告内容完全按照深交所的《上市企业社会责任指引》编制，没有体现出传媒企业在舆论引导及主旋律宣传方面的特点。

三、履行社会责任力度不均，精准扶贫需加强

2013年习近平到湖南湘西考查时就提出了"精准扶贫"的指示，目前"精准扶贫"已经成为扶贫工作的重要思想。但是电广传媒2016年社会责任报告中并没有相关内容，其2016年年报中还明确表示："在报告年度暂未开展精准扶贫工作，也暂无后续精准扶贫计划。"相反同为湖南广电控股的另一家上市公司快乐购却在精准扶贫方面成效显著。2016年快乐购发挥自身优势，通过媒体+电商的融合与连接，搭建了电商新模式。从瑶山雪梨原产地直播，到新化紫鹊界紫米等把湖南乡土特产通过互联网平台销售，截至2016年年底，打造的"一县一品"全渠道及全国全网分销渠道共创造了两千多万销售规模，通过自身媒体影响力发展和放大了扶贫成效。2017年上半年电广传媒投入200万资金进行精准扶贫，但是与快乐购等企业的对比中可以看出，电广传媒在精准扶贫领域的力度还不够，同时方式方法也要切合自身优势，这样扶贫效果和给企业带来的声誉才会更多。

此外，电广传媒在经营绩效方面还需提升，从市场表现来看，目前部分经营数据并不是很理想，运营成本也较高，在国有资产保值增值、更好维护股东权益及增强市场竞争力方面还存在不足。

第四节 电广传媒社会责任执行力提升路径与方法

一、涉足传媒内容制作后，应发挥更大的舆论宣传引导作用

面对传媒企业发展环境的变化，电广传媒已经开始布局内容产业。目前主要是影视综艺节目制作和广告策划，由于处于发展初期，内容产品还不是非常多，相应的舆论引导和宣传能力也难以体现。可效仿目前的实际控制人湖南广电，从创新节目内容引导舆论和主旋律的宣传。任何好的内容产品实际都可发挥正向的宣传功能，《变形记》《初心璀璨》等节目都是双效产品。再如电影《战狼2》就获得了票房上的成功，对于激发爱国主义精神等正能量也有极好的宣传，所以未来电广传媒在内容产品越来越多的情况下，应更多考虑产品的正向引导力。

二、根据传媒企业特点，结合上市公司要求，更加全面履行披露社会责任

传媒企业具有特殊性，因此在执行和披露社会责任报告时，不应完全按照深交所的指引要求来做，可以根据自身企业特点和行业特殊性，执行更符合自身的社会责任战略，在信息披露机制上也应如此。上市公司优秀的业绩是对股东的责任，舆论引导和宣传是对党和政府的责任，公益慈善是对社会和公众的责任。舆论引导和宣传是传媒上市企业的独有特点，因此上市传媒企业应形成更为丰富的社会责任指标体系，并通过广泛的途径进行披露，让更多受众知悉，包括公告、官网、内部媒体及其他手段积极宣传履责情况。电广传媒的业务涉及社会公共资源的使用，与公众的关系也更为紧密，因此通过积极丰富的社会责任行为和手段，搭建与民众沟通和扶助的有效桥梁，既对自身声誉有益，也对业绩增长有贡献。总之，只有获得不同主体对其履责的认可，才是传媒企业的最高目标。

三、强化企业的社会责任感，加强公共服务意识

多数企业都希望在追求经济效益的过程中能服务于社会，提升社会总福利，这已经成为很多企业的共识。企业的捐赠、扶贫等社会公共服务可以为企业带来良好的声誉，进而有责任感的企业也才能获得公众和市场的认可。所以，企业慈善行为才经常见诸报端。那么，对于国有传媒企业而言，这方面的责任感应该更强，因为传媒企业多数占用稀缺的公共资源，如有线网络等，政府实际给国有传媒企业搭建了政策性的垄断市场，传媒企业更应结合自身的业务特点，加强对社会的服务意识。如欢乐购统合乡土特产和互联网平台进行精准扶贫就是典型案例。目前，电广传媒在这方面还应加强，不管是创投、广告还是有线网络等业务也可尝试结合自身特点开展社会公益服务，最终达到名利双收。

第十二章 东方明珠传媒社会责任报告

吴 琼[①]

企业运营犹如双脚走路,一脚为利益,一脚为责任,二者缺一不可,并且需要左右脚的协调平衡。东方明珠新媒体有限公司自1994年以来,屡经重组,以家庭用户需求为中心,以"娱乐+"生态布局和用户价值变现为商业模式,几经发展创新,渐大渐强,业已成为中国最大的多渠道视频集成与分发平台,用户总规模已达亿级,并且成为行业内的排头兵,经济效益明显。难能可贵的是东方明珠传媒诞生以来,注重经济效益的同时,尤其注重社会效益,彰显企业的反哺意识和社会责任感。分析东方明珠传媒的社会责任现状与问题,不仅可以为该企业社会责任后继发展提供一定参考价值和意义,更可以为同类企业社会责任意识的建立和实践提供镜鉴。

第一节 东方明珠传媒基本情况

东方明珠新媒体股份有限公司(以下简称东方明珠传媒)是上海广播电视台与上海文化广播影视集团公司(简称上海文广:SMG)旗下的统一产业平台和资本平台。注册资本为人民币262 653.8616万元,营业执照注册号为3100001000415。1994年,上海东方明珠(集团)控股有限公司率先在上海证券交易所上市,成为我国首家文化传媒上市公司(股票代码:600832)。2011年百视通新媒体股份有限公司在上海证券交易所以借壳的方式上市,是我国首

---

① 吴琼,男,河北承德人,安徽财经大学文学院副教授,新闻传播系主任。南京大学历史学院中国史专业2017级博士研究生。

家涉猎新媒体业务广电上市（股票代码：600637）。2014年，百视通与东方明珠进行资产重组，成为全国广电传统媒体和新兴媒体融合的首次尝试。2015年重组后的上海东方明珠新媒体股份有限公司（股票代码：600637）开始在上海证券交易所挂牌交易，成为我国首家市值千亿的文化传媒上市公司。目前东方明珠传媒经营模式为跨界融合的多元化模式，其所经营的业务范围包括视频内容、视频购物、文化产品、娱乐产业、旅游服务、影视剧、网络游戏以及数字传媒等。经营范围为"电子、信息、网络产品的设计、研究、开发、委托加工、销售、维修、测试及服务，从事货物及技术的进出口业务，研究、开发、设计、建设、管理、维护多媒体互动网络系统及应用平台，从事计算机软硬件、系统集成、网络工程、通信、机电工程设备、多媒体科技、文化广播影视专业领域内的技术开发、技术咨询、技术转让、技术服务，设计、制作、发布、代理各类广告，利用自有媒体发布广告，文化艺术交流策划，企业管理咨询，企业形象策划，市场营销策划，图文设计，文化广播电视工程设计与施工，机电工程承包及设计施工，信息系统集成服务，会展服务，计算机软件开发，文化用品，珠宝首饰，日用百货，工艺美术品，建筑装潢材料批发与零售，自有房产租赁，电视塔设施租赁，实业投资，投资管理，商务咨询，房地产开发经营，广播电视传播服务"[①]。东方明珠已经是我国领先的传媒创意者和提供者——用户数据化经营＋优质产品体验＋O2O渠道。截至2016年，东方明珠传媒旗下IPTV业务用户超3 200万户，OTT业务用户超1 980万户，移动终端月活跃用户数超1 000万，有限数字电视付费频道用户数5 200万，互动点播用户900万，DVB＋OTT用户400万，奔驰文化中心2016年演出104场，东方明珠电视塔2016年接待宾客530万人次，国际会议中心与东方绿洲宾馆酒店业务接待中外宾客超24.8万人次。上海东方明珠新媒体股份有限公司被评为第八届全国文化企业三十强、全国文化产业示范基地、2016年上海企业100强；百视通被四川省帮扶基金会授予"精准扶贫，贡献突出"称号；东方明珠移动电视获2016年中国户外移动电视领域品牌特别大奖，金长城传媒奖2016年中国年度影响力移动电视；尚世影业为第19届华鼎奖"中国百强电视剧最佳制作机构"；文广科技的《新一代自主音视频压缩技术》获上海市技术发明

---

① 《东方明珠新媒体股份有限公司章程》。

二等奖；国际会议中心为 2015 年全国五星级饭店二十强；五岸传播获得 2015~2016 国家文化出口重点项目和文化出口重点企业，第十二届中国（深圳）国际文化产业博览交易会优秀展示奖；东方购物获 2016 年中国最佳客户联络中心奖，为上海企业百强，全国服务企业百强，2016~2017 上海电子商务示范企业；东方绿洲为国家生态旅游示范区，2016 年中国体育旅游十佳精品景区。

第二节　东方明珠执行社会责任现状

一、舆论引导与社会监督责任

传统媒体在与新型媒体融合进程中同时承担着舆论引导与社会监督、商业与市场责任以及公共媒介的责任与功能。东方明珠作为新旧媒体融合的典范和领航者，社会责任执行较好效果较佳，主要表现在如下几个方面。

（一）加强主流意识宣传，传播依法治国理念

传媒基因鲜明而显著的上市公司，东方明珠引领主旋律传播，传播主流舆论。东方明珠与 SMG 联合建立中国首家 24 小时新闻直播流产品 Knews。并通过优化 IP 储备和影视制作传播。先后推出《我们诞生在中国》《红旗漫卷西风》等主旋律影视作品。上海政法委和上海电视台合办了我国唯一一家专业法制数字电视上星频道——法制天地频道。在全国极具引导和开创意义。俞正声、孟建柱、韩正等中央、上海政法系统和宣传系统领导给予该频道极高评价，并先后视察了法制天地频道。2014 年法制天地频道不仅与最高人民法院和最高人民检察院签署合作备忘录，而且获得了最高法和最高检上海的独家报道权。法制天地频道还创建了中国法院手机电视 APP，截至 2016 年底该 APP 上架新闻、视频近 6 000 余个，累计用户 68 万，总点击量超过 2 600 万次。

（二）积极参与国家战略，助推"一带一路"

2015 年 3 月 28 日，国家发展改革委、外交部、商务部联合发布了《推动共建丝绸之路经济带和 21 世纪海上丝绸之路的愿景与行动》。"丝绸之路经济

带"和"21世纪海上丝绸之路"简称为"一带一路"（英文：The Belt and Road，缩写B&R）。目前"一带一路"已上升为国家战略层面。东方明珠积极参加"一带一路"战略，彰显企业的国家责任意识。如以"中俄合作新未来与媒体使命"为主题第三届中俄媒体论坛借国家主席习近平对俄罗斯访问之机于2017年7月4日召开。论坛上董事长王建军做了交流发言并与俄罗斯知名媒体签署三项合作协议，为SMG和俄罗斯国宝级IP《玛莎与熊》的合作；第一财经在俄罗斯新媒体平台SPB TV播出；俄罗斯第一频道播出包括SMG优质节目在内的一批中国优秀视频产品，同时百视通播出俄罗斯第一频道的优质内容。第三届中俄媒体论坛上，东方明珠的积极表现充分说明东方明珠在"一带一路"国家战略中的参与性，此举不仅拓展了东方明珠国际合作的空间，加快"娱乐+"战略的内容布局，更能充分说明中国媒体企业打造政治互信、经济融合、文化包容的利益共同体、命运共同体和责任共同体的责任意识。①

（三）制作传播优质电视内容，传播社会正能量

东方明珠旗下尚世影业一直以来注重优秀影视剧内容生产，并未将经济效益作为唯一衡量指标，而是努力做到经济效益与社会效益的并驾齐驱。近年来其投资制作了一大批实施率极高、社会口碑极好、社会反响极大的优秀电视剧。因这些电视剧弘扬社会主义核心价值观的文化自觉，一直被世人评价极高，津津乐道。2012年，《媳妇的美好时代》获评第十二届精神文明建设"五个一工程"优秀电视剧。2014年以来，尚世影业制作出品的《平凡的世界》《北平无战事》《海棠依旧》《红旗漫卷西风》《刑警队长》因其题材多元，主体鲜明、效果较好，被誉为"剧王"作品。更有14部电视剧获得飞天奖、金鹰奖、白玉兰奖、金熊猫奖等奖项30余个。《平凡的世界》《海棠依旧》和电影《建军大业》在第十四届精神文明建设"五个一工程"评选中均有上榜，其中《平凡的世界》还获得第30届"飞天奖"优秀电视剧奖，第28届金鹰奖优秀电视剧奖；《海棠依旧》获得第23届"白玉兰"奖组委会特别奖。值得一提的是作为"建国三部曲"第三部的《建军大业》更成为中国军队历史书写

---

① 助推"一带一路"，SMG与东方明珠在中俄媒体论坛成果丰硕［EB/OL］. 东方明珠官网，［2017-10-13］. http://www.opg.cn/news/detail179.html.

之作，是中国人民解放军历史篇章的献礼制作。该部作品在红色宣传、爱国主义教育等方面社会效益明显。①

（四）兴盛中华文化，促进中华民族伟大复兴

2014年10月15日，国家主席习近平在文艺工作座谈会中强调："互联网技术和新媒体改变了文艺形态，催生了一大批新的文艺类型，也带来文艺观念和文艺实践的深刻变化。由于文字数码化、书籍图像化、阅读网络化等发展，文艺乃至社会文化面临着重大变革。要适应形势发展，抓好网络文艺创作生产，加强正面引导力度。近些年来，民营文化工作室、民营文化经纪机构、网络文艺社群等新的文艺组织大量涌现，网络作家、签约作家、自由撰稿人、独立制片人、独立演员歌手、自由美术工作者等新的文艺群体十分活跃。这些人中很有可能产生文艺名家，古今中外很多文艺名家都是从社会和人民中产生的。我们要扩大工作覆盖面，延伸联系手臂，用全新的眼光看待他们，用全新的政策和方法团结、吸引他们，引导他们成为繁荣社会主义文艺的有生力量。"2014年也是东方明珠资产重组和结构改革的重要时间节点。"全国文化企业30强"由光明日报社和经济日报社联合发布，共分为文化艺术、广播影视、新闻出版、文化新业态等4个类别。东方明珠新媒体股份有限公司作为SMG旗下统一的产业平台和资本平台，努力建构"O2O"（线上线下）文化产业集团，其始终将社会效益置于首要地位，坚持主流媒体"舆论阵地"的本质属性，力求做好正能量和主旋律传播。而且东方明珠打破产业的边界，努力做好"互联网+"。统一实现社会效益和经济效益，目前已经连续6年入围"全国文化企业30强"。

二、东方明珠传媒的市场责任

2017年8月3日，中国互联网协会、工业和信息化部信息中心联合发布中国互联网百强榜，百强企业涵盖综合电商、网络视频、网络游戏、网络新闻、视频直播、互联网金融等多项业务。评价指标分为企业规模、盈利、创新、成长性、影响力和社会责任等六大维度的8类核心指标。数据表明2016年百强企业的互联网总收入为1.07万亿元，同比增长46.8%，利润总额为1 363亿元，

---

① 三部作品同获"五个一工程"奖，尚世影业精品路上前行［EB/OL］. 东方明珠官网，[2017 - 10 - 13］. http：//www.opg.cn/news/detail194.html.

平均利润率为9.44%。百强企业日均活跃用户数总和为90.26亿人次。在该榜单中前十名依次为腾讯、阿里巴巴、百度、京东、网易、新浪、搜狐、美团点评、携程旅行网、三六零。排名前五名的企业用户量总和占百强企业总用户量的43.6%，排名前十企业用户量总和占百强企业总用户量的62.6%，排名前二十名企业用户量总和占百强企业总用户量的72.3%。自2013年该排行榜诞生以来，东方明珠首次上榜，位列第16位。总用户量已经突破1亿大关。值得一提的是东方明珠位列该榜单国有企业的首位，而在传统传媒企业向互联网转型的企业中也排名第一。

表1　2017年中国互联网企业100强（前20）①

排名	中文名称	企业名称	主要品牌
1	深圳市腾讯计算机系统有限公司	腾讯	微信、QQ、腾讯网、腾讯游戏
2	阿里巴巴集团	阿里巴巴	淘宝、天猫、优酷、土豆
3	百度公司	百度	百度、爱奇艺
4	京东集团	京东	京东商城、京东金融
5	网易集团	网易	网易、有道
6	新浪公司	新浪	新浪网、微博
7	搜狐集团	搜狐	搜狐、搜狗、畅游
8	美团点评集团	美团点评	美团、大众点评
9	携程计算机技术（上海）有限公司	携程旅行网	携程旅行网、途风旅行网
10	三六零科技股份有限公司	三六零	360安全卫士
11	小米通讯技术有限公司	小米	小米、MIUI系统、小米商城、米家
12	苏宁控股集团	苏宁控股	苏宁易购、苏宁金融、苏宁文创、苏宁软件
13	鹏博士电信传媒集团股份有限公司	鹏博士	长城宽带、大麦影视
14	网宿科技股份有限公司	网宿科技	网宿
15	用友网络科技股份有限公司	用友	用友
16	上海东方明珠新媒体股份有限公司	东方明珠	BesTV百视通、SiTV、五岸传播
17	新华网股份有限公司	新华网	新华网
18	三七互娱（上海）科技有限公司	三七互娱	37游戏、37手游
19	拉扎斯网络科技（上海）有限公司	饿了么	饿了么、蜂鸟即时配送
20	东软集团股份有限公司	东软集团	东软、熙康云医院

市场影响力逐年渐递，稳居互联网企业第一方阵。由此，对东方明珠总

---

① 2017年中国互联网企业100强出炉：东方明珠居国有企业类首位［EB/OL］．搜狐，［2017-10-13］．http://www.sohu.com/a/163906130_347537．

资产、营业收入、股东收益等方面进行理解分析十分必要。关于东方明珠传媒总资产、营业收入及股权数据依据东方明珠历年定期年度报告进行整理①，而相关市场影响力数据则参考专业机构和社会机构所发布数据进行整理获得。

（一）总资产情况

东方明珠传媒 2013 年调整前总资产为 5 149 244 160.39 元，调整后为 24 397 045 680.27 元；2014 年调整前总资产为 6 509 198 226.49 元，调整后为 27 946 489 695.51 元；2015 年总资产为 35 278 981 149.11 元；2016 年总资产为 36 796 554 224.63 元。而 2017 上半年总资产为 36 152 631 532.70 元。2015 年、2016 年、2017 年（上半年）同比增幅分别为 26.24%、4.30% 与 −1.75%。

（二）营业收入情况

东方明珠传媒 2013 年调整前营业收入为 2 637 350 919.15 元，调整后为 2 13 655 724 709.57 元；2014 年调整前营业收入为 2 977 815 723.29 元，调整后为 15 588 077 086.38 元；2015 年营业收入为 21 125 971 174.62 元；2016 年营业收入为 19 445 486 379.41 元。而 2017 上半年营业收入为 8 797 433 372.41 元。2015 年、2016 年、2017 年（上半年）同比增幅分别为 35.53%、4.94% 与 11.32%。

据 2017 年 8 月 29 日东方明珠披露数据显示，2017 年 1 月至 6 月公司营收 87.97 亿元，较 2016 年同期增加 11.32%，净收益 8.17 亿元，较 2016 年同期增长 7.24%。而北京歌华有线收入 12.09 亿元，同比下滑 0.96%；贵广网络收入 11.65 亿，同比增长仅 2.10%；湖南电广传媒的营业收入 37.88 亿元，同比增长 8.38%。其中歌华有线、贵广网络的营收体量不及东方明珠的七分之一，电广传媒不及东方明珠的二分之一。其中多渠道视频集成与分发业务实现营收 16.36 亿元，同比增长高达 16.49%，IPTV 为 9.38 亿元，互联网电视业务为 3.86 亿元，有线数字付费电视为 2.28 亿元，同比增长分别为 10.37%、46.85%、32.67%；内容制作与发行业务的营收 4.39 亿元，同比增长 3.68%；

---

① 数据来源：《东方明珠 2015 年年度报告》《东方明珠 2016 年年度报告》《东方明珠 2017 年半年年度报告》。

传媒娱乐相关服务业务营收65.88亿元，同比增长9.62%，电视购物与电子商务业务实现营收39.3亿元，同比增长19.44%；文化旅游与地产业务实现营收9.97亿元，同比增长12.55%。①

（三）股东收益

2015年6月，东方明珠传媒重大资产重组后，股权及持股情况变化情况为，公司共计发行普通股（A股）股票1 512 802 541股（RMB），其中文广投资中心、上海国和基金、交银文化基金、绿地金控、上汽投资、上海光控投资、长江养老、招商基金、国开金融、中民投资本认购的股份，合计持有限售股308 356 457股，文广集团因百视通（SH600637）换股吸收合并东方明珠集团（SH600832）而获得上市公司增发的578 051 225股，上市公司向文广集团发行股份购买其持有的四家标的公司股权的138 283 817股新增股份，北京弘毅、文化产业基金、上海联新、亿友商贸、同方创投、同利创投、黄建新、张小童、陈澍认购的股份，合计持有限售股21 462 309股（2016年6月13日流通），上述其余预计2018年上市流通。根据《上海东方明珠新媒体股份有限公司A股限制性股票激励计划（草案）》与《关于首次向激励对象授予限制性股票的议案》相关要求和规定，东方明珠董事会完成了15 196 600股的限制性股票首次授予登记，日期为2017年1月5日。截至2017年上半，东方明珠传媒归属于上市公司股东的净利润1 223 641 698.40元，而2016年同期则为1 278 667 412.24元，同比增长-4.30%；归属于上市公司股东的扣除非经常性损益的净利润817 311 704.91元，2016年同期为762 147 638.36元，同比增长7.24%；经营活动产生的现金流量净额-824 276 748.06元，2016年同期为159 381 798.96元，同比增长为-617.17%；归属于上市公司股东的净资产26 821 339 184.19元，2016年同期为26 488 774 395.69元，同比增长为1.26%。基本每股收益（元/股）为0.464 7，2016年同期为0.486 8，同比增长-4.54%；稀释每股收益（元/股）为0.465 4，2016年同期为0.486 8，同比增长-4.40%；扣除非经常性损益后的基本每股收益（元/股）为0.310 0，2016年同期为0.290 2，同比增长6.82%；加权平均净资产收益率（%）为

---

① 东方明珠2017中报解码：营收利润实现双增，被低估的传媒巨头［EB/OL］．流媒体网，［2017-10-13］．http：//iptv.lmtw.com/IPro/201708/148342.

4.516 1,2016 年同期为 5.006 3，增幅为 -0.490 2%；扣除非经常性损益后的加权平均净资产收益率（%）为 3.016 4，2016 年同期为 2.984 0，增幅为 0.032 4%。① 东方明珠传媒严格按照《公司法》、中国证监会《关于进一步落实上市公司现金分红有关事项的通知》（证监发〔2012〕37 号）规定进行利润分配，决不存在损害股东利益的情况。东方明珠传媒重大事项表决采用事先审核制，切实维护公司和社会股民的合法权益。东方明珠采用"信息披露"和"投资者关系管理"等方法，关注中小股东的合法权益。2016 年东方明珠依据上海证券交易所《上市公司先进分红指引》有关规定，以 2 641 735 216 股为基数，向 A 股股东每 10 股派发现金股利 3.40 元（含税），共计分配现金股利 898 189 973.44 元。

表2　2017 年 1 月至 6 月东方明珠主营业务营收情况表 ②

分行业	营业收入（元）	营业成本（元）	毛利率（%）	营业收入增幅（%）	营业成本增幅（%）	毛利率增幅（%）
主营业务分行业情况							
传媒娱乐相关服务	6 587 838 434.44	5 275 070 388.00	19.93	9.62	10.98	-0.98
多渠道视频集成与分发	1 636 162 232.10	1 075 612 339.93	34.26	16.49	26.59	-5.25
内容制作与发行	439 063 980.98	300 101 351.52	31.65	3.68	-7.84	8.54

分产品	营业收入（元）	营业成本（元）	毛利率（%）	营业收入增幅（%）	营业成本增幅（%）	毛利率增幅（%）
主营业务分产品情况							
传媒娱乐相关服务	6 587 838 434.44	5 275 070 388.00	19.93	9.62	10.98	-0.98
电视购物与电子商务	3 930 354 384.47	3 225 684 827.57	17.93	19.44	23.76	-2.86
数字营销与广告	1 634 888 575.44	1 487 272 902.23	9.03	-10.06	-9.82	-0.25
文化旅游及地产	997 340 560.00	543 747 998.02	45.48	12.55	11.89	0.32

---

① 《东方明珠 2017 年半年年度报告》。
② 数据来源：《东方明珠 2017 年半年年度报告》，第 16 页。

三、东方明珠传媒的社会责任

企业的责任不仅仅在于经济效益的获取,而是应该坚持社会效益和经济效益的并驾齐驱。东方明珠传媒作为新媒体和传统媒体融合的代表,相较其他同类企业应该承担更多的社会责任和公共责任。

(一)公益慈善

1. 希望工程

1989年,中国共青团团中央、中国青少年发展基金会联合发起希望工程公益项目,其目的是积极援助贫困地区失学少年儿童,其宗旨为建设希望小学,资助贫困地区失学儿童重返校园,改善农村办学条件。其主要运作模式则为众筹社会资金,整合社会资源。无论是重组前还是重组后,东方明珠都积极参加希望工程项目,为我国信息、教育贫富差距的消解,传播社会精神文明做出了积极的贡献,社会评价良好。如2016年7月28日,东方购物、百视通和江西都昌县签署希望工程援建协议,东方购物和百视通将及时有效地为都昌贫困乡村学校无偿提供教学设备,如电视机、图书资料、电子计算机、基础教学设备等。并且承诺组织都昌乡村教师赴上海参加社会实践及教育活动。仅此一项,可见一斑。东方明珠传媒深知其成长离不开党、国家、社会的支持,因此东方明珠开展对社会的反哺行为,彰显企业的社会责任意识。

2. 信息扶贫

加拿大学者马歇尔·麦克卢汉提出"媒介即讯息"的论断,他认为:"任何媒介(即人的延伸)对个人和社会的影响,都是由于新尺度产生的;我们的人和一种延伸(或曰任何一种新技术),都要在我们的事物中引进一种新的尺度。"[1]"一带一路"的实现需要政治、经济、文化诸多方面的全方位推进,而"信息丝绸之路"也迫在眉睫。百视通与新疆电信合作时间已有十年之久,为新疆电信"信息丝绸之路"建设产品形态创新、内容矩阵组合、智慧家庭建设、渠道技术创新提供了坚实的基础和保障。如2017年百视通和新疆电信联合开发了EUHD超清手机视频"跨界"APP。东方明珠此举不仅有利于新疆地

---

[1] [加]马歇尔·麦克卢汉. 理解媒介——论人的延伸[M]. 何道宽. 北京:商务印书馆,2000:33.

区智慧社会的建设和东方明珠在新疆业务的拓展,也为同类贫困偏远地区信息传播建设提供了一条可借鉴的路径。

3. 环保公益

刘蓓蕾[①]说:"作为中国新媒体领域领军企业,希望除了倡导先进文化传播、分享高品质文化内容之外,推进多元化的慈善公益模式,践行透明慈善、快乐慈善。"2017年,百视通和《国家地理》联合举办"地球日"公益跑活动。2017年公益跑亚洲区域参与地区众多,如上海、成都、香港、台北、马尼拉、新加坡等地,共有5万余人参与。4月22日,公益跑上海站在上海顾村公园举行,其主题为"作自己的环保英雄"。成龙受邀出席并宣布启动自己的"成龙环保英雄"系列纪录片。4月23日,成都站以"亲水爱地球"为主题举办,林俊杰作为《国家地理》2017世界地球日中国地区的形象大使参加此站活动,活动中还推广了《国家地理》地球活动日特辑《赤地危机》。上海站和成都站效果良好,共有2 000余人参与。百视通作为活动的主办方,前期通过自己的IPTV、互联网电视、手机APP诸多终端招集参与者,与此同时投放开屏广告和机场广告宣传环保工艺活动。此列活动,彰显了东方明珠传媒的媒体责任意识,唤起了社会公众爱护地球、保护家园的环保意识。

4. 公益传播

2016年,东方明珠传媒积极在自媒体平台传播大量公益广告和宣传片,累计时长10万分钟,远远高于国家最低标准。主体鲜明,形式多样,效益明显。如《大雾出行提示》《地面公交文明行业创建宣传片》《315公益广告》《禁止燃放烟花爆竹》《燃气安全》《无偿献血》《文明乘车》等极大促进了和社会公众的情感交流,在城市文明建设中效果显著。作为唯一一家省级广播电视无线传输经营单位,东方明珠根据广播电视监管机构要求为上海市民提供公益性质为主的广播电视收听收视服务,其中包括传输中波频率8个、中波试验频率6个、调频频率16个、地面无线电视频道11个,免费电视节目26套。

(二) 员工关爱

1. 员工权益

东方明珠传媒实行科学、合理、有效的薪酬制度,率先在全国同类企业实

[①] 东方明珠渠道产品运营事业部党委副书记刘蓓蕾。

行与绩效有效关联的薪酬管理制度。公司以人为本，重视员工职业发展，给予员工最大的尊重，努力为员工搭建并创造就业、晋升平台。而对有突出贡献的部门和员工以"嘉奖令"的形式树立典型，不仅给予物质奖励，而且对其先进事迹进行总结宣传。东方明珠传媒根据国家法律法规，与员工签订聘用合同或劳务合同，其中劳务合同签订率为100%。不仅如此，东方明珠传媒严格执行国家对员工休息、休假的相关规定。保证员工的休息和休假权益。东方明珠依据国家规定为员工缴纳单位应该缴纳的养老保险、医疗保险、失业保险、工伤保险、生育保险等社会保险，社会保险覆盖率为100%。

2. 员工福利

东方明珠传媒组建了工会，切实关注员工的合法权益。每年工会组织员工进行身体健康检查并聘请专业人员为员工提供上门咨询服务。东方明珠建立了困难职工的帮扶制度，对困难生病员工实行特殊关爱。如2016年全年，共有83位困难职工、生大病职工得到工会的帮扶。东方明珠积极开展业余文化生活，关注员工身心健康发展。以2016年为例，1月23日，新媒体工会组织员工参加"蓝天下的至爱"无偿献血活动；1月，新媒体工会组织了"金猴献瑞迎新春"员工书画作品展活动；3月4日，新媒体工会举办"三八"妇女节表彰会暨员工才艺展示活动；5月份举办了职工运动会和"五爱我家"系列活动；6月开展以"五比五争当"为主要内容的劳动竞赛和工匠评选活动；11月举办第二届"我爱我家的味道"厨艺大赛。不仅如此，东方明珠还对驻地员工及家属实行特殊关爱。

（三）依法经营

东方明珠传媒严格遵守《中华人民共和国公司法》《上市公司治理准则》《中华人民共和国证券法》《关于在上市公司建立独立董事的指导意见》《关于加强社会公众股股东权益保护的若干规定》等法律法规、规范性文件。2016年11月东方明珠新媒体股份有限公司发布《章程》，章程规定公司的经营宗旨为："坚持技术、内容、模式创新，建立完善的新媒体技术服务、市场营销体系，服务所有新媒体用户，满足用户需求，打造具有全球影响力的高科技视频新媒体，为全体股东、员工和社会创造价值。"①《章程》自发布之日起即"成

---

① 《东方明珠新媒体股份有限公司章程》。

为规范公司的组织与行为、公司与股东、股东与股东之间权利义务关系的具有法律约束力的文件,对公司、股东、董事、监事、高级管理人员具有法律约束力的文件"①。

四、责任管理

企业社会责任管理是一个多重管理动力输入的系统,其中包括国家管理、行业自律、社会公众管理以及企业的自我管理。东方明珠传媒应该按照国家的法律法规加强社会责任。目前上海证券交易所还未发布社会责任规定性文件,可参考 2006 年深交所《上市公司社会责任指引》进行社会责任管理。具体可从如下几个方面进行思考。

1. 企业文化管理

东方明珠传媒社会责任的基石为其先进的企业文化,企业文化能为社会责任意识保驾护航。其企业使命为引领娱乐生活方式,为人民提供精神层面的内容需求;企业愿景为打造中国领先的新型文化产业集团;而价值观则为开放、诚信、创新、高效。可以说,东方明珠传媒目前所取得的社会责任效益与先进的企业文化须臾不可分离。

2. 信息披露制度

据官网(http://www.opg.cn/)显示,东方明珠官网设立投资者关系模块,含重大公告和公司公告两个板块。东方明珠传媒 2016 年 1 月至 2017 年 9 月共公开各类公司公告 250 多条,其中重大公告 15 条。公告内容几乎涵盖公司经营的各个边角。公司根据证监会规定制订了《信息披露管理制度》《投资者关系管理制度》《内幕信息知情人登记管理制度》和《东方明珠信息暂缓与豁免业务管理制度》,并与《中国证券报》《上海证券报》《证券时报》《证券日报》4 家媒体建立信息披露合作关系。2016 年东方明珠累计披露定期公告 4 则,临时公告 83 则。这样可以在有效保证社会公众知情权的同时,更加有效地加强社会责任公众管理。

3. 公司制度管理

以股东大会、董事会、监事会及管理层为主体的权利制衡机制——"三会

---

① 《东方明珠新媒体股份有限公司章程》。

制度",应用于公司的决策、执行以及经营管理活动。如2016年,公司共召开股东大会2次,分别为2015年年度股东大会和2016年第一次临时股东大会;2016年,公司共召开董事会7次。东方明珠重大事件严格实施公司董事会决议制度。如2016年4月25日召开第八届董事会第十二次会议,审议并通过《公司关于为进出口业务提供担保的议案》;第八届董事会第十五次(临时)会议审议了《关于变更新媒体购物平台建设、版权在线交易平台募集资金项目的议案》《关于互联网电视及网络视频募投项目增加实施主体的议案》《关于全媒体云平台募投项目调整部分实施内容的议案》;2016年4月18日,第八届董事会审计委员会第九次会议决议继续聘请立信会计师事务所担任公司2016年度财务审计机构和内部控制审计机构。这样可以保证公司的合法、合规经营。

  2016年,东方明珠传媒将自己的战略定为"娱乐+",对公司线上线下资源进行生态化重组,通过内容带动渠道,渠道带动增值服务。不仅完成了企业既定的社会责任目标,而且在业界具有一定的影响力和传播力。但是娱乐的背后就是娱乐的风险和陷阱。怎样规避?是东方明珠传媒不得不着重思考的问题。

第十三章　广西广电社会责任报告

刘小三[①]

　　本文主要分析了广西广电 2016 至 2017 年社会责任履行情况，取得的主要成绩，存在的不足，并提出了相关建议。2016 年度虽然是广西广电上市第一年，但其履行社会责任意识较强，在履行正确引导、安全播出、遵守职业规范和法律法规、服务和监督社会、繁荣文化发展、维护文化安全和体现人文关怀等社会责任方面取得显著成绩。其舆论引导正确有力，舆论主阵地不断巩固壮大；更加重视安全播出和职业道德规范，出台一系列相关管理文件；推动文化繁荣与发展力度不断加大，原创成果日益增多；积极为大众提供社会服务，实施惠民工程和少数民族语言节目工程，重视公益活动和人文关怀。作为一家国有上市公司，广西广电 2016 年在履行其社会责任方面体现了其应有的责任担当。当然其也存在一些不足之处，比如在社会监督、社会性服务方面应进一步扩大范围加大力度；在原创内容上精品意识有待提升；新媒体融合平台建设不到位，用户中心思维不足。针对相关问题，本文也提出了相关建议。

第一节　广西电广基本情况

　　广西广播电视信息网络股份有限公司（以下简称广西广电）是在整合广西壮族自治区广播电视网络资产、改革创新广播电视网络管理体制的基础上，于 2004 年 6 月经广西壮族自治区人民政府批准成立的国有股份有限公司。公司成立

[①] 刘小三，西藏民族大学新闻传播学院副教授，传播学博士，研究方向：形象传播，对外传播。

之初注册资本11.25亿元人民币，下设九十个市县分公司，拥有3 500余人。公司实行统一规划、建设、管理和运营。公司经营业务主要包括有线数字电视、互联网接入、付费频道、村村通、数据专网、视频监控、"平安城市"、视讯会议等。2016年8月15日，广西广电网络公司首次发行A股在上海证券交易所挂牌上市，广西广电证券简称"广西广电"，股票代码600936，成为我国第九个成功上市的广电类文化企业，也是我国五个少数民族自治区第一家上市的文化企业。

广西广电目前共有95个股东，总股本1 371 026 239元，持股比例在5%以上的主要发起人共3家，分别为广西电视台、南宁电视台和柳州电视台。广西广电控股股东和实际控制人为广西电视台，持有公司475 042 916股股份，占公司发行前股份总数的34.65%。其股东结构如图1。

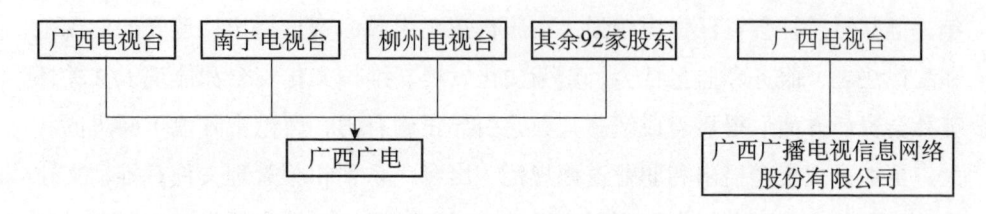

图1 广西广电股东结构及实际控股人①

广西广电在上市第一年（2016年），全年实现营业收入27.9亿元，比上一年实际收入增长了14%，经营业绩持续增涨，实现了"十三五"的良好开端。但据最新数据，受市场竞争加剧和家电销售市场下行等因素的影响，广西广电2017年上半年营业收入10.97亿元，同比减少7.64%，其中受新媒体市场的冲击，广告收入呈断崖式下滑趋势。作为上市公司，有必要扩大公司的盈利途径，保障广大股民的利益，需要围绕用户需求持之以恒开展业务创新，发挥公司的核心竞争力——作为西部和少数民族地区所享受的政策和体制优势；"中国—东盟和边境区位优势"；覆盖全区的区、市、县、乡镇一体营销渠道和客服体系以及区、市、县三级垂直管理经营管理优势；优质基础网络为全面开展智慧广电业务提供坚实保障的优势。

---

① 数据来源：中华人民共和国国家新闻出版广电总局广西广电网络公司首次发行A股在上交所挂牌上市，http://www.sarft.gov.cn/art/2016/8/19/art_ 114_ 31489.html 和广西广播电视信息网络股份有限公司2016年年度报告。

作为上市公司，广西广电有义务披露企业相关内容和数据。但广西广电网络上市刚一年，目前只发布了2016年年度报告和2017年上半年年度报告，其中对其履行的社会责任描述语焉不详，只是做了简单表述。因此，本报告主要从与其相关的新闻报道、其主要控股股东广西广播电视台和广西新闻出版广电局的有关报道中抽丝剥茧，挂一漏万，以图能对广西广电2016年所履行的社会责任状况进行概述，并对其存在的问题进行分析。因此，本文一些地方所描述的广西广电社会责任担当，主要由其控股公司执行。

第二节　广西广电执行社会责任现状

一、舆论引导与社会监督责任

坚持正确的舆论导向，是我党和政府对媒体的一贯要求。2016年2月19日，习近平总书记在调研三大央媒时曾指出："新闻舆论工作各个方面、各个环节都要坚持正确的舆论导向。"并指出，各级党报党刊、电视台电台要讲导向，各类都市报和新媒体也要讲导向；时政新闻讲导向，各类娱乐类、社会类新闻和广告都要讲导向；国际国内新闻报道也要讲导向。虽然上市公司对盈利有着特殊的要求，但作为媒体类上市文化公司，其在履行党和政府赋予的责任方面不能有丝毫折扣，商业化、市场化的广西广电在追求商业化利益的同时，必须把履行舆论引导任务放在首要的位置，这是"第一任务"。

2016年，广西广电深入贯彻落实习近平总书记系列重要讲话和党的十八大，十八届三中、四中、五中、六中全会精神，紧紧围绕"四个全面"战略布局、"中国梦"战略构想和广西自治区"两个建成"目标，着力加强八个方面重点工作，在壮大主流思想舆论，维护国家意识形态安全和社会主义核心价值观方面，发挥着重要作用，坚定地扮演着党和政府喉舌的角色。

（一）舆论引导正确有力，舆论主阵地不断巩固壮大

为了深入学习习近平总书记系列重要讲话精神，特别是习总书记"2·19"

新闻舆论工作座谈会讲话精神，广西广电在 2016 年推出一批学习贯彻讲话精神的专题和新闻报道，大力传播广西壮族自治区各地各部门学习、贯彻的具体行动、具体举措和创新做法，树立典型，进行广泛持久的宣传。

1. 精心组织重大主题宣传

广西广电围绕党的十八届六中全会、中国梦、社会主义核心价值观、"一带一路倡议""四个全面"战略部署和"五大发展理念"等重大主题，精心策划推出一批有影响力的宣传内容。出色完成了"庆祝中国共产党成立 95 周年""纪念红军长征胜利 80 周年"和"第十三届中国—东盟博览会"等重要时期的重大纪念活动的宣传工作。一是在广西电视台《广西新闻》等重点新闻栏目开设重大主题报道传播的专栏；二是充分利用媒体新技术的优势，运用虚拟演播室 + "大数据" + 移动媒体 + 大时段直播 + 大活动直播，以全媒体的传播方式提升重大主题的传播效果；三是在"八桂民族风，2016'三月三'大直播中"首次实现跨省直播点卫星互动直播，在海外设立视频回传点，提升海外对广西"三月三"民俗活动的关注度；四是推出的全国"两会"报道和"牢记总书记嘱托 广西交出新答卷"专栏受到了国家有关部门和广西壮族自治区领导的高度肯定；五是充分发挥移动新媒体和"两微一端"多角度、立体化解读十八大以来的全会精神，营造学习全会精神的氛围。此外，广西电视台 2016 年完成了三十余部以"中国梦"为主题的创作和展播，其中有六部纪录片获得了奖励资金支持。

2. 加强社会公益事业和公益理念传播

制作大量"社会主义核心价值观"的公益广告，在广播电视以及新媒体平台上滚动播出，传递文明、和谐的价值观念，营造良好的舆论氛围。在全区切实做好广播电视公益广告的制作和播出安排，全年共制作播出各类公益广告 7 100 余条，累计播出 81 万余次，播出时长达 77 万分钟。具体举措体现在：一是配合做好"讲文明树新风"、安全生产和禁毒以及国防教育等主题公益作品的征集和展播；二是开展 2016 年度广西广电优秀公益广告评选，建立优秀公益广告作品库；三是加大公益广告创作资金的支持，自制一批体现正能量的公益广告，在大众媒体上传播；四是积极做好精品公益广告推选，2016 年广西电视台共有 6 部公益广告被国家新闻出版广电总局扶持，获得 60 万元资金支持。

3. 加强对外交流，积极开展对外传播，讲好广西和中国故事

①继续加强与东盟国家的文化交流。2016 年是中国和东盟建立对话关系 25 周年、中国和老挝建交 55 周年、中国—东盟教育交流年，为此，广西电视台与中宣部直属的"五洲传播中心"、老挝国家电视台联合拍摄了反映中老两国世代友好的大型系列片《光阴的故事》，承办了国新办在印尼和泰国举办的"感知中国"活动歌会等。②大力推动中国广西优秀文化作品和文化企业走向东盟、走向世界。为配合习近平总书记访问柬埔寨，2016 年 10 月 12 日，由广西电视台与柬埔寨国家电视台联合举办的《中国动漫》栏目在柬埔寨开播，开启了我国同周边国家媒体合作的新模式，获得国家有关部门的高度肯定。此外，广西电视台还在柬埔寨和老挝国家电视台开播《中国剧场》栏目，和希腊国家电视台联合举办"中国广西电视展播周"。2016 年，广西电视台完成了 12 部影视剧的高棉语、越南语的译制，其中高棉语纪录片《故宫》《超级工程》和电视剧《推拿》在柬埔寨国家电视台播出。

二、履行繁荣发展文化责任

2016 年，广西广电紧紧围绕习近平总书记在文艺工作座谈会上的重要讲话精神，大力弘扬中华民族的优秀传统文化，特别是广西地域特色的优秀文化，加大创新力度，推出一系列文化产品，传播优秀文化、健康文化，抵制低俗有害内容，突出主旋律，推动我国文化的繁荣与发展。

（1）本年度，广西广播电台成功制作播出广西首部壮语广播剧《山歌》；广西电视台完成《战昆仑》和《冯子材》2 部电视剧的拍摄，并着手重点打造电视剧《沧海丝路》，2017 年 8 月已顺利杀青；广西电视台与其他省区电视台联合出品的抗战题材电视剧《暗战危城》在四川卫视和湖北卫视播出，该台参与投拍的由成龙等主演的电影《绝地逃亡》票房高达 8.7 亿元。

（2）广西电视台也积极开展原创纪录片、动画片、专题片的创作和制作。广西电视台 2016 年制作了动画片《百鸟衣》（入选 2016 年第一季度优秀国产动画片推荐目录）、纪录片《记住乡愁》（获"金熊猫"最具人文关怀纪录片奖）、纪录片《美丽西江》（"第 22 届中国电视纪录片""十佳"作品）、纪录片《寻找巴布什金中校》（俄罗斯塞瓦斯托波尔第 12 届"一起获胜"纪录片

电影节特别奖)、《我的山水中国》和《终身大事》("铜鼓奖")。

(3)加强激励扶持,支持文艺创作与生产。为大力支持和鼓励广西壮族自治区国产纪录片的创作、生产和播出,区新闻出版广电局从2016年全区制作的纪录片中选出了30部和14个广西优秀纪录片平台进行扶持。见表1、表2。

表1 2016年度广西优秀纪录片扶持作品

序号	扶持类别	作品名称	创作单位
1	一等扶持	广西故事	广西电视台
2		寻找巴布什金中校	广西电视台
3		美丽西江	广西电视台
4	二等扶持	秘境广西	广西电视台
5		稻之道	广西出版传媒集团有限公司
6		记住乡悉(广西集)	广西电视台
7		逐梦云天	梧州电视台
8		光阴的故事	广西电视台
9		湘江一九三四	桂林电视台
10	三等扶持	冒着敌人的炮火前进	广西电视台
11		红色传奇	自治区组织部电教中心
12		一带一路广西人	广西电视台
13		高十	广西电视台
14		广西工匠	广西电视台
15		长寿广西	广西电视台
16		中越家庭纪事	广西电视台
17		翻山越岭	南宁电视台
18		瑶山越岭	河池广播电视台
19	鼓励扶持	八桂手艺大师	广西电视台
20		中国—东盟同唱友谊歌	广西电视台
21		壮乡英杰覃应机	广西电视台
22		路在地平线下	广西电视台
23		农民画工	临桂电视台
24		桂剧轶事	河池广播电视台
25		寻找壮锦	南宁电视台
26		远在伦敦的家	广西电视台
27		《海上新丝路·东盟万里行》教育篇	广西电视台
28		花山梦圆	广西电视台
29		洋眼看广西	广西电视台
30		倾听东南亚	广西电视台

表2　广西纪录片优秀制作平台

序号	制播平台	扶持类别
1	广西电视台纪录片部	A类
2	广西电视台卫星频道	
3	广西电视台综艺频道	
4	广西电视台国际频道	
5	南宁电视台	
6	桂林电视台专题文艺部	
7	河池广播电视台	
8	广西电视台新闻频道	
9	柳州电视台	
10	桂林电视台	
11	钦州电视台	
12	贵港电视台	
13	桂林电视台	
14	广西科教频道	

三、积极履行安全传播责任，坚守职业规范和法律法规

2016年，广西广电坚持稳中求进的工作总基调，积极履行安全播出责任，严格审核把关，筑牢安全防线，净化舆论环境和不良内容，坚决维护国家意识形态安全和文化安全，营造良好的媒介生态环境。

1. 坚持依法行政，多管齐下开展监管监督

这是广西广电2016年实现安全播出的重要保证。该年度，广西广电认真贯彻落实国家新闻出版广电总局新修订的《广播电视安全播出管理规定》及相关细则，严格落实播出资金和设备的管理，安全播出保障能力不断提升，顺利、圆满完成了春节、全国和广西自治区"两会"和第十三届"中国—东盟博览会"等重要活动的播出任务。①坚持依法行政，2016年9月29日，自治区立法部门通过了《广西壮族自治区广播电视管理条例》，为广播电视的安全播出提供了法律支持。②强化内容管理，严格审批选题，着力确保播出安全。为引导广播电视节目创新，在全区开展了优质节目评比和广电节目专家"走转改"集中评议活动，编印内部刊物《视听评议》74期，对出现内容偏差和低俗化的内容提出整改。其中在本年度的1~11月，共查处违法广播电视广告906条。③加强广播电视制作播出传输机构管理。在全区开展

境外卫星电视传播秩序专项整治，2016年在全区强制拆除违规安装的卫星地面接收设备950余套。④加强广电系统网络新媒体管理。对全区互联网和移动互联网视听节目、IPTV、移动电视进行安全监督，加大网络安全治理力度，做好日常监管审核和重点栏目和频道的互动内容的管理，健全广播电视新媒体类内容监督的长效机制。⑤加大广电节目和广告抽查力度、检测力度，落实自治区广播电视机构法定播出责任和违规行为的纠错机制，及时纠正过度娱乐化和低俗化倾向，保证党和政府的政令畅通、文化安全和意识形态安全。

2. 充分开发技术优势，实现安全播出的人工智能化

2016年3月，广西广播电视监测中心开发了"广播电视与新媒体监测监管云平台软件"，该检测监管平台将云计算/云储存、广播电视、信息处理等多领域的技术在广电监管平台大规模集成应用，突破传统的"一个监测业务、一套系统、一套设备"监管模式，大大降低了运营成本。而且，该监测监管平台对违法广告的监管更加有效，其广告发现技术和"基于色彩和纹理特征融合算法的广告视频比对拆分技术"[1]，实现了广告的智能化自动识别技术，大大提升了对违法广告的监管力度，也实现了对广播电视内容的实时自动检测和自动截取，大大提升了广电系统监测监管的智能化和自动化。

四、积极履行提供公共服务的社会责任

为大众提供社会服务是大众媒体的重要功能之一，在媒介化社会，媒介的服务功能越发显得重要。作为上市公司，广西广电2016年在考虑股东利益的同时，也加强自身服务能力，实施惠民工程，提升公共服务质量。

1. 加大力度实施服务农村的惠民工程

2016年，广西电视台继续实施村村通工程，新建了110个乡镇广电无线发射站，实施兴边富民行动大会战，投入资金支持广播电视设备购买项目，广西广电网络公司实施了"智慧农村""互联网+广播电视公共服务"等项目。

---

[1] 覃汉耀. 基于云技术架构的广播电视与新媒体监测监管平台[J]. 广播电视信息，2017（05）：47.

2. 推动全区民族语言节目繁荣发展，服务少数民族群众

大力推进全区少数民族语言类广播电视节目建设，是广西广电2016年的重要工作之一。本年度，新闻出版广电局划拨437万元，重点支持28个市县民族语言节目直播，提升了民族语言节目的制作质量和数量，着眼于全区各民族群众的需要，深入基层生活，扎根人民群众，提供人民群众喜欢的民语节目。据统计，2016年，全区28各县市民族语言类节目90多档，民族语言节目制作时长31个5 200小时，播出时长55个4 900多小时，开播的民族语言主要包括壮语（多支系）、侗语、瑶语、仫佬语和毛南语等，全年播出数量和时长均实现大幅增长，民族类语言节目繁荣发展，满足了全区各民族的需求。

3. 协同政府有关部门进行公共活动传播

自2016年3月至6月，自治区新闻出版广电局和区禁毒委员会办公室联合举办广西禁毒公益传播，以"珍爱生命，远离毒品"为主题开展禁毒公益广告大赛，大力传播禁毒法规、识毒防毒技巧和毒品危害，营造良好的禁毒舆论氛围。通过大赛评选的作品将推荐通过广播影视媒体、网络电视台、移动电视终端、电影院线等多媒体展播。

4. 履行人文关怀责任

广西广电作为一家文化事业单位，十分重视履行自己对社会的人文关怀责任，长期以来一直坚持走进基层，开展爱心奉献活动和协同其他社会企业助力公益。2016年，广西广电继续向全区开展"优质服务"活动，其中一项重要的工作就是对社会特殊人士的关爱。比如对养老机构的有线电视安装费用进行减免，向全区102个养老机构赠送大屏电视机、三网融盒机顶盒、开通电视及宽带等服务。在2016年元旦，向儿童福利院送上大礼，让儿童看上清晰优质的电视节目，丰富他们的休闲娱乐生活。

2016年5月至7月，历时两个月的2016广电宽带"为爱Hi跑"接力活动完满完成。该项由南宁开始，经过梧州、柳州、玉林，再到百色，历时2个月的公益接力赛，通过号召人们参与此项全广西规模最大的全民马拉松公益品牌项目，为社会儿童募集公益资金，通过传统媒体与新媒体的结合，既号召公众参与健康活动，也通过新媒体促进公益互动，为公益活动尽一份力量。

第三节 广西广电执行社会责任存在的问题

广西广电作为我国目前上市的 10 家广电类国有上市公司,截至目前是 10 家中总资产相对较弱的一家,仅领先于广电网络和天威视讯排名第 8,而且也是第 9 家上市公司,上市只有一年左右的时间,因而肩负上市之初的盈利重担,在肩负社会责任方面表现并不明显,其社会责任更多体现在其实际控制人广西电视等所履行的社会责任方面。因而就存在一系列问题。

一、正确引导能力有待加强

当前大众媒体的传播力、影响力、引导力、公信力普遍存在下滑现象,如何创新传播手段、内容和方式,提升新闻舆论工作的时效度,牢牢把握舆论工作的主动权和主导权,是我国国有媒体的首要任务。广西广电作为上市公司,在以市场为导向进行内容生产和服务的同时,应加强节目生产的社会主义核心价值观和正能量导向,打造精品节目,增强对公众的吸引力、感召力和引导力,增强围绕中心、服务大局的主动性,避免陷入只看经济效益和市场占有率的误区。

二、安全播出管理方面,从业人员职业规范有待强化

从广西有关部门和广西广电出来的一系列法规、条例和政策文件来看,2016 年,广西广电在安全播出方面,比较注中对违法广告的监测和管理,并通过人工智能、云计算和大数据技术对播出设备、播出节目进行时时化监测和监督,以保证内容播出的安全和服务的周到,维护国家政治、文化和意识形态安全。但在从业人员职业道德规范教育和法律法规培训方面,存在重视度不够的现象。

三、组织开展社会性服务活动方面有待加强

从现有资料和广西广电 2016 年度报告来看,其在履行社会生活服务方面

存在力度不均、形式单一和覆盖面不足等问题。其主要的社会服务活动体现为两个方面：一是以公益广告为主的公益传播活动，这也是广西广电最常见的履行社会责任的形式之一，其中也包括与其他部门合作开展公益性传播；二是以提供传媒设备为主的献爱心、送温暖活动。作为一个总资产达67亿人民币的大型国有企业，除了利用自身的行业特性为社会提供公共服务以外，也应考虑扩大其社会责任的范围，创新服务形式和提升力度。特别是在全国上下为2020年全面实现脱贫而努力的时代背景下，广西广电传媒完全可以紧跟国家脚步，充分发挥广电类媒体的文化属性和"互联网加+"优势，通过多元化方式参与"精准扶贫"，以更好地履行自身的社会责任。在广西广电2016年报告中，有关社会责任部分，仅仅提到按照广西有关"十三五"脱贫攻坚战的文件精神，推动"光缆进村入户"，2016年在贫困村实施了贫困村光缆联网工作，完成贫困村光缆网276个，20户以上自然村光纤联网1 055个。但对更为详细的社会责任则明确为不披露。[①]

四、内容生产创新有待加强，精品不多现象仍然存在

2016年，广西广电及其控股股东生产了大量电影、电视剧、纪录片和动画片，其中不少还获得了奖项和有关部门领导的批示和肯定。但从整体上与其他9家上市广电类国有机构来说，其生产的内容节目竞争力不强，除了个别内容在全国获得较大反响外，大多影响力仅限于自治区内。这是一种优势和特色，但对一个上市公司来说，在服务于公司所在地外，还需要扩展眼光，紧盯全国乃至全球市场，以优秀的内容提升自身的国际传播力和引导力。

五、新媒体融合平台建设不到位，用户服务功能不突出

融媒时代，平台思维和用户思维十分重要。目前来看，广西广电官方网站大多情况下打开缓慢，而且内容更新不及时不丰富，其"两微一端"主要以信息发布为主，缺乏与用户的互动性，服务功能较弱，无法体现新媒体时代的"用户中心"理念。也就难以在社会责任领域有更大的作为。

---

① 资料来源：《广西广播电视信息网络股份有限公司2016年年度报告》，第41页。

第四节　广西广电社会责任执行力提升路径与方法

一、进一步坚定"正确政治方向和舆论导向"的意识，认真履行职责和使命

广西广电应坚持"党媒姓党"和政治家办媒体的指导思想，其旗下各分公司、各环节和各部门都要坚持正确的舆论导向，实现时政类新闻、民生新闻、娱乐综艺节目和广告传播讲导向的全覆盖。同时，充分利用其所掌握的新媒体技术创新舆论引导的手段、内容和方式，以人民群众喜闻乐见的方式实现党和国家政策的传达、社会主流价值观和社会主义核心价值观的培养，充分利用新媒体时代传播的互动性，引导人民群众主动参与正能量事件，在实践中自觉践行党和国家的大政方针。

此外，要强化对重大事件和重大议题的传播力度，搞好前期策划和布局，整合旗下各渠道，以"整合传播"的观念进一步提高主流媒体的引导力传播力，提升新闻作品的品质和感染力，讲好"广西故事"，"传播广西声音"，特别是着力做好党的十九大的新闻报道和宣传报道工作，为新时代的中国特色社会主义提供舆论氛围。

二、进一步加强新闻采编、内容生产队伍建设，强化职业道德素养和遵纪守法意识

新闻采编、内容生产队伍是媒体安全播出的第一把关人，也是决定性的因素。虽然监测监督技术的发展为传媒的安全播出提供了重要支撑，但人员自身的素质和安全播出意识仍是最重要的。因此，在市场冲击日益严重的今天，更要加强对人才队伍职业素养和法律意识的培养，提升业务水平和职业素养，维护日常播出安全和意识形态安全。

三、重视公共服务，积极创新社会公益活动形式和内容

在"互联网+"时代，广西广电有着自身的优势来服务社会。除了传统上

的爱心走访、慰问和公益广告发布，充分利用自身掌握的媒体平台，结合公众自身的需要和面临的困难，创新参与社会公益活动的形式和内容，摆脱简单的维稳和捐赠。比如积极参与国家"精准扶贫"战略，提升公共服务的战略性和可持续发展，避免公共服务效果的短暂性和一次性。在这方面，欢乐购统合乡土特产和互联网平台进行精准扶贫就是典型案例。

四、加大精品内容的创新力度，打造"现象级"传媒节目

任何好的内容产品都发挥着正面引导的作用，对生产者的正面形象产生重要影响，不仅带来经济效益，也带来社会效益。在内容生产方面，广西广电作为上市公司，与一流广电还存在一定差距。因此，应加强影视和电视剧生产人才队伍和生产机制建设，创新文化创意产业，在追求内容产品数量的同时，重视产品质量，力争推出精品，打造"现象级"传媒节目，形成广西广电品牌。

同时，也要打破地域思维，以全国性和全球化的视野生产体现国家"一带一路"倡议和引导舆论和主旋律的传媒内容，体现人类命运共同体的价值关怀，在"一带一路"倡议中为中国文化走出去，实现一带一路沿线人民的民心相通和文化交融做出贡献。

五、全力推动媒体融合发展

当前，广西广电在融合发展方面已形成了"两微一端一网""多屏互动""多态共存"的格局。但仅满足于开通微博微信和办网站的简单形式，缺乏有影响力的新媒体品牌和平台，不足以应对当前媒介产业面对的挑战。广西广电应以打造"北部湾在线""中国—东盟信息港"为基础、全媒体云计算和大数据为支撑的融媒平台，实施"互联网+广电"行动，加快自身的融合发展，构建区市县三级信息资源共享、高效全能的融媒生产系统，提升广西广电的新闻、政务和民生服务等服务功能，实现应尽的社会责任。

第十四章 湖北广电社会责任报告

杭丽芳[①]

湖北广电在体制改革后形成特色鲜明的"广电+"产业链,其打造的"湖北广电"现象在全国颇具影响力。作为省属大型国有文化上市企业,湖北广电需要履行传媒企业的社会责任,包括对党和政府的责任、对投资人的责任、对读者的责任、对作者的责任、对社会的责任和对环境的责任。本章从四个维度对湖北广电 2016~2017 年度的社会责任执行情况进行梳理分析,针对执行社会责任存在的问题提出提升路径与方法。

第一节 湖北广电基本情况

湖北广播电视台(湖北长江广电传媒集团)是一家综合性传媒机构,是湖北省属一类大型国有文化上市企业,于 2012 年在深圳上市,目前主要业务有数字电视业务、增值业务、数据宽带业务、融合业务、电视+互联网应用业务五大板块。湖北广电在体制改革、发展文化产业、拓展业务方面有着自身的鲜明特色,被称为"湖北广电"现象,现已成为国内颇具影响力的现代传媒集团。

在体制改革后,湖北广电已形成自己的"广电+"产业链,现共有 11 个综合办公室,11 个电视频道,10 套广播频率,9 个所属事业单位,还有湖北省广播电视信息网络股份有限公司、北京长江文化公司等 37 个全资、参股、控

[①] 杭丽芳,云南大学传播学硕士,云南华一教育集团控股有限公司董事,昆明亚满福科技有限公司总经理,研究方向:传媒经济、企业战略管理。

股公司，集团总资产 191.1 亿元。现有 86 套集成专业付费频道，181 套高清、标清直播频道，13 套自办准视频点播节目，视频点播在库 9 万小时；引进 CNTV、文广、优酷等"家庭娱乐中心"产品；3D 专区为用户提供视频（UHD 标准级）和音频（全景声标准级）超高清功能体验；一共上线 57 个 APP 应用，包括影视剧、教育、游戏、网上商城等，开发出广电云视、兔子 VR 等应用系统，让用户随时随地看电视变为现实；完成 DVB + OTT"智宝盒"荆州试点，计划四年内发放 400 万台 TVOS 迭代智能机顶盒，目前正在向全省推广。①

至 2016 年，湖北卫视已连续四年居全国 35 城市组平均收视省级卫视前十名，湖北经视全天收视率和市场占有率则连续十六年居武汉市网第一，电视综合频道省网收视第一。广播频道占省网市场份额 46.75%，武汉市网份额 70.69%。广播电视频道开发上线 11 个 APP 客户端，共有 167 个官方微博、微信公众号，两微用户达到 1 647.22 万。湖北之声、楚天音乐广播、楚天交通广播分别入围省级电台新闻类、音乐类综合收听率五强和交通类综合收听率十强。2017 年 5 月，在中宣部召开的深化文化体制改革座谈会上，湖北长江广电获第九届"文化企业 30 强"称号。②

第二节　湖北广电执行社会责任现状

一、舆论引导与社会监督责任

（一）发挥主流媒体优势，强化主流宣传，积极引导社会舆论

湖北广电是当地政府和人民的舆论窗口，党和人民的喉舌，更是连接党和人民群众的纽带，肩负引导和监督舆论的重要责任，其地位不可忽视。坚持正向引导，传播社会主义核心价值观，积极引导社会舆论是湖北广电的职责。在

---

① 部分数据来自《湖北广电社会责任报告（2016 年度）》http://news.xinhuanet.com/zgjx/2017 - 05/25/c_ 136297234_ 2. htm。

② 《第九届文化企业 30 强名单揭晓 30 强提名企业名单同时公布》http://news.xinhuanet.com/politics/2017 - 05/12/c_ 129602129. htm。

政治上与党中央和省委保持一致,不断提高舆论引导能力和水平,在新闻报道中一直坚持正面宣传为主,坚持人民至上的新闻传播理念是其首要任务。

1. 作为文化企业,通过影视作品诠释家国情怀

2016年,湖北广播电视台制作与传播了大量优秀的影视作品,譬如《东方战场》《好先生》等大众熟知的热播剧。战争历史剧《东方战场》由湖北广播电视台出品,在江苏卫视、湖北卫视一经播出便成为同类剧同时段收视率第一。北京长江文化投拍的《好先生》由在江苏卫视、浙江卫视播出后占据52城市收视率上半年全国第一的成绩,网络点击累计超过100亿次。这两部电视剧都被选入《2016年度中国电视剧选集》,其他有影响力的优秀影视作品还有《宜昌保卫战》,在央视八套黄金档播出后收视率居全国同时段第一。

2. 作为新闻主流媒体,策划长征胜利80周年主题宣传,传承红色文化

在长征胜利80周年之际,全台联合聚焦主题报道,分别在湖北之声、交通广播、农村广播三个广播台推出系列报道《红军,在这里诞生》《解码长征》《红军不怕远征难》等广播节目。湖北卫视的《湖北新闻》栏目和公共新闻频道、电视综合频道的《新闻360》栏目先后播出系列报道《永远的长征》《征途·长征路上的湖北人》等节目。长江云APP客户端及官网上同时推出《星火燎原 红耀中国》纪念红军长征胜利80周年"重走长征路"大型全媒体采访活动。整个活动历时31天,行程8 000多公里,联动八家媒体,共发稿件71篇,其中图文视频等新媒体报道37篇。长江云汇聚湖北广播电视台(集团)电视新闻中心、湖北之声、湖北经视、湖北综合等频道频率相关报道60多篇,编发图文稿254篇,短视频作品103个,全媒体点击量超过980万人次。①

3. 发起组织多项社会活动,树立楷模,引领社会文明风向

举办"'感恩榜样'湖北好人好报"评选活动与微广播剧大赛,从全省各行业中评选出10位"感恩榜样"人物和12部"好人好报"微广播剧。举办期间展播优秀作品30部,累计阅读量超过130万,受到各方高度肯定。②楚天交通广播推出"奔跑大武汉——交通广播城市文明定向赛",积极倡导和谐交通,

---

① 湖北省新闻出版广电局《湖北广播电视台(集团)创新推出纪念红军长征胜利80周年宣传报道》http://www.hbnp.gov.cn/wzlm/zwdt/xwz/19018.htm。
② 《2016 华侨城"感恩榜样"湖北好人好报颁奖典礼举行》http://mini.eastday.com/a/161203174451743.html。

近10万人报名参加活动。新闻广播部连续三年举办湖北省中小学生经典诵读大赛"诵读经典·声动荆楚",教育频道举办的《湖北小学生汉字大赛》均取得很好的效果,《湖北小学生汉字书写大赛》荣获全国优秀科教节目二等奖。

(二)做好主题策划与报道

在重大主题的宣传报道上,湖北广电积极应对,认真策划,先后完成40多项重大主题宣传,充分运用"长江云"平台,对"两会"、华创会、网络安全知识竞赛、精准扶贫、"两学一做"等进行专题报道,共推出播出各类专题报道1953篇,大型直播200多次,开辟新闻专栏208个。

(1)两会报道"快""全""深"。在两会报道上,湖北广电充分运用"中央厨房",提前部署、积极应对,引入全省各市州广播电视媒体资源,统一调度,统一发稿,采编发网络紧密结合、无缝衔接,保质保量,有力提升了海量新闻报道和多媒体产品生产的能力。两会召开前,《湖北新闻》栏目就推出多个专栏进行预热报道,提前解读两会相关信息。两会期间实时跟进,采取专题报道、直播、深度解读等形式,帮助读者对"两会"进行及时、全面、深刻的解读。期间推出《中国影响力》《奋进中国》《动感湖北》等48个专栏,和新华社、人民日报、中央电视台等联动直播36场,各端口共计发稿1 578条。其中《中国影响力》获国家新闻出版广电总局高度评价,《长江新闻号》推出的全国"两会"深度报道专栏"中国主张 世界回音"被新华社APP置顶,《湖北新闻》3月6日、11日两次荣登2017全国两会省级媒体传播力榜新闻类榜单榜首。

(2)关注民生,长期、持续关注困难群众,聚焦贫困人群,持续关注精准报道扶贫进程,推出"精准扶贫 不落一人"等专题报道,在报道中关注抚贫进程中不同的扶持对象之间的差异,选取多角度报道,准确描绘湖北省的贫困现状,扶贫进程,通过具有代表性的个案及时反馈扶贫进展和成果。《建档立卡回头看确保真扶贫》《创新异地搬迁挪穷窝换穷业》两篇报道被评为央视年度通联最佳主题报道。

(3)持续开展"两学一做"专栏,展现党风廉政建设风貌。湖北卫视、湖北之声等持续开设专栏,全年持续刊播报道。湖北之声在《履职尽责"两为"争先》专栏播出40余篇相关报道,湖北卫视《湖北新闻》栏目开设《"两学一做"在行动》《深入开展"两学一做"》等专题专栏,展现全省各地各部门开展学习教育的新成效和广大党员干部的新风貌，充分展示了湖北省各级党委从严治党的做法和成效。公共·新闻频道周播栏目《旗帜》《荆楚廉政》围绕"两学一做""全面从严治党"等主题，多角度多层次报道我省基层党建和党风廉政建设工作，发稿近1000条。

（三）积极引导社会热点和突发性事件

对社会热点和突发事件的传播报道能充分反映新闻媒体的应对能力，湖北省是洪涝灾害多发省份，湖北广电在对自然灾害的刊播、报道方面反应较为迅速。2016年，"98+"暴雨洪灾突发，湖北广电及时跟进，整合全省的采编力量，运用多种技术手段进行广播、电视直播，打通各频道20多档新闻栏目和74个官方新媒体进行全方位的报道。举行三个多小时的《万众一心　风雨同行——2016湖北省抗洪赈灾新闻大直播》直播活动，带动近10万人通过长江云网络募捐通道和热线电话进行捐款捐物，累计捐款捐物2.53亿元。首创推出抗洪沙画《不忘初心　砥柱中流》，网络点击量超过2亿，引发网络尤其是新媒体转发热潮。

（四）开展建设性监督

为开展舆论监督，湖北广电在2005年就开播《政风行风热线》栏目，是湖北省影响最广的一档舆论监督节目。2016年，《政风行风热线》升级改名为《党风政风热线》，该节目聚焦于行政机关和行业作风建设、党风政风建设，集中曝光党风廉政建设和部门履职尽责中存在的问题，专题问政，通过舆论监督促使相关部门、责任人及时解决顽症，肩负对全体党员干部进行监督的责任，目前是湖北省覆盖范围最广的一档广播节目。节目直接由一名副厅级以上领导带队参加直播，对节目中反映的诉求问题做出限期回应与反馈，群众可以直接在直播中进行满意度评价，还有评论员现场进行第三方点评，使媒体的监督功能落到实处。节目常年开通"四风"问题举报通道，营商环境问题举报通道，对社会上密切关注的违规公车私用、扶贫资金使用问题、发放津补贴、城乡医保资金使用乱象等热点问题开展监督。2015年9月16日播出的新闻访谈节目《督履职　促发展　惠民生——2015湖北媒体问政》获第26届中国新闻奖。

二、湖北广电的市场责任

企业的市场责任主要体现在营收状况上，本报告依据湖北广电公开披露的年报进行整理分析。数据来源于 2016 年年报和 2017 年半年报。

(一) 资产概况

根据湖北广电 2016 年年报显示，2016 年 12 月，湖北广电总资产为 81.19 亿元，2015 年年末资产为 76.05 亿元，2016 年比 2015 年增长 6.76%，在十家上市传媒企业中排名第七，和东方明珠、江苏有线、电广传媒等相比有很大差距，和排名第一的东方明珠相比有约 285 亿元的差距，从总资产、总收入和业务增长等硬性指标来看都有很大的差距。

(二) 营收状况

在 2016 年，湖北广电经营收入较为稳定，财务状况良好。2016 年，湖北广电共完成营业收入 24.82 亿元，同比增长 3.09%；实现归属于上市公司股东的净利润 3.03 亿元，比上年减少 18.51%，收入利润率为 12.22%。按湖北广电披露的信息看，公司的净利润比上年有所下降，下降的原因在于宽带出口成本增长和人工成本增长。公司资产总额 81.2 亿元，负债总额 23.27 亿元，资产负债率 28.66%，负债率在较为合理的范围内。从收入结构看，湖北广电的主要收入来源仍是传统业务，占比为 70.02%，主要是收视费收入、安装费收入、高清互动付费收入三大板块。从收入占比看，2016 年传统业务的收入有所下降（下降 2.63%），高清互动付费收入占比则较 2015 年提升 0.68%。湖北广电第二大收入来源是宽带业务收入，占比为 12.68%，较 2016 年上升 1.57%。节目落地收入占比为 8.03%，同比下降 0.63%。广告收入略有下降，占比 0.69%，同比下降 0.27%。其他收入（含集客）有所上升，占比 8.58%，同比上升 1.96%。

2016 年，湖北广电共完成营业收入 24.82 亿元，净利润 3.03 亿元，从十家上市的广电类国有企业看略靠后。从各项指标来看，湖北广电旗下的楚天、楚天视讯公司的主要指标均已完成，实现全省广电网络覆盖 1 200 万用户数、120 万宽带用户、资产总量达 150 亿元。在 2016 年，全业务平台和智能终端正式进入商用，相继上线了广电云视、广电金融、兔子 VR、诗词宝等 APP；开展了"湖北广电网络电视节""百日会战""经营开门红"等网络营销；在项目拓展上中标十几个市州县的智慧城市、集团客户和电信普遍服务项目；通过发股募资计划成功获批 17.34 亿元资金，太子湖文创园入选湖北省文化产业示范园和武汉市首批"创谷计划"。①

三、市场战略

(一) 产业 + 资本，充分发挥融资功能

资本市场能在最大程度上为上市企业提供融资渠道，通过整合重组、上市融资、资产注入等方式募集资金，快速放大国有资产。湖北广电于 2012 年 12 月完成重大资产重组后借壳武汉塑料上市，借力资本市场取得快速发展。2016 年 7 月，旗下的北京长江文化股份有限公司在新三板挂牌上市，以集团化运作方式实行"产业 + 资本"的发展路线，引入三亿元战略融资。2016 年湖北广电采用非公开发行股票方式募集配套资金，共发行人民币普通股 (A 股) 50 924 241 股，每股发行价格为 13.11 元，募集资金总额为 667 616 799.51 元，扣除发行费用 10 000 000 元，募集资金净额为人民币 657 616 799.51 元。募集资金累计直接投入募投项目 40 466.08 万元，尚未使用的金额为 26 813.12 万元（其中募集资金 25 295.6 万元，专户存储累计利息 333.84 万元，理财产品投资收益 1183.68 万元）。②

(二) 广电 + 产业，利用自身资源优势

湖北广电的主要营收业务仍在于传统业务，除传统的广电业务，湖北广电也不断根据自身资源拓展业务范围，继续在全省推广"全省一网"，在开发推广新业务上占据利好资源。市场对资源配置起着决定性的作用，在市场的推动下，湖北广电的业务范围涵盖了电视端、PC 端和移动端，正努力打造成一个全业务大媒资平台。"广电 + 产业"成为湖北广电发展的重要思路。湖北广电旗下的各个频道、栏目都根据自身的特点与优势，在全台范围内大力推广"广电 + 产业"模式，形成自己的特色文化产业链，现已形成"广电 + 农业""广电 + 电影""广电 + 团购""广电 + 美食""广电 + 汽车""广电 + 旅游""广电 + 金融""广电 + 游戏""广电 + 求职""广电 + 婚恋"的组合模式，全方位发挥广电的资源优势，不断延伸广电的服务范围。

---

① 杨玉波，刘晓峰. 凝聚正能量 提振精气神 立下移山志 广电开新天——湖北广电网络 2017 先进事迹报告会纪实 [J]. 有线电视技术. 2017.02 (326)：22.

② 《湖北广电 2016 年年报》。

(三) 以长江云为依托，打造全媒体矩阵

借鉴互联网的"大数据、云计算"思维，长江云不仅仅是一个媒体产品，更是集新闻、政务、媒体服务于一体的云聚合、云服务平台。在明确的战略定位和准确的产品思路下，"长江云"湖北新媒体云平台已形成一个产品群，在为政府部门搭建线上服务端口，服务于政府部门的同时，又服务于用户和老百姓，实现了形成全省一个平台对接数据，多个产品、多个出口的智慧湖北云平台的格局，它既是"湖北新闻第一端"，也是"湖北移动政务第一端"。同时具备新闻报道、政务服务和媒体云平台三大特色。

四、湖北广电的社会责任

(一) 强化服务功能

"长江云"既是服务于政务机构的政务聚合平台，又是服务于用户的信息获取平台，还是老百姓办事的便捷窗口，同时，"长江云"还服务于媒体自身。"长江云"为政府部门提供简洁有效的政务移动平台，与腾讯合作进行方案设计、开通政务微信、完成平台认证及搭建，为政府部门构建了一个全新的新媒体政务体系，同时省去了政府部门新媒体产品设计、开发、维护的成本，为政府部门搭建了一个简单、便捷、高效的政务平台。在办事效率和信息发布的安全、有效、权威方面都得到保证，具有很强的用户适配度，形成独具特色的产品矩阵。对用户而言，"长江云"提供了便捷的获取信息通道和办事通道，通过"长江云"就可以"一键完成"：政务信息一键获取，政务微博微信一键关注、政务应用一键下载，做到让老百姓少跑腿，在"云"上多办事。[①]

(二) 关心困难群众，切实解决群众困难

湖北广电心系群众，线上线下相结合，积极开展多次线下活动，为群众解决实际困难。至2016年，湖北广电已联合湖北省总工会、共青团湖北省委、湖北省妇联、武汉铁路局等单位连续六年举办"欢送农民工兄弟姐妹回家过年"公益活动。2016年，帮助农民工购买返乡车票，安排专车、专列，通过多元化交通工具，共服务35万在外务工人员返乡。电视综合频道《新闻360》等

---

① 王峻强. 湖北广电"长江云"的四大竞争策略 [J]. 中国记者. 2016. 8：112~113.

栏目发起"清欠大行动"为上千名工人讨回欠薪近千万元。垄上频道《垄上行》推出"农技大课堂"为老百姓讲解农林技巧、科学种植、养殖,对各种问题做详细的讲解,指导农户生产活动,科学生产。公益活动"致富好榜样"共组织 30 多场致富观摩活动,为老百姓寻找榜样,扩宽思路发家致富;专门解决纠纷的调解栏目《和事佬》为老百姓现场调解纠纷,在一年之中实际民间调解近 1 000 起;《打工服务社》帮助 4 500 多名农民工顺利实现就业。

(三)重视人才培养,保障员工权益

第一,按照法律法规的要求与员工签订劳动合同,保障员工权益。为保障员工的合法权益,使员工正常享受各项保险待遇。湖北广电对符合条件的 1 300 余名新闻从业人员全面签订为期 3 年的固定期限劳动合同,并按省、市相关规定,为签订劳动合同的新闻从业人员统一办理社会保险,每年按时足额缴纳各项社会保险费,从未发生拖欠行为。

第二,按照规定加强队伍建设和管理。积极组织播音员、主持人参加国家新闻出版广电总局、中视协举办的培训班,提升相关从业者的业务能力和职业素养,邀请全国知名主持人及专家教授开展播音员、主持人培训十余次。在新闻采编过程中紧盯采编流程,坚持三级审稿制度,严格把好采访关、组稿关、审核关、发稿关,严格规范新闻采编工作流程,推进媒体管理的规范化、制度化、科学化。对所有新媒体、"两微一端"产品采用与传统媒体一致的管理标准,确保导向安全万无一失。在全台制定《新闻节目采制常识性错误汇集》《电视新闻应正确使用标点符号》等 12 项监播专项评议标准,连续三年开展"查隐患、找不足、强基础"专项整治行动。

严格按照《新闻记者证管理办法》管理记者证的申领和发放,2016 年底,湖北广电共有持证人员 1 343 人,领取核发记者证 197 人,因员工离职、退休等情况,办理记者证注销 6 人。

(四)合法经营,杜绝违法行为

湖北广电制定实施《湖北广播电视台(集团)中介机构选聘管理办法》《台(集团)出资企业负责人履职待遇和业务支出管理实施细则》等制度,修订《台(集团)所属企业管理办法》《台(集团)董事管理办法》等,依法规范所属企业各类经营活动,严格遵守各项规章制度,依法纳税,主动承担、积极履行企业公民责任。

五、责任管理

湖北广电作为第一批试点单位发布媒体社会责任报告，已连续4年发布媒体社会责任报告，从舆论导向、新闻刊播、服务职能、安全合法经营、人文关怀、发展文化、职业规范、安全刊播、保障权益等十余个方面不断完善，阐述了履责情况。但作为上市公司，湖北广电的社会责任披露仍然不足，自2012年上市后，湖北广电尚未未按上市传媒企业的要求发布完整社会责任报告。

第三节 湖北广电执行社会责任存在的问题

一、履责信息披露不够充分

湖北广电作为十家上市传媒企业之一，自2012年上市后并未按照企业社会责任建设的要求发布社会责任报告。传媒企业既是盈利性的组织，也是公共服务机构，更应该及时发布履责情况。直到2013年作为11家媒体试点单位才正式向社会发布媒体社会责任报告，之后连续三年向社会发布责任报告。

二、自制节目题材单一，缺少有影响力的作品

湖北广电在影视剧制作方面仍有明显短板，影视剧制作大都取材当地历史文化资源，基本上都是与抗战相关题材，凸显出湖北广电的核心价值观和价值取向，但形式单一，受众面狭窄，在其他形式和题材上拓展很少，缺乏核心竞争力。近两年制作出部分口碑较好的影视作品《东方战场》《宜昌保卫战》等作品均为历史题材的电视剧，其他影视题材作品涉及较少。

三、尚未形成品牌效益，在全国知名度不高

湖北广电自上市后做了很多改革，发展迅速，近两年形成了"湖北广电"现象，但在全国范围内知名度有限，与湖南广电、浙江卫视这些老牌传媒企业

相比在节目创新、影视剧制作上都有差距，专业性和细分领域都存在空白，影响力有限，难以持续吸引受众目光，目前来看收视率和市场份额仍然偏低，不能很好地凸显湖北广电的影视品牌。

四、缺乏有效的人才激励机制，缺乏复合型人才

湖北广电的人才结构仍属于传统型结构，整体上仍带有明显的国企色彩，在节目制作中暴露出的题材单一、缺乏实际的品牌效益，这些反映出来的是湖北广电目前缺乏高层次的专业人才和团队，在历史剧的直播上有自己的优势与特长，但在其他节目形式上缺乏创意，缺少有影响力和号召力的名播音员、名主持、名记者、名编辑等，尚未形成名人效应。

第四节 湖北广电社会责任执行力提升路径与方法

一、根据上市公司的要求及传媒企业自身特点，及时、全面披露社会责任履责情况

披露社会责任报告是社会大众评判企业社会责任感的主要标准。湖北广电是十家传媒上市企业之一，又是我国文化企业30强，是肩负舆论监督引导作用的喉舌，更应积极主动承担社会责任，及时、详细地向社会公众披露企业履责情况。自2013年已在中国记协网连续三年发布社会责任报告，在此基础上要不断完善运行机制，细化统计指标，制定详细的社会责任战略规划，定期发布社会责任报告，主动接受社会监督，树立良好的社会形象。

二、不断完善服务功能，强化企业的社会责任感

作为主流媒体，强化服务意识，服务社会和人民是湖北广电履行社会责任的出发点和落脚点。作为上市公司，湖北广电在资源整合、平台搭建、成果传播、品牌打造、资金整合等方面都有着显著的优势。湖北广电已开发出"长江云"APP和"长江云"平台，为政府、用户、群众和媒体自身提供了集政务通

道、资讯平台、办事窗口和资源共享的一体化通道，以服务者的姿态践行社会责任。在强化社会责任方面，还应持续关注底层人民和困难群众，关注农村发展，利用现有的渠道、平台、产业等优势，继续关注精准扶贫、对口扶贫，做成能盈利、有担当、有效益的传媒企业。

第十五章　中视传媒社会责任报告

刘　敏[①]

本报告梳理了中视传媒在2016~2017年的社会责任执行情况。既回顾了公司三大主营产业"影视、旅游、广告"的历史沿革和时代背景，又重点分析了新时期三大产业的社会责任执行现状及存在问题。中视传媒通过展现优秀主旋律影视剧及传播中国文化的纪录片的投资、策划、制作，传播了国家文化软实力，在国际和港澳台的舞台上展现中华民族的历史传承。同时，以"影视文化旅游"为核心，面对区域市场竞争加剧、新兴景区层出不穷、传统景区的不断升级和强势营销，积极努力化解克服内外部的经营压力与困难。但是，中视传媒在影视剧制作方面仍然存在产品质量有待升级的问题，精品不多、粗品过剩仍然是整个行业的尴尬局面。现今各种新媒介平台对内容产品的需求逐步增大，消费者观剧方式向多样化转变，将促进影视剧行业的进一步发展。

第一节　中视传媒基本情况

中视传媒有限公司是中央电视台控股的上市公司（公司代码：600088），1997年注册于上海浦东。控股股东为中央电视台无锡太湖影视城，最终控制人为中央电视台。股东大会是本公司的权力机构，依法行使公司经营方针、筹资、投资、利润分配等重大事项决议权；董事会对股东大会负责，依法行使公司的经营决策权；经理层负责组织实施股东大会、董事会决议事项，主持企业

[①] 刘敏，云南警官学院学报副编审，东北财经大学旅游管理学博士；研究方向：视觉传播、公安媒介、旅游者行为。

的生产经营管理工作。分公司包括无锡影视基地分公司、南海分公司、北京分公司，子公司为上海中视国际广告有限公司、北京中视北方影视制作有限公司。中视传媒主要经营影视拍摄、电视节目制作与销售、影视拍摄基地开发和经营、影视设备租赁和技术服务，媒体广告代理等业务。公司的三大主营产业分别为"影视、旅游、广告"，三大产业协调发展，形成了各项业务互为促进、互为补充的良好格局。

一方面，公司重点在影视产品投资、影视产品版权经营、影视产品技术服务，其中影视产品投资业务以影视剧的策划、投资、制作为核心，业务涉及电视剧、新媒体电视剧、电影、电视电影、数字电影等系列影视剧产品制作及发行。公司成立以来先后创作了《突出重围》《大明宫词》《橘子红了》《大宅门》《天下粮仓》《红旗谱》《新结婚时代》《名校》等近百部高品质的电视剧，多次荣获"飞天奖""金鹰奖"、"五个一"工程奖、"华表奖"，及艾美奖（美国）等30多个国内外奖项。另一方面，无锡、南海两大影视基地凭借气势恢宏的建筑风格和艺术表演，为国内外影视剧提供丰富的场景和优质的技术服务，同时也成为国家级影视文化主题公园，并通过了国际质量和环境体系认证。唐城景区成为国家首批3A级景区，三国水浒景区成为国家首批5A级景区，南海影视城成为国家4A级景区。另外，中视传媒下属子公司上海中视国际广告有限公司独家承包CCTV-10科教频道全频道广告资源，先后获得"中央电视台优秀广告代理公司""中国最具影响力本土广告公司100强""中央电视台年度广告承包公司特别贡献奖"等荣誉称号。协助众多行业的品牌企业完成了其在全国市场品牌提升的营销目标，科教频道以其独特的气质受到企业，尤其是高品质客户的欢迎。

第二节 中视传媒执行社会责任现状

一、舆论引导与社会监督责任

（一）顺应历史变迁，捕捉世事风云

影视剧既是传播国家文化的有效载体，同时也是国家文化软实力的形象代表。新中国成立后,优秀的主旋律影视剧在社会主义建设中一直发挥着重要作用。然而近十年,主旋律率影视在中国影视剧中一直处于较为尴尬的境地。一方面观众把这种主旋律视为空洞的"说教",内心充满偏见和抵触情绪。另一方面长期以来国产主旋律影视剧远离时代精神,远离群众需求,往往叫好不叫座。在时代转型的背景下,中视传媒抓住机遇,本着对党和政府负责,对读者负责的态度,以影视剧业务为突破口,创作了一大批思想性、艺术性相统一的文化精品。其中,电视剧《马向阳下乡记》《赵氏孤儿案》《中国地》《誓言无声》《名校》,电影《梅里雪山》《美丽的大脚》等一批高质量的电视节目。2016年,公司联合出品的《马向阳下乡记》荣获第28届"金鹰奖"优秀电视剧奖。在此之前,此电视剧先后荣获新闻出版广电总局2014年《中国电视剧年度选集》、华鼎奖"全国观众最喜爱的电视剧作品""金牛奖"最佳作品奖、最佳男主角奖、最佳女主角奖以及最佳男配角奖、第30届电视剧"飞天奖"优秀电视剧奖、第28届电视剧"金鹰奖"优秀电视剧奖等多项奖项。中视出品的一系列主旋律影视剧顺应了历史的变迁,捕捉了世事风云的变幻,追寻一种精神的感动、品质的砥砺、意志的坚守、人格的锻铸,既能在细微之处打动人心,让观众满意,又起到了传播正能量、弘扬社会主义主旋律的现实意义。

(二)以精湛的后期制作和技术保障配合做好宣传工作

中视传媒除了涉及影视剧的产品策划、投资、制作,公司还拥有国际一流的全套先进的影视前后期制作设备、雄厚的技术力量和专业的制作团队。在纪念长征胜利80周年之际,中视传媒子公司中视北方承担了中央电视台大型纪录片《长征》及电视剧《绝命后卫师》的后期制作任务。在纪录片《长征》的后期特效包装工作中,中视北方在一个月内,为八集内容共制作200余场、300余条特效包装。在电视剧《绝命后卫师》的后期制作工作中,中视北方先后完成了该剧片头片尾包装制作、三版片花的剪辑制作任务,同时还完成了整剧的后期特效制作和达·芬奇调色工作,出色地配合中央电视台完成了相关宣传任务。在包装、制作及设备租赁业务方面,公司承担了中央电视台多个频道的包装服务、栏目及节目播出版制作、晚会大屏幕制作和设备租赁服务,配合中央电视台完成纪念建党95周年、纪念长征胜利80周年等多项重大宣传任务及重大活动报道任务,以及G20峰会、中非论坛、长征五号发射、珠海航展等直播转播任务。同时,公司还利用制作技术及设备优势积极拓展外部市场。

2016年，公司制作的电视剧《彭德怀元帅》和《父亲的身份》获得2016年度电视节目技术质量奖（金帆奖）——高清晰度节目录制技术质量电视剧类二等奖。

（三）制作精良纪录片，担当文化交流的使者

纪录片作为跨文化传播的载体，承载了思想传递、知识文化、历史社会以及国家形象的传播功能。中视传媒致力于传播中国文化的纪录片的投资和制作，在国际和港澳台的舞台上展现中国历史、中国人的故事、中国的传统文化。2005年8月正式开拍的《大国崛起》，由中视传媒股份有限公司与中央电视台经济信息中心合作投拍，对美、日、俄、葡、英、法、德、西班牙、荷兰等九个国家进行为期两个月的实地拍摄，深入细致地展现了九个世界性大国的兴衰更替，其发展道路和经验教训启迪着今天，也影响着未来。2007年，由中视传媒公司投资，与中央电视台新闻中心联合拍摄10集高清纪录片《敦煌》，业内人士评价该片"画面制作精良，叙事手段巧妙，具有创新性的表现手法，是一部难得的精品力作"，在港台地区掀起敦煌学热潮，此纪录片成功入围白玉兰国际纪录片最佳历史文献类大奖，这也是唯一一部中国纪录片。文化的输出与输入总是双向并进的，2009年10月17至18日，朝日电视台为向日本国民介绍我国四大名著之一的《三国演义》，专门派出摄制组到无锡影视基地拍摄三国景区。获得更多殊荣的是第30届艾美奖新闻与纪录片大奖颁奖典礼上喜获最佳自然历史纪录片摄影奖、最佳剪辑奖和最佳音乐与音效奖的《美丽中国》（Wild China），这一大型高清系列纪录片是由中视传媒与英国BBC联合摄制的。在所有参展的非剧情片评比中，《美丽中国》被与会买家投票推举为最值得观看的纪录片，也争相获得了海外购买协议订单。2012年12月，中视传媒和科教频道联合制作的大型高清纪录片《茶叶之路》行进版获得了中国广播电视协会"中国纪录片国际选片会"十大纪录片奖。2016年12月24日，由中视传媒联合投资出品的纪录片《秦岭主峰太白山》荣获第十一届"中国纪录片国际选片会"创优评析人文类二等奖。2016年，日本株式会社中国物语与中视传媒股份有限公司签署了购销协议，购买《世界自然文化遗产》（中国部分）7部纪录片。在纪录片、栏目和节目制作方面，公司与中央电视台各频道继续保持稳定合作，开展了《自然的力量》《园林》《云岗》等多部纪录片委托制作业务，承接了《走近科学》《健康之路》《回家 吃饭》等多个栏目的委托制

作业务，并尝试通过所作节目的相关题材展开多维度运营，扩大项目的合作领域，寻求更多的利润增长点。

（四）策划特色旅游产品，展现传统国学风采

中视传媒在节目策划上也关注中国传统国学的传播工作。2011年7月，中视北方电视剧组承接了《国学堂》的后期制作任务，这档节目以脱口秀的形式，向观众全新解读了国学的精髓。2016年，无锡影视基地以三国城为教育阵地，先后开展了"汉学天下、知书达礼""书声朗朗诵经典""穿汉服，游三国""三国景点诵"等形式多样的传播中国传统文化的活动，现在观众感受到了国学的博大精深和诵读的磅礴之势。银幕上演绎文学形象，现实中落地影视景观，将经典融于景点，这是中央电视台无锡影视基地的初创。而今，为了让经典与时俱进，进一步挖掘景区特色，彰显景区独创性，无锡影视基地全新策划春季活动"遇见名著——三国文化旅游节"，此次"旅游节"活动历时一个月，贯穿"清明""五一"小长假，充满文化特色的各种活动受到广大游客的热烈欢迎。无锡、南海两大影视基地，为国内外影视剧组提供丰富的场景和优质的技术、后勤服务。无锡影视基地至今已接待了《三国演义》《水浒传》《杨贵妃》《大宅门》《神探狄仁杰》《笑傲江湖》《射雕英雄传》《天下粮仓》《刺陵》《历史的进程》《大浴堂》《武则天》《欢天喜地俏冤家》等400多个剧组。南海影视城接待了《太平天国》《香港的故事》《澳门的故事》等200多个剧组，成功举办和拍摄了《城市之间》《同一首歌——走进南海》《宋祖英暨群星演唱会》等大型活动。每个小假期接待游客量都创新高，各级领导和海外友人也一直关心和支持影视城的旅游发展。仅南海影视城在开业以来，就有港澳台各界代表，以及来自泰国、越南、加拿大等国家或地区的贵客来南海影视城考察工作。三个影视城不但是参观游览的胜地，更是交流经验和对外文化的窗口。

二、中视传媒的市场责任

根据中视传媒股份有限公司2016年年度报告（表1），中视传媒共实现营业收入514 818 728.74元，较上年同期增长0.25%。在影视剧业务方面，受中央电视台整包租赁政策的变化及相关栏目制作业务回流的影响，公司设备租赁

服务、制作及技术服务业务规模有所下降。致使本年度公司影视业务收入较上年同期下降。在广告业务收入方面，报告期内公司广告业务收入 122 584 577.50 元，较上年同期增长 27.57 %。受宏观经济形势影响，实体经营面临下行压力，广告投放量整体下滑。在旅游业务收入方面，公司旅游业务收入 203 860 282.32 元（其中：无锡分公司旅游业务收入为 169 479 447.53 元，南海分公司旅游业务收入为 34 380 834.79 元），较上年同期增长 4.32%。主要原因是公司无锡景区、南海景区分公司坚持"以文化统领旅游"的经营战略，以"影视文化旅游"为核心，面对区域市场竞争加剧、新兴景区层出不穷、传统景区的不断升级和强势营销，积极努力化解克服内外部的经营压力与困难。

表1 2016年中视传媒主营业务分行业、分地区收入情况

主营业务分行业情况					
分行业	营业收入	营业成本	毛利率（%）	营业收入比上年增减（%）	营业成本比上年增减（%）	毛利率比上年增减（%）
影视业务	18 772 258 312	20 324 669 046	-8.27	-15.10	2.58	减少18.66个百分点
广告业务	12 258 457 750	17 202 601 298	-40.33	27.57	104.85	减少52.94个百分点
旅游业务	20 386 028 232	9 732 235 581	52.26	4.32	1.78	增加1.19个百分点
主营业务分地区情况					
分地区	营业收入	营业成本	毛利率（%）	营业收入比上年增减（%）	营业成本比上年增减（%）	毛利率比上年增减（%）
上海	18 593 196 218	27 145 645 325	-46，00	26.73	102.14	减少54.47个百分点
无锡	17 458 786 020	8 756 170 873	49.85	1.41	0.51	增加0.46个百分点
北京	11 912 672 798	10 123 418 690	15.02	-28.55	-30.49	增加2.38个百分点
南海	348 7682 819	1 269 764 598	63.69	26.09	12.16	增加4.52个百分比

（一）严格控制投资规模

2016年，公司影视业务成本中制作费较上年同期增长 46.69%，租赁费较

上年同期减少57.03%，主要原因一方面是公司承制的栏目和节目委托第三方公司制作的内容有所增加，因而影视主营成本中的制作费支出有所增长、设备租赁费支出有所下降；另一方面是由于影视业务结转了部分影视剧存货成本并对个别大额应收款项未计提坏账部分全额计提了坏账准备，加之广告业务本期亏损幅度较大，导致公司整体营业利润及归属于上市公司股东的净利润、每股收益等指标较上年同期大幅下降。基于现状，2016年公司针对相关政策及市场变化，调整了影视剧业务经营策略，严格控制投资规模。

（二）广告营销方式的转变

2016年，公司广告业务收入较上年同期增长27.57%，广告业务成本较上年同期增长104.85%，毛利率较上年同期下降52.94个百分点。上海地区营业收入较上年同期增长26.73%，营业成本较上年同期增长102.14%。北京地区营业收入较上年同期下降28.55%，营业成本较上年同期下降30.49%。主要原因是自2016年中央电视台对科教频道广告资源实行了承包制，子公司上海中视国际广告有限公司广告业务由代理制改为承包制，因而公司广告业务营销方式也发生较大变化，公司进行了较大的整体调整以适应新的运营机制。

（三）打造特色影视旅游景区

2016年公司旅游业务收入较上年同期有所增长。中视传媒旗下的无锡和南海景区不断在历史人文方面推陈出新，在演出方面进一步提升了节目的观赏性和游客的满意度。2016年，在销售方面继续采用多样化的营销手段，除维护传统营销渠道外，还开展了与演出产品相关的热点营销，通过与电视台合作"真人秀"节目等及微信、互联网等新媒体进行市场营销和网络营销，丰富了市场推介手段，使景区经营业绩和推广宣传得到同步提升。同时，根据旅游市场的变化和特点，调整园内经营业务，多渠道开展创收，不断研发引进具有影视特色的旅游商品，打造景区文化旅游品牌，进一步提高了景区品牌知名度和市场影响力，提升了景区在旅游市场的竞争力，保持了区域市场的市场份额。

三、中视传媒社会责任

（一）友爱互助，弘扬人道主义精神

中视传媒号召和鼓励员工以不同形式参与公益活动。越来越多富有爱心、热心公益的员工融入无偿献血者的队伍中，换取他人生命的延续或新生。仅2013年，公司北京、上海、无锡、南海四地自愿参与街头无偿献血的员工总计32人，其中有6名员工已连续三年积极参与无偿献血活动，表现出了高尚的人道主义精神和乐于奉献的精神。在灾难面前，中视传媒的员工发扬友爱、互助的精神，为灾区提供人道主义捐助。2004年的印度洋地区地震海啸，公司北京、上海、无锡各地的员工积极响应，踊跃捐款，短短几天时间就收到了捐款19 767.5元。2010年8月甘肃省舟曲发生泥石流灾害，中视传媒党委于8月16日向公司发出为舟曲灾区募捐的倡议。公司全体员工积极响应，纷纷伸出援助之手，在不到1天的时间内，北京、无锡、上海、南海等地的员工共募集善款48 000余元。在日常的社会捐助的活动中，中视传媒各地员工也踊跃献爱心。2006年11月，为落实中央五部委关于在全国开展"送温暖、献爱心"社会捐助活动的通知精神，中视传媒股份有限公司党委从10月下旬起，发动公司上海、北京、无锡、南海四地员工参加捐助活动。在短短的十余天时间里，公司党委共收到各地员工捐款7 957.1元，衣物112件。2013年3月，为了弘扬雷锋精神，传扬中华民族传统美德，树立央视良好形象，中视传媒北京地区联合分工会响应上级工会的统一部署，号召职工积极参加向门头沟区潭柘寺镇草甸水村捐赠衣物活动。

此外，中视传媒不忘对社会弱势群体的关爱。2010年5月23日，无锡影视基地分公司与无锡东林书院论坛公益精灵版共同组织"同一片蓝天——关爱智障儿童游三国"公益活动。此次活动招募了东林书院论坛的志愿者网友及亲子家庭与滨湖区培智学校10名智残学生共同参与。2013年，中视传媒积极参与由广电总局组织开展的以"关爱弱势群体、构建和谐社会，救助贫困母亲、建设幸福家庭"为主题的募捐活动。

（二）倡导环保健康生活，助力社会公共事业

义务植树是每个公民应尽的责任。每当植树节来临之际，中视传媒公司各地党、团组织带领广大员工开展义务植树活动。除了为美化家园尽了一份责任外，公司把植树活动与党团活动结合起来，与环保活动结合起来，与重大赛事活动结合起来。2008年，中视北方公司以植树实际行动参与"人文奥运、绿化奥运"建设。中视上海公司每年在植树节期间组织团员和入党积极分子来到无锡影视基地，发起"我为景区添绿树"活动，既增强了员工的社会责任感，提

高了环保意识,又为把无锡影视基地建设成国家级首批 5A 级旅游景区积极贡献自己的力量。中视传媒的员工除了身体力行参与到环保社会的共建上来,公司还特别关注环保题材公益片的制作和在其他分支工作中注入环保思路的大局观。中视传媒控股子公司中视北方制作的《CCTV10 低碳生活公益片》,获得 2011 年度电视节目技术质量奖(金帆奖)视频图形制作技术质量奖一等奖。无锡影视基地分公司三国、水浒景区顺利通过由中华环保联合会和中国旅游协会创建的"全国低碳旅游实验区"评审。2016 年,由中视传媒出品的大型高清纪录片《美丽中国》荣获第十一届四川电视节"金熊猫"奖自然及环境类纪录片大奖。

作为中央部署的"西新工程"的重要组成部分,国家广电总局从 2005 年开始,每年向西藏、新疆两地捐赠千集电视剧,以缓解西新等少数民族地区电视节目源严重不足的困难。2010 年 7 月,作为捐赠活动的承办单位,中视传媒子公司——上海中视国际广告有限公司经过几个月的紧张工作,共向全国 90 多家制作机构筹集和落实捐赠电视剧 56 部 2 051 集,动画片 38 000 多分钟。2011 年上海中视广告承办广电总局 2011 年度"西新工程"捐赠活动,捐赠的电视剧数量为 59 部,共计 2 022 集。2012 年 8 月,上海中视国际广告有限公司承办广电总局西新工程捐赠活动。共计捐赠电视剧 57 部,2 042 集,动画片 7 部,12 000 分钟。上海中视国际广告有限公司发挥支持民族地区捐赠活动的带头作用,逐年递增完成捐赠影视剧的任务,捐赠的地区除原有西藏、新疆外,又扩展到四川康巴和青海安多两地区,用实际行动将文化惠民工程撒播到少数民族地区。这一举措也是中视传媒积极响应国家"精准扶贫"政策的实施目标和步骤,让贫困居民脑袋里先活跃起来,让贫困地区精神上先富裕起来。

中视传媒公司除了每年完成上级单位规定的资助工作以外,还参与重大新闻事件的筹备和组织工作。2008 年,由于中视传媒在"北京奥运会和残奥会开闭幕式"航拍项目的突出表现,奥组委为中视传媒颁发纪念证书。2016 年 10 月,中视传媒成功承办在澳门特别行政区举办的第二届亚洲室内运动会开、闭幕式活动。2016 年,中视传媒承办了特奥会执法人员火炬跑中国迎圣火仪式和起跑仪式活动。在 10 月 2 日特奥会开幕式上,播放了由公司制作的特别宣传片《有你有我》。

第三节 中视媒体执行社会责任存在的问题

中视传媒作为国内首批试水资本市场的国有文化传媒企业，以推动文化产业发展为己任，以实现社会效益和经济效益双丰收为目标，在创新经营机制、促进文化产业发展方面做出了积极的探索和尝试。然而，中视传媒在面对自媒体时代的技术变革和挑战之时，在履行社会责任方面还存在一定的不足。

（一）影视剧制作更需要注重品质和经济效益双赢

面对媒体融合的深入，文化产业应该学会应对新态势、新动能，以推动文化产业发展为己任，以实现社会效益和经济效益双丰收为目标，以更加出色的成绩回报社会、回馈股东。2016年，国家新闻出版广电总局发布了《关于进一步加快广播电视媒体与新兴媒体融合发展的意见》的通知，传统媒体与新兴媒体融合发展成为趋势，内容成为媒体融合的核心和根本。然而，2016年，中视传媒的影视剧投资和资金进展存在一定的风险，投资收视率不确定的风险依然很大。此外，中视传媒在影视剧制作方面仍然存在产品质量有待升级的问题，精品不多、粗品过剩仍然是整个行业的尴尬局面。现今各种新媒介平台对内容产品的需求逐步增大，消费者观剧方式向多样化转变，将促进影视剧行业的进一步发展。

（二）加强国有企业的公益性和精准扶贫力度

在突出企业社会责任的时代，要求我们要协调发展文化事业与文化产业的问题。公益性尤其是国有文化企业的重要属性，这就要求借鉴西方国家正在利用文化机构解决社会问题的实践，发挥文化机构参与社会议题的角色，从人、社区、社会三个方面对抗社会诸多问题。2013年习近平同志提出的"精准扶贫"已经成为企事业单位帮扶助推的经典模式和重要思想。然而，在2016年的中视传媒年报中并没有强调精准扶贫，并且在扶持领域的力度不够，积极主动性方面还需要加强。中视传媒应该以影视产业和旅游业为切入点，从文化输入和推动文化产业发展上做好精准扶贫工作。

第四节　中视传媒社会责任执行力提升路径与方法

一、新媒体融合下注重影视作品宣传引导作用

在传统媒体与新兴媒体融合发展时期，国有文化企业更要坚持政治性、人民性、创新性，既要承担唱响主旋律的使命，又要直面社会问题和丑恶现象。国内影视剧市场近年来保持平稳发展，电视剧市场规模稳步提升，市场整体供大于求，而且这种趋势会进一步加剧。这就要求在产量保持稳定的同时，更加注重高品质内容的影视产品，担负影视文化传播的重要使命。在纪录片、栏目和节目制作方面，应继续保持与央视各社会、科技栏目和频道的稳定合作。在广告市场方面，需要创新广告经营模式，深度开发新媒体的内容运营，提升栏目的影响力和广告收益，从而使影视媒体广告拥有更多元的辅助传播渠道和公益宣传通道。

二、强化企业的社会责任感，加强公共服务意识

以"影视文化旅游"为核心的影视剧拍摄制作基地，面对旅游市场需求的不断增加，旅游产品同质性增多的趋势，要不断挖掘景区的文化内涵，通过创新旅游节庆活动，把中国历史文化融入旅游情境中，进一步提升节目演出的观赏性和游客的满意度和美誉度。中视传媒作为文化传播公司，始终要以传播中国文化、国学思想等活动为己任。无锡和南海影视基地调整园内经营业务，多渠道开展创收，不断研发引进具有影视特色的旅游商品，打造景区文化旅游品牌，提高为公益和公共服务的意识和行动。

互联网新媒体篇

地理课堂实录

第十六章　新华网社会责任报告

郭玉荣　郭沛源[①]

新华网是国家通讯社主办的综合新闻信息服务门户网站，2016年在上海证券交易所成功挂牌上市，并定期披露社会责任报告。本报告主要依据2016年度新华网社会责任报告内容及其他公开公布的相关信息编写。整体上，新华网积极履行舆论引导与社会监督责任，合法经营，不断提升经营管理规范化水平；同时，新华网还积极履行人文关怀责任、繁荣发展文化责任、安全刊播责任及保障新闻从业人员权益责任。从专业角度看，新华网社会责任报告中还缺乏社会责任战略与治理内容的描述及与利益相关方沟通的描述，还可进一步完善。

第一节　新华网基本情况

新华网是国家通讯社主办的综合新闻信息服务门户网站，是中国最具影响力的网络媒体和具有全球影响力的中文网站。作为新华社全媒体新闻信息产品的主要传播平台，新华网拥有31个地方频道以及英、法、西、俄、阿、日、韩、德、葡、藏、维、蒙等多种语言频道，日均多语种、多终端发稿达1.5万条。

新华网承建了中国政府网、中国文明网、中国网信网等20多家政务网站，运营着中国最大规模的政务网站集群及用户规模超过1 600万人的微信公众号。新华网紧密追踪大数据、物联网、人工智能等前沿技术，推出数据新闻、无人机新闻等新闻报道形态，并与国际机构合作探索机器人新闻、传感器新闻等创新应用，引领传播形态变革。

[①] 郭玉荣系东北林业大学博士，商道纵横研究员；郭沛源系清华大学博士，商道纵横总经理。研究方向：企业社会责任，可持续发展。

新华网还是全国第一家也是唯一一家获得高新技术企业、ISO9001质量管理体系认证、AAA级信用企业等三项高级别资质的网络媒体。

新华网拥有众多中国新闻奖和中国互联网站获奖作品和品牌栏目，在2016年第二十六届中国新闻奖评选中，新华网参评的《网络评论：政府敢啃"硬骨头"，市场才能有"肉"吃》和《网络专题：英烈祭 民族魂 中国梦——中国人民抗日战争暨世界反法西斯战争胜利70周年》分别获得一等奖和三等奖，成为近两年来唯一连续获得中国新闻奖一等奖的网络媒体。

新华网股份有限公司（以下简称新华网）于2016年10月28日，在上海证券交易所成功挂牌上市，证券简称为"新华网"，证券代码："603888"。新华网定期披露社会责任报告，最新一期报告为2017年5月披露的《2016年度新华网社会责任报告》，较为详细地展示了新华网过去一年社会责任履行情况。本报告主要依据该报告内容及其他公开公布的相关信息，概述新华网2016年以来社会责任的履行情况及存在问题。

第二节 新华网执行社会责任现状

一、舆论引导与社会监督责任

新华网围绕网站业务、社交网络业务、互联网广告业务、移动互联网业务、大数据舆情服务业务、新媒体技术应用研发业务、在线教育和科普信息化业务、物联网业务、参股型业务、储备型业务等十大业务板块展开布局，全媒体新产品链加速形成。新华网现已形成以新华炫闻客户端、新华网微博微信、共产党员微信易信、"4G入口"自媒体联盟等组成的移动新产品矩阵。

（一）引领网络舆论，唱响主流声音

1. 认真组织宣传报道

（1）凝心聚力做好以习近平同志为核心的党中央治国理政新理念新思想新战略宣传解读。做大做强品牌栏目"学习进行时"，融合文字、图片、视频及数据图、可视化交互产品等多种形式，全媒呈现、多元报道和深入解读习近平总书记系列重要活动、重要论述、重要部署。

（2）用心用情策划红军长征胜利 80 周年全媒体系列报道，让主题宣传"同样好看"。大型多媒体融合专题《纪念中国工农红军长征胜利 80 周年》综合运用 VR、无人机、H5 轻应用、广播等形式，形成"红色"全媒产品矩阵。

（3）圆满完成 2016 年全国两会报道，成为两会网上传播主信源、主平台、主阵地。2016 年全国两会期间，完成 30 场直播报道，直播时长达 1 988 分钟。两会报道 PC 端累计页面浏览量 25.3 亿次，访问人数近 5.2 亿，移动端直接覆盖人群近 1.8 亿。

（4）精心打造《国家相册》等现象级作品，引领媒体融合创新。《国家相册》系列微纪录片从中国照片档案馆 1 000 多万张老照片中精挑细选，根据不同主题将代表中国价值、彰显中国精神的历史照片巧妙编排，运用三维特效使人物和场景"动"起来，照片背后的故事"活"起来。

（5）认真做好经济形势宣传引导。推出《新华网评：唱衰中国经济只能是"过嘴瘾"》等系列报道，主动设置议题，回应公众关切。报道从热点话题、热点人物入手，以适合网络的标题吸引网民关注，以权威的论据驳斥唱衰论调，以客观的论述引导网民，指出了"经济新常态"下大调整的变化，提出了正确看待中国经济的角度与方法。

2. 妥善引导社会热点

（1）房地产政策报道引导网民客观理性看待楼市。针对部分网民将房价上涨归因于调控政策"失败"的现象推出系列稿件，分别从购房者、中介、行业专家等角度入手，挖掘其中房价急升的根源，分析楼市调控的逻辑，以及楼市新政出台后的影响。

（2）独家访谈环保督察组负责人回应社会关切。2016 年 5 月，中央环保督察组首战河北，在督察结果发布后第一时间，新华网独家对话国家环境保护督察办公室负责人刘长根，从干部任免、约谈省部级领导等方面解答公众疑虑与关切，既得到中央环保督察组和环保部的高度认可，也得到网民的广泛点赞，引发了中央及河北地方媒体对这一事件的后续跟进。

（3）南方暴雨灾害报道引导网络舆论关注焦点。2016 年夏天我国南方遭遇罕见暴雨灾害。新华网无人机第一时间飞抵现场，发出抢险救灾报道，快速、正确地传递党和政府声音，并持续传回影像，对灾难救援、群众转移安置等进行跟进报道，回应网民关切，消除谣言等有害信息影响。

（二）创新新闻节目内容，传播社会正能量

（1）大力开展网上社会主义核心价值观宣传教育，产生广泛社会反响。推出"中国梦——梦想进行时"大型图文故事报道，制作"图说我们的价值观"动画视频公益广告，设计"梦娃"形象，并在全国重点新闻网站、专业视频网站及数十种手机客户端、微信微博平台上广泛刊播。

（2）精心组织道德模范、先进典型报道，将人物故事讲得更加精彩生动、质朴感人。举办"我推荐我评议身边好人"活动，推出"中国好人榜"。编辑出版"中国好人"系列图书，完善层层推、层层评、层层学的工作机制，营造敬好人、学好人、当好人的浓厚氛围，大力倡导好人精神，弘扬好人文化。

（3）将弘扬中华优秀传统文化和传统美德、弘扬红色文化和革命精神作为网上宣传的重要内容。开设网上国学讲堂、网上革命展馆、网上红色旅游、传统文化网上行等专题网页，大力弘扬以爱国主义为核心的民族精神。以"我们的节日"为主题，开展网上拜大年、网上祭英烈、网上签名寄语、网络春晚和诗词楹联网上征集等活动，引导网民增强文化自信和价值观自信。

（三）深入调查，传递信息

（1）创新媒体型智库服务，已建立起拥有1 500余名专家学者和行业领袖的专家库，含有3万多篇舆情分析报告的舆情样本库，与海内外63家智库和机构建立联系和合作，平台规模与影响力稳居新型智库行业前列。

（2）提供投资者教育服务，全年累计策划组织线上与线下活动10余次，制作系列策划10余个，切实为广大投资者解困惑、答问题，同时进一步与监管部门构建更为紧密的沟通联系。

（3）提供手机党校服务，为超过600万党员提供可随时随地接受教育、了解党建动态的便捷窗口，解决了党员干部教育培训不易集中、不易覆盖、不易持续等难题，成为党员教育培训工作的重要抓手。

（四）履行遵守职业规范与社会监督责任

新华网狠抓制度建设和内部管理，强化分层分级负责制，做到守土有责、守土尽责，确保遵守职业规范。一是严格规章制度，制定和完善了《新华网关于新闻稿件格式规范的规定》《新华网关于加强和改进垂直专业频道报道安全管理的规定》等一系列规章制度。二是恪守从业准则，积极开展新闻采编人员岗位培训工作，制定《员工职业行为守则》，对采编人员行为提出明确要求。三是接受社会监督，按照网信办有关要求，在首页显著位置公布举报电话，及时受理处理网民对新华网报道和记者的投诉举报。

二、新华网的市场责任

新华网严格遵守法律法规，履行合法经营责任，不断提升经营管理规范化水平。一是坚持采编和经营"两分开"，明确采编和经营工作的职能职责，实现管理分开、业务分开、人员分开。二是严格遵守税收法律法规，按时足额缴纳各种税费款项。三是严格规范经营行为，禁止经营人员以新华社、新华网记者、编辑的名义从事经营活动。四是严控经营风险，增强经营安全和风险防控意识，完善制度，堵塞漏洞，排除隐患。五是遵守市场经济竞争法则及公认的商业道德，公平、公正地参与市场竞争，信守合同，履行协议。

2016年，新华网实现营业收入13.61亿元，同比增长36.47%；归属于上市公司股东的净利润2.80亿元，同比增长6.78%；经营活动产生的现金流量净额3.06亿元，同比增长11.54%。截至2016年12月31日，公司总资产32.83亿元，归属于上市公司股东的净资产23.58亿元。

2014~2016年新华网经营数据

主要会计数据	2016年	2015年	本期比上年同期增减（%）	2014年
营业收入	1 361 356 934.31	997 533 568.00	36.47	633 829 803.01
归属于上市公司股东的净利润	280 136 840.40	262 338 152.54	6.78	187 930 169.21
归属于上市公司股东的扣除非经常性损益的净利润	274 057 845.33	254 416 244.06	7.72	176 830 377.33
经营活动产生的现金流量净额	306 479 308.67	274 762 420.89	11.54	113 656 706.24
	2016年末	2015年末	本期末比上年同期末增减（%）	2014年末
归属于上市公司股东的净资产	2 358 058 085.21	1 065 210 257.28	121.37	823 465 830.32
总资产	3 282 871 188.53	1 762 830 019.39	86.23	1 358 308 313.60

报告期内，新华网收入类型为网络广告业务、信息服务业务、网站建设与技术服务业务、移动互联网业务。

网络广告业务是公司重要的收入来源。报告期内，公司着力推进品牌传播力向互联网经营变现，提升客户服务质量，持续增加大项目、大客户合作。在激烈的市场竞争中2016年网络广告收入较2015年增长32.51%。

信息服务业务方面，公司加大31个省市的地方分公司经营业务的拓展，大数据舆情业务进一步完善产品与服务体系，承办科普信息化建设项目，涉足数字影视及视觉艺术领域。2016年信息服务业务收入较2015年增长39.08%。

网站建设及技术服务方面，公司建立起国内规模最大的政府网站集群，带来稳定的技术收入，推出基于大数据技术的新闻传播力分析评估系统获得中央网信办等首批用户。2016年，公司网站建设及技术服务收入较2015年度基本持平。

移动互联网业务方面，公司以4G入口为核心的移动增值和融合通信业务增长迅速，以创客孵化教育系统为核心，为地方政府提供创业孵化与创新人才整体解决方案的业务发展快速，以溯源中国为核心的移动信息化业务步入快速发展，充分发挥公司总部与分公司"前店后厂"作用，与地方区域特色有机结合，建立了面向政府部门的区域农业信息化监管平台。2016年移动互联网业务收入较2015年增长60.59%。

新华网拟以本次利润分配及转增股本方案实施前的公司总股本为基数，向全体股东每10股送红股10股，预计送红股共计207 611 744股，同时以资本公积金转增股本方式向全体股东每10股转增5股，预计转增共计103 805 872股。

三、新华网的社会责任

（一）履行人文关怀责任

新华网以创新思维开展公益事业，充分发挥权威优势和舆论引导作用，为推动中国公益事业的健康发展贡献力量。

作为国家首批13家互联网募捐平台之一，新华网与中国社会福利基金会等公益组织合作，截至2016年12月31日，共有约50万名爱心人士通过平台捐赠近6 000万元善款。

新华网大力实施教育扶贫，联合公益机构举办第二届"希望工程烛光奖"颁奖典礼，对定点扶贫地区乡村教师进行培训，改善其物质生活，提升教学水平。依托新华网发起的精准送温暖扶贫公益项目"爱心衣橱"，向定点扶贫地区儿童捐赠衣物，呵护童年。

新华网还发挥权威媒体优势，大力开展公益传播。新华网精心录制多媒体互动公益栏目"公益中国九人行"，就公众关注的公益热点话题、公益现象展开探讨和研究，碰撞公益智慧，传播公益理念；录制中国首部网络直播公益纪实电影，以"如果有爱，用心爱"为主题，组织明星志愿者以普通人身份深入偏远贫困地区与当地学校儿童互动，通过网络和自媒体全程直播并拍摄纪实电影，呼吁更多人用实际行动参与公益，吸引近10万手机用户参与互动并转载传播爱心力量。

（二）履行繁荣发展文化责任

首先，新华网精心打造网上科普传播平台，助力"科普中国"战略，2016年研发出品科普作品8 000余部，通过多终端全媒体立体传播获得超过9亿的总浏览量。在全国科普日展示中，新华网无人机、VR、科普小实验大放光彩，吸引万人驻足参与互动，科普传播效果显著。

其次，新华网践行创新发展战略，推动中国科幻产业化发展。成功举办国际科幻高峰论坛暨星云奖颁奖典礼，聚焦科幻让科学更具想象力、科幻产业链如何繁荣发展等主题，邀请中、美、日等多个国家和地区的科幻界领军人物展开思想的交锋，并为全球主流科技、影视制作和投资机构交流碰撞提供平台，助力中国科幻产业发展。

第三，新华网传承延安广播优良传统，打造网络音频优质内容。新华广播着力打造诗歌荐读节目《听来总是诗》、图书荐读节目《书鉴》、文化杂谈类节目《瑞东说》、历史类节目《共和国之声》等精品原创节目，提供优质内容，传播经典文化，弘扬主旋律、传播正能量。

（三）履行安全刊播责任

新华网严格履行安全刊播责任，安全状况整体趋于良好，全年未出现重大安全刊播事故。一是完善安全刊播制度。多年来在安全刊播方面积累了一系列规章制度，并在日常采编报道工作中严格遵守执行。

二是发挥质量监控室保障作用。新华网质量监控室2014年11月设立，在2016年进一步提升工作效能，本着早预警、早发现、早排查、早提示、早调整的宗旨，强化日常监控和专项清理，为内容安全构筑坚实保障。

三是实行质量检测周报、日报制度。通过页面监控工作，坚持每周发布《新华网质量检测周报》、每天发布《质量检测日报》，对全网差错情况以及产生原因作出全面梳理和分析，确保新华网整体页面质量。

四是及时受理网民不良信息举报。设立违法和不良信息举报中心，向社会公布24小时举报电话、传真和邮箱，全年总计受理举报电话、传真和邮件3 000多件次，有效遏制了违法有害信息的网上传播。

（四）履行保障新闻从业人员权益责任

新华网秉承"以人为本"的理念，切实保障公司员工权益，真诚关心公司员工生活。一是严格签署劳动合同。认真遵守并执行相关法律法规，及时主动与员工签署劳动合同，积极保障新闻从业者权益。截至12月31日，所有员工全部依法签署、续签劳动合同，全年无一例因劳动合同引发的纠纷和仲裁。

二是确保员工薪酬福利及社保。依法、合规、及时、足额为员工缴纳各项社会保险和住房公积金，保障员工权益。协助员工办理就医、购房、生育险等审批事项，助力员工享有福利。

三是为新闻采编人员申领记者证。根据国家新闻出版广电总局、中央网信办和新华社要求，为符合申领新闻记者证条件的新闻采编人员办理申领新闻记者证相关工作。截至2017年3月7日，新华网共有227名员工持有新闻记者证，在历次年检过程中未发生违规情况。

四是广泛开展员工培训。稳步推进各项培训工作，初步搭建"线上、线下、内训外引"多维度培训体系，全面提升员工职业能力，本年度内全网员工参与培训超过5 000人次，综合满意率93%以上。

五是关怀职工日常生活。购买空气净化器，增加绿植覆盖率，改善员工工作平面空气质量和办公环境。加大对女职工关爱力度，设立"温馨小屋"，专供公司哺乳期女职工使用。慰问运动会受伤员工，研究医疗费用解决方案。

四、责任管理

新华网社会责任报告着重陈述了新华网履责情况，包括正确引导责任、提供服务责任、人文关怀责任、繁荣发展文化责任、遵守职业规范责任、合法经营责任、安全刊播责任及保障新闻从业人员权益责任等。然而，新华网社会责任报告并没有专门描述责任管理的情况，特别是没有提及新华网履行社会责任工作的组织架构情况及核心利益相关方的识别与分析。

第三节 存在的问题

在社会责任报告中，新华网自觉对照国家要求和社会需求，提出了当前履行社会责任的主要问题。

一是媒体融合的程度可以进一步提高。党的十八大以来，以习近平同志为核心的党中央高度重视媒体的融合发展。当前，新华网的数据新闻、无人机、VR/AR等产品线已比较成熟，但新技术在短视频、移动产品等领域的融合发展还有进一步提升的余地。

二是舆论引导的力度需要进一步加大。在网络空间纷繁复杂的传播生态中，有些时候弘扬主旋律、传播正能量效果未能达到预期，面对社交化、移动化、视频化等行业发展趋势，传播力、引导力、影响力和公信力还可以进一步提升。

三是传播和践行公益慈善的创新能力还有待提升。履行社会责任与其他各项工作需要进一步有机结合、相互促进，着力打造通过公益活动提升品牌价值助力业务发展，以业务发展反哺推行社会公益的良性循环。

除了上述新华网自身指出的问题外，从专业的企业社会责任角度来看，新华网履行社会责任还存在如下两个问题。

一是战略与治理问题。一般情况下，企业履行社会责任要从企业履责的战略、治理架构及管理措施讲起，然后再落脚到具体的履责绩效。新华网社会责任报告中缺乏这些内容的描述。特别是，关于社会责任管理的组织架构，即由谁管理的问题，在报告中并未提及。

二是利益相关方识别与沟通问题。新华社社会责任报告缺乏对核心利益相关方的分析、识别与沟通过程和结论的描述，因此尚未对某些特殊利益相关方群体的需求进行充分回应。譬如，针对老人、盲人等读者是否有采取特殊措施以满足他们的阅读需求;又如,报告对社区的需求也缺乏全面回应。

第四节 改进的方向

在 2016 年新华网社会责任报告中,新华网承诺在以下几个方面持续做出努力,切实践行社会责任。

一是坚持正确政治方向和舆论导向,践行"高举旗帜、引领导向、围绕中心、服务大局,团结人民、鼓舞士气、成风化人、凝心聚力、澄清谬误、明辨是非、联接中外、沟通世界"职责和使命,营造良好舆论氛围。涉足传媒内容制作后,应发挥更大的舆论宣传引导作用。

二是坚持"权威声音,亲切表达",进一步改进创新新闻报道工作,不断提升新闻报道的吸引力和感染力,提升网络舆论引导主力军、主阵地职能。根据传媒企业特点,结合上市公司要求,更加全面履行披露社会责任。

三是遵守职业规范、恪守职业道德,坚决杜绝虚假报道、有偿新闻等不良现象,切实维护新闻工作者良好形象。

四是提供贴近实际、贴近生活、贴近群众的服务,最大限度满足用户的信息需求,为用户创造价值。

五是创新经营模式和经营业态,合法合规运营,实现持续发展,对股东、合作者等利益相关方尽责。

六是依法保障员工合法权益,保障员工身心健康,重视人才培养和发展,优化职业发展通路,推动员工和公司一起成长。

七是关注公益慈善事业,传播公益爱心理念,打造公益服务平台,组织公益慈善活动,推动社会公益事业向前发展。强化企业的社会责任感,加强公共服务意识。

除了上述新华网承诺的改进方向外,从专业的企业社会责任角度来看,新华网履行社会责任可以在如下方面取得进步。

一是建立明确的社会责任战略及清晰的组织治理结构。战略主要是描述清楚新华网对履行社会责任的理念和策略。组织治理结构则是确保内部有明确分工,有专人负责社会责任,并且与机构内外部能保持畅顺的沟通。

二是增加对利益相关方的识别与沟通。通过利益相关方识别，新华网可以对众多利益相关方进行优先排序，对最关键的几个利益相关方群体，新华网可以采取专门行动，了解需求，加强沟通。

三是提升社会责任报告的专业程度。2016年新华网社会责任报告主要是以叙述性的方式，对过去一年新华网履行责任的情况进行描述，与专业的企业社会责任报告比较，从形式和内容上还有所欠缺，特别是形式上。未来的新华网社会责任报告可以补充如下内容：高管致辞、责任战略、利益相关方识别与沟通、指标索引（作为目录）等。

第十七章 人民网社会责任报告

张名章[①]

人民网是国内第一家在 A 股上市的新闻网站，第一家将新闻采编业务和经营业务整体打包上市的中央媒体，也是我国创办最早的党报网站。作为国家重点新闻网站的排头兵，人民网以"权威、实力、源自人民"为理念，以"权威性、大众化、公信力"为宗旨，以"报道全球、传播中国"为己任，积极进行全媒体网络平台建设，优化产品结构，丰富经营模式，已成为权威性的"多语种、全媒体、全球化、全覆盖"的综合信息服务提供商。随着信息技术的飞速发展及商业媒体的激烈竞争，人民网应该加强业态技术创新，加强全媒体人才建设，积极适应媒体融合的深入发展。在做好党和政府的路线、方针、政策和中心工作的宣传报道，正确履行好媒体的引导责任、提供服务责任、人文关怀责任、繁荣发展文化责任、遵守职业规范责任的同时，进一步做好经营工作，加强核心竞争力，增强上市公司市场主体责任，争取社会效益与经济效益共增长、双丰收。

第一节 人民网基本情况

人民网股份有限公司（以下简称人民网）前身为人民网发展有限公司，于 2005 年 2 月 6 日由人民日报社、环球时报和中闻投资共同出资设立。2010 年 6 月 20 日，经财政部同意，并经中国共产党中央委员会对外宣传办公室批准，由人民日报社、《环球时报》社、京华时报社、《中国汽车报》社有限公司、

[①] 张名章，昆明理工大学新闻传播学院教授。

中国电影集团公司、上海东方传媒集团有限公司以及中国出版集团公司为发起人，整体变更为人民网股份有限公司，公司于 2010 年 7 月 21 日在国家工商行政管理总局核准登记。人民网的母公司和最终母公司为人民日报社。人民网于 2012 年 4 月 27 日在上海证券交易所上市，股票代码：603000，人民网的上市创造了中国资本市场的两个第一：第一家在国内 A 股上市的新闻网站，第一家将新闻采编业务和经营业务整体打包上市的中央媒体。

2014 年 1 月 16 日，人民网对外正式发布了全新视觉形象识别系统。

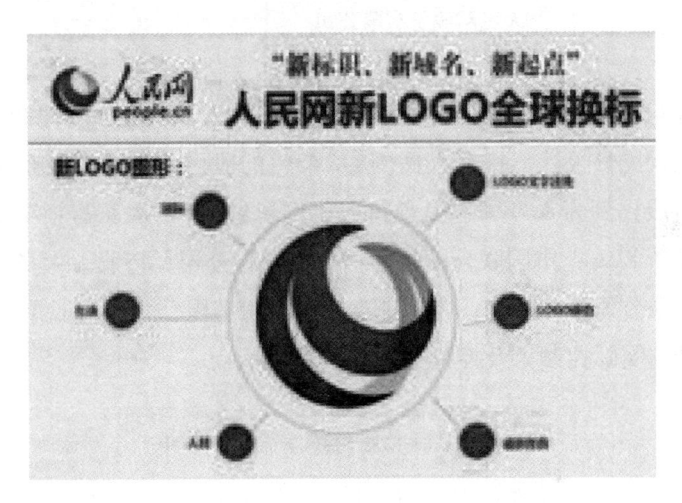

新 LOGO 的中文部分承袭了毛泽东所题"人民日报"的"人民"二字，"网"字则取自人民出版社出版的《毛泽东书法大字典》，经过字体角度修正，英文域名的字体也进行了重新设计，主色调借鉴中国共产党党旗红黄两色的主体色调，主体形象是两个抽象的"人"形，舞动飘逸又相互贯通，两个贯通的"人"字既象征互联网双向互动的特性，又代表人民网致力于做信息传播与政治沟通的桥梁，致力于打通官方与民间两个舆论场，连通官民、听政问政，做官方与民间互动的媒介平台。人民网的主体业务是经营"人民网 www.people.com.cn"和"环球网 www.huanqiu.com"两个主要网络平台，从事互联网广告业务、信息服务业务、移动增值业务和其他技术服务。上市时，根据人民网首发招股说明书的公告，人民日报社直接持有人民网 66.01% 的股份，通过环球时报、京华时报和汽车报社分别间接持有本公司 11.89%、0.82% 和 0.82% 的股份，人民日报社直接及间接持有本公司 79.54% 的股份。人民网公司产权关系控制如下图所示：

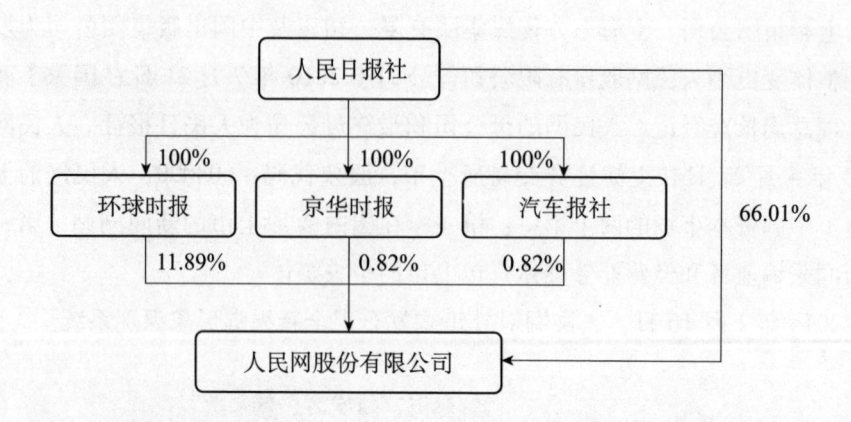

```
              ┌─────────────┐
              │  人民日报社  │
              └──┬───┬───┬──┘
       100%│   100%│   100%│       │66.01%
          ┌▼──┐ ┌──▼──┐ ┌──▼──┐    │
          │环球│ │京华 │ │汽车 │    │
          │时报│ │时报 │ │报社 │    │
          └─┬─┘ └──┬──┘ └──┬──┘    │
       11.89%   0.82%    0.82%     │
              ┌────▼────────────┐  │
              │ 人民网股份有限公司│◄─┘
              └─────────────────┘
```

上市五年后，截至撰稿时（2017年12月），人民网的实际控制人未发生变化，依然是人民日报社，持有人民网48.43%的股份，第二大股东是《环球时报》社，持股比例为8.58%，其他持股比例超过1%的股东有：中国移动通信集团，持股2.17%；中国联合网络通信集团有限公司，持股1.45%；英大传媒投资集团有限公司，1.36%；中国证券金融股份有限公司，持股1.24%。

人民网与实际控制人及控制关系如下图所示：

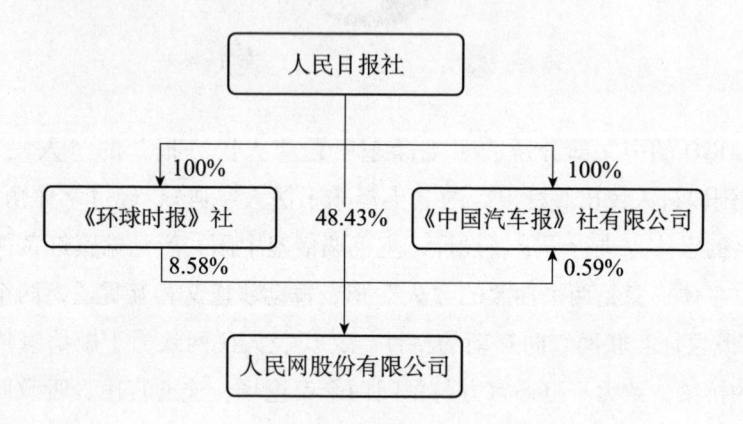

```
              ┌─────────────┐
              │  人民日报社  │
              └──┬───────┬──┘
            100%│       │100%
          ┌─────▼──┐ ┌──▼──────────┐
          │《环球  │ │《中国汽车报》│
          │时报》社│48.43% 社有限公司│
          └────┬───┘ └──────┬──────┘
            8.58%          0.59%
              ┌────▼────────▼───┐
              │ 人民网股份有限公司│
              └─────────────────┘
```

人民网为上市企业，有义务定期披露企业相关内容和数据。材料显示，人民网自2013年开始，每年4月定期披露企业的社会责任报告，公司年报和半年报中也有社会责任执行情况，同时公司官网中也披露了一些上市公司和主要子公司的相关信息。且2016年社会责任报告也已于2017年4月公布，较为详细地展示了人民网的社会责任履行情况。因此，本报告主要依据上述各方公开发布的相关内容，概述人民网自上市以来社会责任的履行情况及存在问题。

第二节　人民网执行社会责任现状

人民网于1997年1月1日正式接入国际互联网，是我国创办最早的党报网站。人民网也是一家生产传播优秀文化产品的国家级企业、同行业领军的上市公司、人民日报融合发展的新媒体旗舰。20年来，人民网始终坚守党网定位，为党立言，为民发声，坚持"做最好内容的网站、做最好服务的平台"，在网络宣传、对外传播、媒体融合、事业发展等方面取得显著成绩。本报告在梳理2012~2016年人民网社会责任报告的基础上，结合上市传媒企业特殊性，从以下几个方面总结人民网的社会责任履行情况。

一、公司理念及战略目标的完成情况

作为国家重点新闻网站的排头兵，人民网以"权威、实力，源自人民"为理念，以"权威性、大众化、公信力"为宗旨，以"报道全球、传播中国"为己任。公司的战略目标是：引领网络媒体发展潮流，进行全媒体网络平台建设，优化产品结构，丰富经营模式，实现传统互联网和移动互联网应用的融合，成为最具权威性和公信力的以新闻为核心的、"多语种、全媒体、全球化、全覆盖"的综合信息服务提供商。

目前（截至2017年6月30日），在传播形态上，人民网已形成拥有PC网站、网络视频、手机网站、手机电视、社区、博客、微博客、微信公众号等在内的新媒体布局，用文字、音视频、论坛、博客、微博、网上直播等多种手段，每天24小时向全球网民及时发布丰富多彩的信息，内容包括政治、经济、社会、文化等各个领域；在传播范围上，人民网传播覆盖超过1.3亿人次，网民遍布210多个国家和地区，除中文版本外，还拥有7种少数民族语言和9种外文版本，运营和管理的人民日报海外社交媒体账号群，粉丝数目前（截至2017年6月30日）已达到3500万，粉丝量和互动率居全球报纸类媒体第一位；在传播方式上，人民网紧随互联网发展的趋势，不断深化对网络传播规律的认识，打通自有平台和社交平台，在生产有品质的新闻基础上，积极推动信

息的分发与转发，实现观点的分享与传播，进而实现用户规模的扩大和黏性的增强。在中央网信办主管的《网络传播》杂志发布的"中央重点新闻网站综合传播力排行榜"中，人民网长期位居第一。

近年来，人民网积极探索以资本为纽带，通过兼并、收购、参股、控股等方式，投资布局传媒相关重点领域，形成以传媒产业和文化产业为主体的产业集群。目前，人民网旗下拥有环球网、海外网、人民在线、人民视讯、人民创投、澳客等多家控股网站（公司），在全国31个省市自治区设立地方频道，在日本东京、美国纽约和旧金山、韩国首尔、英国伦敦、俄罗斯莫斯科、南非约翰内斯堡、澳大利亚悉尼、法国巴黎、瑞典斯德哥尔摩、中国香港等10个国家和地区设立了11个分公司或办事处。根据公司的年报披露与介绍，目前公司从事的主要业务包括以下类型：

（1）广告及宣传服务：公司依托于人民网、环球网、海外网等网页运营平台，在网站主页及其各频道、互动社区等页面上通过文字链、图片、多媒体等表现形式为客户提供广告服务，广告客户涉及金融、房地产、食品、家电、通信等多个行业和领域。

（2）移动增值业务：公司拥有跨地区增值电信业务经营许可证和包括手机视听节目内容服务在内的信息网络传播视听节目许可证等经营资质，拥有WAP门户网站、手机视频、手机阅读、手机音乐、手机动漫等多项移动增值业务。通过自身运营及与电信运营商合作的方式，在移动互联网领域，通过文字、图片、视频等多种形式，向用户提供新闻、舆情、生活、娱乐等内容信息服务。

（3）信息服务：公司拥有电信与信息服务业务经营许可证、互联网新闻信息服务许可证等信息服务类经营资质，已形成完整的"信息采编—策划—信息发布—信息服务"的一体化经营产业链，通过新闻信息版权销售以及网络舆情咨询研究、数据库等其他信息增值服务形式，实现了公司优质原创新闻内容的进一步传播。

（4）技术服务：公司依托完备的技术设施、专业的技术人员、先进的管理理念，面向社会用户提供网站建设、主机托管、网络接入、产品研发等多项专业技术服务。

经过多年的发展，人民网拥有"中国共产党新闻网""强国论坛""地方领导留言板""人民微博""高端访谈""人民网舆情监测室"等品牌栏目，影响巨大。由于品牌影响力，人民网拓展主办了"中国人大新闻网""中国政协新闻网"等多个专业性新闻网站，并先后承办多个党的主题教育活动官方网站以及党的十七大、十八大、十九大新闻中心官方网站，并成功建设了十一个中央部委网站。公司品牌的知名度、影响力、公信力在互联网业界中拥有明显的优势。

二、主流舆论引导与正能量传播责任

人民网一直传承着党报的红色基因，新闻宣传报道工作紧紧围绕党和国家的中心工作，服务于人民群众对政策解读与新闻信息的需求，始终坚持正确的政治导向、思想导向、价值导向、行为导向和审美导向，在重要党务政务活动报道、重大主题宣传、重大典型宣传、国内国际重大事件报道，以及经济建设、社会建设等各方面的宣传报道中，坚定地履行媒体的社会责任，传递正能量。在新闻宣传报道工作中，突出报道党和国家领导人的重要党务政务活动，系统宣传、解读党的路线、方针、政策；积极做好中国特色社会主义理论、社会主义核心价值观宣传，围绕党和政府中心工作开展宣传报道，动员鼓舞群众投身国家建设。

（一）传递高层声音，解读中央精神

人民网高度重视宣传解读习总书记重要活动及系列重要讲话，并积极运用网言网语、微视频图表等新媒体传播语态与手段，2014年专门开设了"学习有方"栏目与"学习路上——习近平总书记系列重要讲话大型网络数据库"解读习总书记的活动和重要讲话精神，该数据库实现了新闻发布、信息检索、动态交互、资料分享、手机阅读等多种功能，是互联网上首个以数据库形式宣传和推介习近平总书记重要讲话的专栏。平均每个工作日推出两篇原创报道，多次被各大网站在头条、首页要闻区推荐。到2015年年底，仅"学习路上"就收录图文和多媒体学习资料8万余篇（幅），在互联网上形成了广泛影响。由于对"四个全面""三严三实"等习总书记系列重要讲话精神的网上宣传解读表现突出，人民网成为唯一一家被中央网信办授予宣传习总书记系列重要讲话精神表现突出一等奖的网站。2015年，人民网多次在首页首屏设立报道专区，突出报道国家主席习近平访美、访英、参加联合国气候变化巴黎大会、主持中非合作论坛等重要活动。在"习马会"报道中,首次实现国家领导人海外活动视频直播,成为国家重点新闻网站视频直播的一大突破。2016年不忘初心,继续加强落实习近平总书记"2·19"重要讲话精神的宣传。原创特稿《交出崭新"赶考"答卷——十八大以来以习近平同志为总书记的党中央推进全面从严治党纪实》,转发量达创纪录的930条;《八论全面从严治党》系列稿件,系统总结回顾总书记党建思想和中央反腐成效,被各大网站转载;《网信工作座谈会上,习近平引用8句古语旨趣高远》微信转载阅读量超过10万。人民网还积极运用新媒体形式创新解读方式,动漫《"不忘初心"成热词 为啥这么火?》、H5《跟习近平学党史国史》、图解《习近平提过的三个"陷阱定律"都是啥》等作品均在微信公众号上广泛传播。

2016年,人民网紧跟习近平主席各次出访行程,推出大量原创报道及专题,对出访进行全程报道、深度解读。《习近平开启"走亲戚"式访问,会去哪串门》被央视新闻公众号转发,访问量超过10万。2016年,人民网记者跟随李克强总理10次国内考察,40余篇稿件被中国政府网或其微信号转载。《李克强江西考察途中临时停车挂念这件事》《李克强与中外顶级创客刮起"头脑风暴"》《什么会议如此重要让李克强连夜召开?》等稿件登上各大门户网站首页,微信公众号转载阅读量超过10万。

宣传习近平总书记系列重要讲话精神。除第一时间收录、传播习近平总书记重大活动和重要讲话外,还围绕总书记系列重要讲话精神和治国理政新理念新思想新战略,推出有特色、有力度、有深度的系列解读作品,逐渐形成了"自采原创+专家解读、系列图解、H5策划"等多元呈现、组合出击的报道模式,提升讲话精神在PC端、移动端的传播力、影响力。如:"六一"儿童节推出的《"大朋友"习近平寄语儿童:美丽的中国梦属于你们》、系列解读稿件《习近平擘画"绿水青山就是金山银山":划定生态红线 推动绿色发展》等。围绕习总书记4月出访芬兰并赴美国举行中美元首会晤、6月访问哈萨克斯坦并出席上合元首理事会第十七次会议和阿斯塔纳世博会、7月出访俄罗斯和德国,人民网国内编辑和海外分公司密切配合,内宣、外宣同步推进,形成"围绕一条线、全网一盘棋"的报道局面;在报道手段上,除了常规中文和多语种专题外,还加大视频报道力度、增加视频内容呈现形式,推出多条质量佳、口碑好、影响大的作品。如:人物微纪录片《被习主席点赞的"熊猫侠"》以纪实手法介绍哈萨克斯坦籍留学生鲁斯兰的事迹；视频《俄罗斯街采：如果有机会见到习近平你想对他说什么?》受到广大网友的热切欢迎，并在俄罗斯 VK 平台进行推送，发布 3 天，该视频在闪拍上的浏览量为 209 万次，在人民网微博上的浏览量达 35 万次。

(二) 聚焦社会热点，引导社会舆论

加强议题设置，通过原创新闻和评论主动引导舆论，全网联动，对国内外重大新闻事件积极发声，发挥舆论传播和引导能力，是人民网的重要社会责任。2015 年，人民网共刊发 500 余篇时评。2015 年全国两会期间，推出的"两会热点调查"，共吸引了超 372 万网民参与投票；抗战胜利 70 周年报道，人民网制作推出 6 期"以正史听"系列 H5 策划。2016 年 8 月，连续推出 13 篇"聚焦供给侧结构性改革"系列报道，聚焦党中央治国理政进行时，全面解读政策亮点、追踪改革成效。9 月，推出"深改组 1000 天"系列报道。10 月，推出"问中国"系列报道，从和平发展、经济发展、民生保障等方面采写 6 篇报道，引导受众正确认识当今中国。光 2014 年一年，人民网"求真"栏目就澄清 500 余条网络谣言、虚假信息，其设立的辟谣公众号，订阅量超 10 万。2015 年 8 月，天津港危险品仓库爆炸事故当天，面对一些传言谣言在网上扩散蔓延的态势，人民网"求真"栏目迅速组织辟谣整合报道《有关天津滨海新区危险品仓库爆炸事故，这些传闻不靠谱》，从空气污染、社会秩序、交通调配、网络求助、报道环境等五方面加以澄清和分析，在全网被广泛转发传播，为净化网络空间、营造有利于救援和善后工作的舆论环境，发挥了积极作用。为驳斥一些境外媒体"唱衰"中国经济的不实论调，人民网多次推出系列评论，积极应对。

为了解社情民意，引导社会情绪，人民网《网连中国》栏目通过与人民网各地方频道联动，每周推出一篇调查稿件，稿件推出后取得良好的社会效应，获得当地政府部门的高度关注，多篇引起相关省份媒体发起二次报道且访问量超 10 万、"100 家以上媒体转载"渐成常态。针对近年来各地不断出现毒校服、丑校服问题，栏目联合福建、河南、海南频道联动推出稿件《四部委"校服新政"出台一年多孩子们穿得漂亮了吗?》，访问量近 30 万、评论达 600 余条，稿件被《人民日报》法人微信推送后，仅十几分钟阅读量超 10 万，点赞数超 2 000 个。此外，"公务员调薪"报道被超 500 家媒体转载；"农村天价彩礼"

报道受到百万网友关注，网友评论近 2 000 条。《求真》栏目全年发布 320 篇求真稿件，还原真相。2016 年夏季，南方多省市汛情严峻，个别人故意在网上散布不实消息。栏目集纳各地辟谣信息，发布稿件《这些关于南方汛情的谣言别信别传了》，提醒网民分辨真伪，共同维护防汛抗灾期间的网络秩序。同时赶制图解和 H5 版本，丰富报道表现形式。稿件被人民日报"中央厨房"推送，共计 340 余家网站和微信公众号转载，稿件在众多微信号上的阅读量超过 10 万。该稿件有效汇聚了防汛抗洪中的正能量，90% 以上的网民留言对汛情谣言表示深恶痛绝。5 月，栏目记者调查发现，网上热传的所谓杨绛先生《一百岁感言》系好事者拼凑而成，于是第一时间采写《网络热传的杨绛先生〈一百岁感言〉并非先生所作》一文澄清事实真相，该报道被人民日报等 330 家微信公众号转载，累计阅读量超 200 万。2016 年，《人民热线》栏目急民众之所急、忧民众之所忧，锲而不舍采访追踪热点新闻、断头新闻，推出原创报道 45 篇，获多个部门回应。3 月，独家发布《沧州教育局回应 12 名学生带手机被劝退：立即返校》一稿，成功为 12 名面临失学的学生讨说法，捍卫了他们受教育的权利。4 月，针对江西新余水源镉污染事件，推出稿件《江西新余镉污染第 9 天 排污企业依然未公布》，发布当日江西省环保厅连夜通报排污企业信息。6 月，北京校园"毒跑道"事件持续发酵时，人民网连发追踪报道，《北京丰台一幼儿园多名孩子流鼻血与塑胶操场有关?》报道被北京电视台新闻引用，众多新闻 APP 推送；《七问校园"毒跑道"：谁为孩子身体异常负责?》一稿，网友评论称"体现人民网的社会担当"，报道促成有关小学及幼儿园塑胶跑道拆除。

（三）参与政治沟通、进行信息服务

人民网作为中央重点新闻网站，除了积极宣传中央精神，也要积极反映民众呼声与要求，搭建民众与政府之间沟通的桥梁。早在 2006 年，人民网为搭建官民互动平台推出《地方领导留言板》栏目。栏目历经数次改版、升级，为网民与地方领导提供了一个直接便捷的沟通渠道，成为全国最大的互联网官民互动平台。2014 年全年，《地方领导留言板》刊出网民留言近 16 万条，各级领导回复网民留言近 11 万条。截至 2014 年底，全国累计有 54 位省（区、市）委书记，省、市长（区政府主席），1 800 多位市县一把手先后对人民网《地方领导留言板》网友留言做出公开回复。全国 96% 的省（区市）、76% 的市、

45%的县开展了网民留言办理工作，多个省区市建立了回复办理人民网《地方领导留言板》的固定工作机制。2015年，人民网地方领导留言板新增175位地方领导开展留言办理，省市县三级的地区覆盖率分别为96%、76%和57%。2015年全年网友留言总数超过19万条，各地回复量近14万项。各地网民留言近27万项，同比增长42.1%，主要数据均创5年来最大涨幅。截至2016年底，各地省、市、县"一把手"累计回应网民留言突破62万项，网民通过《地方领导留言板》发帖量超过100万篇。光2014年就有2 700多位嘉宾做客人民网，通过人民网的平台与网友进行交流。他们中，有国家领导人，有机关单位的负责人，有专家学者，有新闻事件的当事人，有外国驻华大使，也有普通网友。人民网利用自身网络平台，邀请相关嘉宾与网友进行在线交流，解读政策，剖析热点，探因究源，通过交流沟通，解疑释惑，达成共识。搭建政府与公众沟通的桥梁，是人民网自创办初期就全力以赴的工作。创办10年来，《地方领导留言板》目前已经实现了31个省市区留言办理和回复的全覆盖，栏目累计吸引百万网民参与其中，先后有59位省委书记、省长通过人民网与网民互动，2300多位市县一把手公开回复网民留言，为百姓解决问题超过80万件。人民网除以上栏目外，还建有人民热线、E政广场、部委领导留言板等栏目，网友可以通过多种渠道反映问题，人民网促进网友与相关部门沟通，推动问题的解决。2014年7月7日，人民微博推出的"对话官微"平台，网民可以通过"对话官微"反映实际问题，政府机构也可以通过"对话官微"进行回复。

另外，人民网独立开发了人民微管家管理的系统，可同时向多家微博平台上传信息，集政务微博编发、数据分析、突发事件预警系统为一体，是政务微博的管家，既省时省力，又能确保政务微博运营流程规范。2014年5月正式上线以来，有近1500家政府机构、企事业单位使用了人民微管家免费版，近50家机构付费购买高级版或者定制版。人民微博2014年3月底开通了"政务微博课堂"栏目，每周邀请一个在运营方面表现优异的政务微博账号作为"讲师"，向网友和同行展示自己独特的运营方式，每期稿件均在人民网《网络舆情》杂志刊登。目前，该栏目已邀请40家官微做客人民网。政务微博课堂栏目的开通，既促进了政务微博相互之间的互动、学习，也助力政务微博树立正面形象。

同时，人民网作为网络信息服务提供商，注重以网民需求为导向，以信息资源深层开发为手段，为网民提供及时准确的各类信息服务。通过开设不同的专题、专栏，帮助群众解决实际问题，提供各种便利服务。2015年高考报道，人民网PC端推出"2015高校招办主任系列访谈"，为考生及家长提供最及时、最全面的信息；考前推出有关高考经济、饮食减压、考场应急等6期策划。移动端立足互动，推出H5游戏"全民高考"，整理近年来高考题目，吸引网友答题闯关；高考期间，推出《2015全国高考作文之最调查》，并根据调查发布原创文章《高考作文哪家强》，解析高考试题；高考结束，邀请十几位志愿填报专家组成高考志愿帮帮团，在线为考生和家长提供免费咨询服务。2016年高考期间，人民网教育频道与22个地方分公司密切合作，联动报道，先后推出全景高考、高考试题、作文、图集等多个专题，为考生及家长及时提供全面的高考信息。其中，全景高考专题累计发稿近300条，图片200余幅，上传试卷及答案80余套。此外，人民网在PC和手机端同时推出"2016招办主任来了"专题，邀请50余所高校招办主任做客人民网，与考生、家长即时互动。高考结束后，人民网开设《志愿帮帮团》栏目，邀请9位高考填报志愿专家在线答疑，为考生、家长提供帮助，获广大网民点赞和好评。2015年3月，人民网汽车质量投诉平台正式上线，全年共收到全国各地汽车消费者投诉约1 600条。人民网对相关线索进行跟进、采访，助力消费者维权，帮助数十位消费者解决了实际问题。除此之外，人民网还极打造人民健康全媒体服务平台，服务全民健康，助力健康中国。PC端和手机端人民健康网，人民健康APP和人民好医生APP，以及人民健康微博和微信集群，以"两网、两端、两群"的媒体新形态，传播热点资讯，分享健康理念，科普健康知识。原创科普栏目《营养"识"堂》以宣传科学、实用的饮食营养知识为宗旨，邀请公共营养师用专业知识给公众正确、权威的饮食营养指导。栏目内容在PC端、营养师微信自媒体和电台节目同步推广。人民健康全媒体平台目前已建设人民健康大讲堂、中国慢病资讯平台、中国医药创新专栏、人民营养家、人民健康营养识堂、人民酒业、人民乳业、人民康复师、中国社会办医网、中国医疗美容网、中医直通车数据库、全国直销信息平台、人民健康公益援助信息平台、人民健康美食地图、"健康315"曝光台、健康谣言粉碎机等多个品牌专栏，品牌影响力进一步增强。

三、人民网的市场责任

关于人民网总资产、营业收入及股东权益等数据根据其公布的2016年年报和 2017 年半年报整理。由于 2017 年半年报部分数据是报告期内数值，如营业收入等，因此下文数据部分是 2016 年末数据，部分是 2017 年 9 月 30 日数据。

（一）总资产情况

截至 2016 年 12 月人民网总资产为 36.99 亿元，到 2017 年 6 月 30 日总资产为 35.12 亿元，比 2016 年末减少 4.76%。2016 年末归属于上市公司股东的净利润为 1.06 亿元，比上一年降低了 61.35%，归属于上市公司股东的净资产为 27.34 亿元，比上一年增长了 1.46%。

为更直观显示人民网在行业中的地位和发展情况，本报告统计了 A 股互联网服务为主营业务的几家上市公司的资产情况，见表 1。

表 1　人民网在 2017 年 A 股上市互联网服务企业中的资产排名情况

单位：亿元

序号	公司名称	总市值	营业收入	净利润	归属上市公司股东净资产
1	分众传媒	1 722	87.3	39.17	126.2
2	巨人网络	745.8	20.49	10.43	94.76
3	乐视网	611.6	61.52	-16.52	322.9
16	新华网	123.6	9.02	1.71	35.73
17	人民网	120.5	9.15	0.16	35.12

从 A 股 43 家互联网服务企业的总市值来看，人民网排在行业的第 17 位，但从利润数值来看，人民网并不突出，2017 年前三季度营业收入只有 9.15 亿，排在第 25 位，净利润 0.16 亿，排在第 39 位，低于其他多数企业平均水平，因此，人民网在盈利能力还需加强。

（二）营业收入情况

2016 年人民网的营业收入为 14.32 亿元，比 2015 年下降 10.78%，业务收入分产品情况见表 2。

表 2　2016 年人民网分产品营业收入情况

分行业	金额（元）	毛利率	比 2015 年增减
移动增值服务	460 172 992.49	46.14%	-11.88%
广告及宣传服务	641 746 034.12	43.05%	-11.78%
信息服务	304 407 847.17	37.17%	13.86%

2016年公司收入下降主要有以下几个原因：一是行业竞争日趋激烈，新兴互联网媒体层出不穷，公司在广告宣传及移动增值业务上面临较大压力，相关业务收入较上年同期相比出现下降；二是因股权转让、少数股东增资等原因，报告期内公司控股子公司数量有所减少，文华在线、微屏软件等不再纳入公司合并范围；三是受行业政策影响，子公司人民澳客原互联网彩票服务业务暂停，报告期内无营业收入。此外，由于公司业务转型投入较大，营业成本增至人民币8.23亿元，同比增长6.34%，进一步导致2016年度归属于上市公司股东净利润同比出现较大幅度下降，为人民币1.06亿元。

从表2显示的情况来看，公司主要营业收入来自广告及宣传服务业务、移动增值业务、信息服务业务三类业务为主，三类业务收入占营业收入的比例达98%以上。公司年报分析，2016年，中国互联网广告运营商市场规模达到2500余亿元，整体规模增速进一步放缓，视频广告、移动端广告更受市场青睐，品牌广告加速向效果广告分流效应加剧，对包含人民网在内的综合门户以及新闻门户带来巨大冲击，公司传统的广告及宣传业务面临空前挑战。2016年度，公司广告及宣传服务实现收入同比下降11.78%。2016年，传统的无线增值业务在电信运营商严格管控下，市场空间受到较大压缩，公司的相关业务也受到了严峻的市场竞争压力。受市场环境影响，公司2016年度移动增值服务实现收入同比下降11.88%。但可喜的是公司无线团队积极应对市场环境变化，进一步做好人民网资源在移动端的延伸，于7月1日推出全新改版的手机人民网，推进两端内容融合，并加强自主策划，增加推广渠道。手机视频业务方面，子公司人民视讯调整业务策略，在保持传统电信运营商业务的同时创新发展，加强了移动互联网创新产品的开发和运营，人民视讯客户端重点发力影视、音乐类直播的合作和运营，人民律师客户端开拓法务律师O2O行业，通过多点布局，提升了核心竞争力，提高服务转化和附加值，在手机电视行业竞争愈发激烈的环境背景下，仍保持相关业务收入的平稳增长。信息服务业务方面，公司实现收入人民币3.04亿元，同比增长13.86%，虽然2016年舆情市场竞争日趋激烈，但子公司人民在线谋求向"数据+咨询"的互联网新媒体智库方向转型，舆情监测、杂志等传统业务稳中有升；公关、培训等衍生业务稳步发展，"众云""人民慕课"等产品获得市场认可，在政法、旅游、金融、快销等行业取得一定市场效果。

最新数据显示，电广传媒2017年前三季度实现营业收入9.148亿元，较上年同期增长0.32%，实现归属于上市公司股东的净利润0.16亿元，较上年同期减少78.54%。在激烈的竞争中，2017年前三季度业绩表现不理想。

（三）面临的市场风险

根据人民网2016年年报与2017年半年报分析，人民网可能面对的市场风险主要有以下这些。

1. 业务拓展风险

当前中国互联网广告运营商市场规模增速进一步放缓的同时结构也在升级，投放于门户网站的传统图文类型广告增长空间在萎缩，而视频广告、In-APP视频、OTV、信息流等形式的移动广告受到市场青睐。人民网的传统广告经营模式与业务面临严峻的挑战。人民网在流量方面与商业网站有较大差距，受众结构集中度较高、覆盖面不够广泛，在广告业务市场开拓方面面临挑战。在移动互联网领域，传统的无线增值业务在电信运营商严格管控下已进入下行通道，大量业内公司被迫选择关闭或转型，人民网也不可避免地面临着严峻的市场环境和竞争压力，必须尽快完成业务转型，寻找新的业务扩张点。

2. 用户分流风险

随着技术水平的不断提高，新兴媒体形态不断涌现，移动互联网行业进入井喷式发展。用户由PC端向移动端迁移加速，在一定程度上对人民网页面浏览量及访问者数的进一步提升产生影响。此外，在媒体融合不断加深拓展的形势下，新闻信息的传播更加强调互动性、开放性，媒体之间的竞争日益白热化，一大批具有资源及内容优势的传统媒体加速在互联网及移动互联网领域的布局，也可能造成公司用户分流现象。尽快适应传播形态的多样性的变化，不断强化平台的差异化优势，推出更完善的多元服务产品，并及时捕捉和快速响应用户需求的变化，成为公司必须面临的挑战。

3. 互联网彩票服务业务继续暂停的风险

2015年2月末，国家体育总局发布《体育总局关于切实落实彩票资金专项审计意见加强体育彩票管理工作的通知》，要求切实贯彻落实《财政部 民政部 国家体育总局关于开展擅自利用互联网销售彩票行为自查自纠工作有关问题的通知》。为积极响应上述《通知》要求，公司下属控股子公司人民澳客自2月28日起，暂停体彩、福彩的彩票委托业务。截至目前，公司尚未接到主管部门关于恢复相关业务的通知，尚不能明确该业务的恢复时间，故目前该事项对公司未来业绩的影响仍存在不确定性。

四、人民网的社会责任

人民网作为国有上市传媒企业，应在社会效益和经济效益间寻求有效平衡，甚至比一般企业应承担更多的社会责任，这也是国有身份义不容辞要求。

（一）公益慈善

早在2012年，人民网就利用自身权威性及影响力成立公益频道，推出"公益2012——行动的力量"栏目，推动全社会关注公益、投身公益。2012年先后推出了蓝丝带海洋保护公益策划，主办了"公益传播·幸福中国行"大型公益活动，主办了"2012中国正能量"第七届人民社会责任奖评选活动，主办了"2012中国大学生年度人物评选"，在大学生中弘扬雷锋精神。人民网自2012年开始举办全国大学生社会实践活动评选，2014年开启"最具潜质新闻人大赛"，同年还推出"404公益页面"，将网站失效页面统一改为公益广告，让网友了解更多公益信息。2015年，人民网与儿基会结为战略合作伙伴，跟踪报道"百名春蕾之星爱心寻访纪实"等系列活动，为"春蕾计划"深入推动发挥积极作用。2016年下半年，各地暴雨天气频发，全国多地遭遇洪涝汛情，人民网特别推出"你我来助力、共筑爱心堤"专题活动，设有PC版和移动版，网友通过点击页面按钮、增加"防洪沙袋"，加固阻挡洪水的"爱心堤坝"，在网上为灾区群众加油助力参与互动的网友超20万，近千位网友点赞、留言。

人民网除了在新闻报道上传播公益慈善理念外，还举办各种公益慈善活动，捐款捐物，成立公益救援队，创办或策划成立公益慈善基金，以实际行动投入公益慈善事业中。自2008年以来，人民网先后在北京大学、清华大学、中国人民大学、中国传媒大学等全国多所知名高校的新闻院系设立了人民网奖学金公益项目，奖励品学兼优的学子；以"人民网优秀论文奖""人民网优秀技术课题研究奖""人民网优秀设计作品奖"评选等方式，鼓励学生在网络新闻传播领域进行思考、研究和实践。近年来，人民网全年各类公益项目投入近200万元，以实际行动投入公益慈善事业中。为庆祝西藏自治区成立50周年，人民网为西藏地区捐赠了价值94.5万元的7 400盘（盒）优秀音像制品，支持西藏的全民阅读活动和文化事业发展。人民网黑龙江频道与黑龙江团省委共同策划成立"黑龙江省职业院校青年志愿服务联盟"，2015年，人民网黑龙江频道联合志愿者共计组织12场大型慰问活动，送去床单被罩500余套、衣物近千套。

公益，是在别人需要的时候多伸一次手的努力。人民网开办"多伸一次手"公益专题，组织各种公益活动，参与多项社会公益项目，通过不断的点滴努力，履行媒体社会公益责任。

（二）员工关爱

人民网按照《劳动法》《劳动合同法》《社会保险法》等各项法律法规，进行人力资源管理和建立薪酬福利体系，依法执行劳动合同的签订、续订、变更、终止、解除等业务办理，建立劳动合同台账，劳动合同签订率达100%，在员工生活方面，为丰富员工的业余文化生活，提高员工身体素质，公司组织员工成立排球、羽毛球、篮球、足球、桥牌、悦读社等多种多样的兴趣小组。为帮助员工成长，2012年开始开办人民网网络学院，提供内部培训课程，分为专业类（采编、技术、经营），通用类（职业技能、职业化、管理技能）及兴趣类（身心健康、工余爱好）三大类，同时兼顾员工碎片化学习时间的特点，提供视频互动式学习。2014年就为员工提供培训130余场，人均参加培训80余课时。

同时，人民网关注员工的职业发展，通过岗位调整、部门间调动、内部招聘、员工级别调整等多种方式，综合考虑员工需求和个人发展倾向，努力建设员工的职业双轨迹发展路径。按照国家相关法规、规定为员工提供福利保障；干部选拔任用采取竞聘上岗，并为符合条件的员工申报职称；为符合条件的员工申办记者证。2016年人民网为近300名同事办理记者证年检及新办，为50余名同事申请学习新闻采编资格证的机会，为近200名同事办理职称申报，绝大部分同事通过人民日报社审核获得了职称资格。

（三）履行繁荣发展文化责任

弘扬优秀传统文化，构建民族精神家园，弘扬中华传统文化，是媒体义不容辞的责任。人民网重视文化知识普及、社会教化、道德传承，注重传承优秀传统文化，繁荣发展社会主义文化。在日常报道中，倡导社会主义核心价值观；重视文化知识普及。

在传承优秀传统文化方面，开设文化频道，设立书画研究院，2013年，文化频道推出《做客名人之家》栏目，先后邀请著名作家、名家做客人民网，与网民交流人生经历、艺术创作，畅谈艺术感悟与文化思考。开设名家专栏定期就书画界作品、现象、人物等发表评论，引导大众的艺术品鉴赏。为传承传统节日文化，弘扬民俗文化，2013年，人民网精心推出《我们的节日——春节》专题及系列策划报道，向大众呈现中国各地丰富多彩的春节民俗与传统文化活动。2014年人民网策划推出了"瓷都探妙"之旅活动，邀请网友前往景德镇，零距离感受瓷都文化。2016年，人民网筹办高端美术展览"夏风清和 水墨盛宴·大家小品美术展"，刘大为、杨晓阳、郭怡孮、吴山明等12位艺术名家的近百幅国画精品参展；与中国美协共同主办"永恒的旗帜——纪念红军长征胜利80周年书画展"，刘大为、陈玉圃、欧阳中石、范曾等老一辈艺术家，以及中青年艺术家创作的优秀作品参展。2016年清明节前夕，人民网举办"人民网名家清明诗会"，力邀方明、王刚、卢奇、杜宁林、殷之光等多位文艺界大咖齐聚一堂，以诗歌为媒介，以朗诵相酬和，吟咏春光，共话清明。精心策划推出5集清明节特别视频节目"清明诗话：和名家一起读诗"，将名家的朗诵片段，配以清明节的来源习俗，让网友感受诗歌魅力的同时，又领略清明节慎终追远的文化内涵。著名京剧表演艺术家梅葆玖先生逝世后，人民网采访到李维康、张建国、史依弘、袁慧琴等十位与梅葆玖有过深度交往的文艺界名家，共同追忆这位京剧大师的艺术生涯及动人往事。

第三节　人民网执行社会责任存在的问题

人民网作为第一家在国内A股上市的新闻网站，上市之初被赋予了很多期待，包括完成党和政府的要求，市场竞争中有优秀表现，服务于公众等等，但是目前人民网在履行社会责任方面还存在一定不足。

一、业态技术创新不足，报道手段需进一步提升

近年来，人民网不断创新新闻报道的内容和手段，利用全媒体平台实现了图、文、音视频的国内外立体化传播，但与同场竞技的国际化、市场化媒体相比，人民网在VR新闻、智能新闻、无人机、直播等新技术、新应用方面的资

金投入、技术研发、广泛应用，存在不小的差距，新闻报道的丰富性和多样化发展，都有较大的提升空间。

二、全媒体人才储备不足，媒体融合发展受制约

随着媒体融合的深入发展，全媒人才队伍缺口日益凸显。如何培养和引导更多记者编辑适应移动优先传播、内容深度解读的变化，成为拿起话筒能讲、对着镜头能说，精通"十八般兵器"的复合型新媒体人，需要加快探索步伐，进一步激发生产力、激活创造力、提升传播力。

三、新闻报道的深度和广度存在不足，精细化有待进一步增强

部分稿件流于一般化、形式化，感染力不强。虽然目前人民网拥有7种少数民族语言和9种外文版本，但面对国内外广大网民，为不断适应分众化、差异化的传播趋势，如何更好地突出媒体特色，精确定位受众，提升传播效果，针对不同层次、不同群体、不同受众开展精准传播，提高传播的针对性和有效性，是人民网未来发展需要解决的重要问题。

四、盈利能力不强，经营与创新能力有待提高

公司首次公开发行募集资金投资项目投资总额为5.27亿元，其中，超过2亿元用于购置设备等固定资产和软件等无形资产，由于互联网行业市场参与者众多、技术升级速度加快，行业同质化竞争加剧，市场开发风险逐步加大，为避免募集资金浪费，公司出于各种考虑，未将募集资金依预期进度投入募投项目中，首次公开发行募集资金未实现预定的市场开发计划，影响募集资金项目的投资回报的实现。

第四节 人民网社会责任执行力提升路径与方法

一、牢记职责和使命，增强政治责任意识

认真贯彻落实习近平总书记系列重要讲话精神，牢固树立政治意识、大局

意识、核心意识、看齐意识，紧密依托人民日报社人民系资源，积极履行社会责任，努力创造社会价值，坚持正确导向、主动设置议题、讲好中国故事、回应社会关切，严格履行网站管理主体责任，自觉维护互联网新闻信息安全和风清气正，突出党媒属性。

二、创新呈现方式、加强传播能力建设

精心组织各类重大宣传报道，加快媒体融合发展步伐，持续优化全媒体采编体系，切实提高新闻舆论的传播力、引导力、影响力和公信力，特别是要加大利用新兴媒体、社交媒体进行新闻传播的力度，发展成为移动新媒体与社交媒体领域中一股重要的力量。同时积极创新，转作风改文风，努力推出更多有思想、有温度、有品质、有影响力的新闻作品。

三、提升企业核心竞争力、社会效益与经济效益共增长

在做好党和政府的路线、方针、政策和中心工作的宣传报道，正确履行好媒体的引导责任、提供服务责任、人文关怀责任、繁荣发展文化责任、遵守职业规范责任的同时，加强经验管理，加强核心竞争力，履行上市公司责任，做能持续让股东获益的上市公司，进一步做好经营工作，争取社会效益与经济效益双丰收、双增长。

第十八章 新浪网社会责任报告

周 皓[1]

在当前新媒介环境下，网络媒体影响覆盖面广、受众关注度高、传播速度快，承担着重要的社会责任，但同时也面临巨大挑战。本章对新浪网概况进行全貌式勾勒，通过舆论引导与社会监督责任、市场责任、社会责任、责任管理4个维度，剖析新浪网执行社会责任的现状和存在的问题。并从政府、媒体、社会3个层面，提出新浪网社会责任执行力提升的路径与方法，以期提供参考借鉴。

第一节 新浪网基本情况

1996年，新浪网的前身四通立方公司在北京成立。1998年底，四通立方公司与美国华渊资讯公司合并，共同建立了当时全球最大的华人门户网站——新浪网，服务于中国及全球华人社群。

新浪网通过旗下多家地区性网站提供针对当地用户的特色专业内容和一系列服务，如新闻资讯、视频、音乐流媒体、娱乐、博客、电子邮件等。新浪网的资讯除了涵盖国内外突发事件、体坛快讯、财经及IT产业等方面的内容，最具亮点特色的是博客和微博板块，吸引了各行业精英和不同层次的用户分享其独到或新锐的见解。[2]

---

[1] 周皓，云南大学传播学硕士，云南省交通运输厅人事处主任科员；研究方向：新闻实务、网络舆情、新媒体、民族传播。

[2] 陈彤，曾祥雪. 新浪之道：门户网站新闻频道的运营 [M]. 福州：福建人民出版社，2005.

新浪网借助资本市场，以大量的前期投入来获取用户，进而再实现商业价值的变现。公司收入的大部分来自网络品牌广告、移动增值服务和收费服务。2000年4月13日，新浪以每股17美元的发行价发行400万普通股在纳斯达克上市。2008年，新浪网的广告收入一举超过当时广告收入最多的报纸——《广州日报》，也发出了对传统媒体冲击的号角。[①]

新浪网是一个综合性的商业网站，本身不具备传统新闻媒体的资源，也不具备采写新闻的权利。但是，通过与人民日报、新华社、中央电视台等多家媒体合作，能够快速地通过整合手段集纳发布新闻资讯。因此，新浪网上的信息量大而全面，能吸引更多受众眼球。在当前快节奏的生活下，新浪网从版面设计到内容呈现，均简约又清晰，其互联网思维值得称赞，也更容易传播和被受众接受。

第二节　新浪网执行社会责任现状

一、舆论引导与社会监督责任

党的十八大以来，以习近平同志为核心的党中央高度重视新闻舆论引导工作。习近平总书记强调，做好党的新闻舆论工作，营造良好舆论环境，是治国理政、定国安邦的大事。对做好新闻舆论工作提出4点希望：要坚持正确政治方向，坚持正确舆论导向，坚持正确新闻志向，坚持正确工作取向。新浪网是一个社会信息大平台，亿万网民从中获取、交流信息，其对受众的求知途径、思维方式、价值观念产生重要影响。

（一）舆论引导

2016年2月19日，习总书记在党的新闻舆论工作座谈会上讲话时说："随着形势发展，党的新闻舆论工作必须创新理念、内容、体裁、形式、方法、手段、业态、体制、机制，增强针对性和实效性。要适应分众化、差异

---

① 郭全中. 门户网站沉浮 [J]. 互联网经济, 2016, (7): 77.

化传播趋势，加快构建舆论引导新格局。要推动融合发展，主动借助新媒体传播优势。要抓住时机、把握节奏、讲究策略，从时度效着力，体现时度效要求。"

新浪公司在1998年成立之初就建立了党支部，2010年成立新浪党委，2015年微博单独成立党委。新浪在党建工作中明确提出20字的方针："对内强党性，对外正导向，扩大同心圆，共建好平台。"新浪网兼顾社会效益与经济效益，遵守国家法律法规，坚持正确的意识形态与主流价值观导向。

1. 思想政策宣传

新浪网作为商业性门户网站，倾向于民生视角。虽然其不具备新闻采写能力，但能通过甄选不同角度的新闻报道来影响舆论导向。

新浪网放大传统政务机构和媒体的声音，集中主流力量对社会舆论进行正确的引导。例如，新浪网新闻中心设立了新浪政务、政策解读等栏目，开通"中国共产党成立95周年""喜迎十九大"等专题；结合时事热点，对网约车新政细则落地、2016中国杭州G20峰会事件等进行报道；对传统政务媒体给予资源和流量扶持，协助公安、法院等机构解读政策，对社会热点事件及时准确地发声，引起舆论热议，争取受众的关注和支持。

新浪微博作为中国开放的社交媒体平台，引导受众客观认识当代中国，看待外部世界。在党建工作指导下，微博对于诈骗、网络暴力、恐怖、色情、暴力信息予以坚决制止和打击，对于积极健康、向上、向善网络文化予以流量的支持，特别是为青少年网民营造风清气正的网络空间。

2. 重大会议报道

以新浪网2017年全国两会特别报道为例，主题为"征帆沐雨舟激浪"，开设最新动态、头条、直击现场、图策、视观政事、手机看两会、对话主政者等栏目，传达中央的政策措施，反映基层代表委员的声音，注重民生新闻与网民互动，最大限度地满足受众的需求。所有报道文末都设立网民互动板块，网友可直接发表观点讨论，并充分利用微博与网民互动。"两会"胜利闭幕后，设立"两会"回顾板块，网民可回看"两会"期间每日信息。

在门户新闻网站追求差异化竞争的今天，信息图、大数据、交互应用等新闻产品创新成为新浪网发力的方向。"强哥记者会"主打"最全现场都在这里了"；"两会每日鲜果机"选取关注度最高的时事新闻，推送给受众，"给你新鲜的两会维生素C，让新闻更好吃。一天三杯果汁，您躺着就可以从耳朵吸收"；"总理记者会有什么秘密？大数据扫描一下"，总理记者会有哪些规律？新浪新媒体实验室带你扫描大数据，透视"小秘密"；"屋顶偷听的两会时光""两会专题：对话升级领军者"等栏目访问政界、文化界、经济界的精英议论国是，集视频、音频、图片、文字于一体。

当所有媒体长枪短炮集中对着正在进行全国两会报道的时候，新浪网却将部分关注点投向了各地的两会，开启地方两会时间，打造了一个全国与地方对接的平台"各地两会专题"。同时，还开放了各省的微博政务公开日，以微博的方式将政务、提案、议案公开与新浪的网民和微博用户及时进行良好的互动。[1]

3. 经济社会发展

新浪网设置了汽车、房产、游戏、女性、星座、军事、论坛等板块，覆盖新闻资讯、科技、财经、军事等垂直领域，通过首页头条信息流大图模式为受众带来不同领域的热点新闻以及深度专业的解读，提供及时准确、全方位的信息服务，帮助解决实际问题。

例如，新浪科技旗下的专栏"创事记"，关注科技行业动态，通过对创业、创意的报道，针对行业进行点评，打造科技内容；新浪财经频道重点打造专栏"意见领袖"，涵盖宏观、金融、理财、职场等方面，聚焦全球市场，提供财经专业领域的专业分析；"严肃观点"通过对话题事件进行思考，关注民生；"军迷圈"汇集大国博弈、武器装备、展示揭秘、战略畅谈、军品军贸等最新资讯，打造军事自媒体平台。

此外，针对相关热议话题，新浪移动通过多视角进行的观点解读，如"A股窃听风云""风口话题共享单车""中国式相亲"等。

4. 公共事件报道

新浪网的定位决定了对社会公共事件、危机重大问题的高关注度，如寨卡病毒肆虐全球、山东非法疫苗案、布鲁塞尔恐怖袭击、三星Note7爆炸事件、北京八达岭动物园老虎伤人事件等。以"萨德"报道为例，在新浪网的军事栏目中，2017年1月7日用"官媒：韩国引入萨德系统必将引火烧身，中国绝不

---

[1] 董婧. 新浪网两会报道中的新变化与不足 [J]. 长春教育学院学报，2013，29 (8)：53.

客气！"的醒目大字标题，表明中国政府坚决抵制"萨德"的态度，基本上框定了要建构的内容，也奠定了整体的报道基调。长时间、大面积的报道集中于中国政府反对部署"萨德"的坚决态度，以及中方投资者加速从韩国撤资、韩国引进"萨德"引发很多韩国居民的反弹、乐天提供萨德用地引发的后果等，把握传播规律，弘扬社会正能量和主旋律。①

（二）社会监督

马克思曾说："问题是时代的声音。"新浪网的负面新闻报道中，较多围绕官员贪污渎职、官员作风不正、政府执法部门与群众的矛盾、生产生活安全和民生等话题，如：转载新华社《从"精确记忆"受贿情况审视贪官的"买卖心理"》、新京报《贪官成功学：当官要到省部级 赚钱要过10个亿》、中国新闻网《北京巡视：部分单位"四风"屡禁不止 奢靡风盛行》等报道，吸引了受众的注意力与关注点，用问题意识体现社会责任感。

（三）不足之处

（1）在两会报道中，新浪网体现创新的同时，仍存在不足。一是致力于呈现最新鲜、最全面的资讯，过多求全导致重复，如文体明星新闻与两会花絮新闻中的部分内容重复，受众筛选信息费时费力。二是新闻报道的娱乐化倾向严重，明星成为报道热点之一，如《张国立被礼仪"包围"求合影》《十城：18岁结婚有利于减少流产》，虽赚足了受众的注意力，但易导致喧宾夺主，忽略关系国计民生的提案议案，削弱了新闻专业主义精神。

（2）在负面新闻报道中，将社会不同阶层和不同群体之间相互"标签化"。新闻事件中一旦涉及敏感身份，如"贪官""富二代""执法人员"等，或是涉及敏感议题，如"食品医疗安全事故""拆迁事件""城管执法""警察执法不当"等，易导致受众对客观现实的误判，形成不利于整个社会发展的舆论氛围。媒体要担当社会责任，让负面新闻与正面以及中性新闻处于一种平衡状态。②

---

① 龙梅兰，李盛龙．框架理论视角下新浪网"萨德事件"报道研究［J］．传媒观察，2017：24．
② 谢艳军．新媒体受众负面新闻偏好及其影响研究——基于手机新浪网54天594条新闻的内容分析［J］．新闻与传播研究，2016，(10)：26．

二、市场责任

(一) 总资产

新浪科技频道发布了新浪 2016 年财报，截至 2016 年 12 月 31 日，新浪的现金、现金等价物及短期投资总额为 18 亿美元。

(二) 营业收入

新浪公司 2017 年 2 月 22 日公布了截至 2016 年 12 月 31 日的全年未经审计的财务报告。2016 年度净营收 10.309 亿美元，较上年度增长 17%。2016 年广告营收 8.712 亿美元，非广告营收 1.597 亿美元。2016 年运营利润 7 330 万美元，非运营盈利为 2.313 亿美元。2016 年全年经营活动产生的净现金为 4.436 亿美元，资本性开支为 3 670 万美元，折旧和摊销费用为 2 850 万美元。[①]

微博用户保持持续健康增长，2016 年 12 月的月活跃用户达到 3.13 亿。借助平台效应，微博的盈利能力和效率进一步提升。

(三) 向股东配送微博股票

2017 年 5 月 26 日，新浪公司宣布，公司董事会已经批准向股东依照固定比例配送微博公司的股票，比例为每持有 10 股新浪普通股将配送 1 股微博 A 类普通股。完成微博股票的配送后，新浪在微博的持股比例将由目前的约 49% 降至约 46%。[②]

三、社会责任

(一) 公益慈善

慈善与扶贫是媒体可以主动作为，也大有可为的领域。新浪网充分发挥自身力量，搭建慈善平台，连接爱心链条，营造全社会关爱帮扶困难群体的氛围。

[①] 新浪发布 2016 年第四季度及全年财报 http://tech.sina.com.cn/i/2017-02-23/doc-ifyavvsh5976842.shtml

[②] 新浪宣布向股东配送微博股票 http://tech.sina.com.cn/i/2017-05-26/doc-ifyfqvmh9150402.shtml

1. 宣传引导助力脱贫攻坚

习近平总书记强调，党的十八届五中全会从实现全面建成小康社会奋斗目标出发，明确到 2020 年我国现行标准下农村贫困人口实现脱贫，贫困县全都摘帽，解决区域性整体贫困。

新浪网具有意识形态属性和经济属性双重属性，在追求经济效益的同时，在涉及公益报道时，承担起应有的社会责任，引导社会文化向积极健康的方向发展。

在兼顾商业广告的同时，新浪网首页顶端有社会主义核心价值观公益广告，并设有"公益""扶贫大家谈"等专栏。新浪网大量转发人民日报、新华社的报道，在"精准"上下功夫，发挥舆论监督作用，着力服务精准扶贫基本方略的实施，提高脱贫攻坚成效。在舆论监督中，根据事实来描述事实，既准确报道个体事实，又从宏观上把握和反映事件或事物全貌，批评性报道事实准确，分析客观。在舆论引导上，突出重点抓脱贫攻坚的主题宣传。[①]

2. 慈善捐款打造公益平台

新浪设立了扬帆公益基金，致力于传播公益文化理念，创新现代公益模式，打造公益服务平台。通过关注社会公益热点、报道社会公益事件、营造公益爱心社区，打造大众参与的公益互动地带。同时，联手公益组织，爱心企业与社会人士奉献爱心、关爱环境、助学助残、扶贫济困。

新浪扬帆公益基金通过互联网平台捐助课外图书、举行夏令营、开办扬帆班、援助优秀教师等活动，帮助偏远贫困地区的孩子增长见识、开拓视野，增强使命感，培养人才。一方面体现了社会责任，另一方面吸引受众注意力并以此创造经济效益，实现社会价值与经济价值的统一。

(二) 员工关爱

内部员工是新浪网最为重要的人力资源，也是其可持续发展的根本动力。新浪网创造员工平等雇用、发展机会，执行符合国家规定的薪酬和福利制度，依法保障员工合法权益。履行人文关怀责任，增进内部各成员间的信任、协作和凝聚力，促进各部门间的协调和配合，从而扩大人际关系网络以及蕴涵在其

---

① 张莹莹.浅论民主监督与新闻监督对扶贫攻坚的合力监督［J］.云南社会主义学院学报，2016，(4)：160.

中的潜在资源。同时，增加员工的认同度、归属感，有效提升工作积极性和工作效率，降低辞职概率，促进良性发展。

新浪成立之初，由于人才的缺口很大，曾经提出一个招聘 300 名硕士、100 名博士、3 名高级副总裁、1 名首席执行官的计划，新浪对人才的渴求和苛求程度可见一斑。互联网产业的发展从根本上来说是一场资源争夺战，争夺的是全球范围的人才和资金。履行社会责任将有助于吸引高素质人才，进而提升在市场中的竞争地位。[1] 新浪网的从业者素质都很高，编辑、记者大部分是 IT 公司、专业科班出身，很少是来自传统新闻媒体的，这使得新浪的新闻没有太多"条条框框"的束缚，而是根据受众的需求，形成自己的风格。[2]

（三）依法经营

依法经营是社会主义市场经济的必然要求。新浪网作为一家依法获得互联网出版和网络传播视听节目许可证的商业网站，在法律的规制下获取合法利益。重视网络信息内容管理，建立健全网站信息安全管理机制，净化网络环境。

（四）环境责任

2002 年 6 月 5 日"世界环境日"，新浪网开通环保频道，将有益于消费者和受众身心健康的理念贯穿于经营管理的各方面，达到经济效益、社会效益和环保效益的有机统一。

新浪环保频道充分发挥网络媒体的互动性，例如，新浪网的每篇报道下都设有"我有话说""我要反馈"等评论功能，网友可以利用这些平台发表个人观点，也可以将该报道分享到微博参与互动，既能反馈观念，又能提供有价值的信息，而受众的态度或意见反过来也会影响媒体接下来的报道重点和方向。[3]

受众在不断参与议题的过程中，由感性认识逐渐转向理性思辨，社会群体的环境意识也得到提升。如新浪网有关 PM2.5 浓度空气质量报道，不仅关注空

---

[1] 乔占军. 利益相关者理论视阈下出版企业社会责任实现机制研究 [J]. 中国出版，2013，(10)：45.
[2] 张秀玉. 新浪网的经营策略分析 [J]. 青年记者，2011：66.
[3] 胡兰雪. 新浪网环保频道的传播特色 [J]. 新闻世界，2015，(2)：109.

气污染事件的危害，也关注其成因与应对措施。"低碳环保""绿色出行""循环经济""工业转型""节能减排"等词成为报道中的高频词，通过归因分析与措施上的启示，促进受众在关注环境问题时，由简单的忧虑向积极有效的行动转变。

此外，新浪网环保频道长期开展各种线下环保活动，如"随手拍定位污染源""民间无车日"等活动带动普通受众参与环保。同时，新浪网与绿色和平、自然之友等环保 NGO 合作，使受众意识到环境风险，也带动受众将环保意识转化为环保行动。①

（五）不足之处

1. 在环保报道中，缺乏专业性和深度性

由于新浪网缺乏专业化的环境新闻采编队伍，专业知识不足致使新闻报道缺乏科学保障。许多环境问题由于治标不治本，需要长期消解，而新浪网雾霾报道主题大多以现状、治理措施为主，对于污染背后的深层次问题，如责任主体、制度内部问题等问责较少，探究其对环境与社会长期影响的更是鲜见。

2. 在依法经营中，存在违法违规行为

新浪网在 2013 年先后两次因传播含有违禁内容的互联网出版物受到行政处罚。2014 年，新浪网因涉嫌传播淫秽色情信息，超越法律底线，被国家新闻出版广电总局依法吊销《互联网出版许可证》和《信息网络传播视听节目许可证》。

四、责任管理

新浪网在社会生活的各领域影响受众。新浪公司合法经营，照章纳税，接受政府监管。提供及时、全面、客观的网络信息服务，有效引导社会舆论，改善企业形象，提高影响力。倡导公平、有序、良性的竞争，及时、准确地提供有关经营信息，并主动履行保值增值的社会责任，吸引投资。

新浪网肩负起媒体责任，运用网络传播的特征规律，形成社会认同感，增强社会凝聚力，弘扬主旋律，激发正能量，培育和践行社会主义核心价值观。以社会主义核心价值观为基本准则，不仅承担对受众价值观念的教育责任，而

---

① 王倩，丁娜妮. 论网络传播对公民环境素养的构建——以新浪网空气污染报道为例［J］. 北京联合大学学报（人文社会科学版），2016，14（3）27.

且传播内容客观真实准确,社会评论公平公正,发挥媒体的正能量作用,积极营造健康、文明、自由、和谐的网络媒体环境。①

第三节 新浪网执行社会责任存在的问题

随着互联网、社交技术和个性化推荐的快速发展,新浪网迎来机遇的同时,面临着巨大挑战,执行社会责任还存在以下几方面问题。

一、采编体制受限

根据《互联网新闻信息服务管理规定》,由非新闻机构设立的互联网新闻信息服务单位,不得登载自行采编的新闻信息。由于受国家政策的限制,新浪网没有采访权,其新闻来源主要是靠转载国家主流媒体。"转载是一种大空间延伸,转载的新闻媒介称为后续媒介,它们报道的新闻是从第一媒介——首先报道新闻的那个媒介来的,不是自身发现、采写的新闻。"② 丰富的稿源有助于媒体更多元地看待新闻事件,更立体化地报道新闻事件,而过多地转载其他媒体的文章则会淹没自己的观点和看法。因此,新浪网的报道在一定程度上同质性较大,人文关怀不够,易受其他媒体的议程设置影响。

二、过度追求商业利益

商业利益与道德准则之间如何取舍,无疑是一个重要的考验。新浪网的热门话题数量多,除了全民关注的事件,一般事件的热度很快就会下降,并被新的话题所替代。只有真正因为关注而上热门榜的话题,才具有真实反映受众关注需求的意义。但是,花钱买榜、花钱找人刷榜,这些现象在热门话题榜中很

---

① 蒙冰峰,周菲. 从个人之善到公共之善:网络媒体的责任伦理担当[J]. 牡丹江大学学报,2017, 26 (5): 40.
② 臧国仁. 新闻媒体与公共关系(消息来源)的互动:新闻框架理论的再省[M]. 香港:炉峰学会出版社,1997.

常见。微博热门话题是微博商业化的一部分,很多营销商都花钱刷话题,再刷热度。

三、娱乐化倾向严重

媒体的社会功能之一就是提供娱乐,可以在新闻报道中挖掘一些娱乐因素,但要把握好度。一旦超过这个度,就会陷入低俗。如果从一些硬新闻中挖掘娱乐因素,使得事件本来的议题被冲淡,社会注意力也发生偏移,如新浪网转载的《官员通奸地图》。从 2016 年微博热门话题的内容来看,娱乐明星、电影电视、综艺等类型的话题居多。但微博热门话题的娱乐化倾向严重,很多受众只是纯粹地为了娱乐,导致最后舆论的焦点不再是搞清楚真相是什么,而变成了炒作和恶搞。

四、依法经营管理不善

2017 年 8 月 11 日,中国网信网发布消息,新浪微博社交平台因涉嫌违反《网络安全法》被立案调查。平台分别存在有用户传播暴力恐怖、虚假谣言、淫秽色情等危害国家安全、公共安全、社会秩序的信息。网站平台涉嫌违反《网络安全法》等法律法规,对其平台用户发布的法律法规禁止发布的信息未尽到管理义务。2017 年 1 月 9 日消息,2016 年新浪网违规刊载有害信息,或为有害信息传播提供平台,网民举报集中,社会反应强烈。

五、自媒体责任意识淡薄

新浪微博作为自媒体,无论是博主还是工作人员,都应将社会责任意识化作具体的行动,在微博的一些功能应用上体现出主动承担社会责任的意识。避免刷榜的热门话题,使热门话题真实反映受众的关注点,正确引导受众关注社会时事。例如,增加时政和社会新闻在微博热门话题排行榜中的数量,使微博热门话题中各个类型的内容达到平衡,避免娱乐新闻独占鳌头的局面。[①]

[①] 徐琴,郭赫男. 从 2016 年微博热门话题探讨自媒体的社会责任[J]. 湖南大众传媒职业技术学院学报,2017,17(3):10.

六、内容同质化"蹭热点"

2016年,新浪微博多个账号被关闭,"封号"事件闹得沸沸扬扬。"上海姑娘逃离江西农村""公交车、银行营业点等成失联儿童守护点""年收入12万元以上是高收入群体要加税"等谣言再度暴露了网络空间的乱象丛生,加上网络直播的兴起,"网红"的走红,网络环境不容乐观。在互联网技术高度发达的今天,完全独家的新闻报道很难发掘;再加上缺乏专题策划的创新意识,新浪网的内容同质化,新闻报道跟风现象较为严重。例如:里约奥运会期间,中国女排战胜巴西之后,被王宝强离婚事件抢了头条,该事件一度登上新浪热搜榜首,成为网络热点。

第四节 新浪网社会责任执行力提升路径与方法

在我国当前的背景下,媒体作为传递信息、引导社会舆论的公器,要时刻担负起自身的社会责任,起到其应有的作用。

一、政府层面

(一)尽快制定相关法律法规

在新媒体时代,要进一步壮大新浪网的传播力、吸引力和影响力,充分发挥其在社会公共事务中的舆论引导作用。而我国相关的法律不健全,导致无法可依,因此,为了规范媒体市场,政府在加强行政干预的同时,要尽快制定相关法律法规,进一步规范信息传播行为,加大对扰乱市场秩序的惩处力度,同时加强宣传教育,营造健康的生态环境。

(二)不断完善媒体社会责任的评价体系

除了每年定期公布媒体社会责任报告外,还应当引入国际公认的评价标准和体系,在平衡媒体商业利益和社会责任中发挥作用。同时,要进一步扩大宣传,让更多的受众了解并关注媒体的报告,发挥优质媒体的示范带头作用。在提升媒体价值的同时,开设具备代表性的教育栏目,培养媒体工作者勇于承担社会责任的氛围和能力。此外，还要鼓励媒体工作者保持改革创新，对社会责任意识具备客观的认识，增强媒体的社会影响力。

（三）建立健全网络新闻制度

新浪网新闻报道的同质化现象，与我国互联网新闻信息管理制度密不可分。网络媒体的从业人员不能独立进行新闻采访，在一定程度上限制了新浪网的发展空间。因此，需依靠政府部门出台相应的管理规定，建立健全相应的网络新闻制度，扩大传统新闻门户网站的新闻采编权限，具有重要的现实意义。

（四）加强审核，提高监管力度

随着现代网络技术的不断发展，新闻审核制度的约束性越来越弱，也使得网络新闻媒体在报道新闻事件时产生的伦理道德缺失情况较为严重。因此，亟须提高政府的监管力度，加强对与商业利益挂钩的新闻事件的审核。一旦出现违纪违规情况，可采取"黑名单"、罚款、摘牌等惩处措施，确保媒体健康发展。

二、媒体层面

（一）遵守相关法律法规

媒体要自觉接受监督，也要加强网络自律，增强法律意识。要遵守如《互联网站禁止传播淫秽、色情等不良信息自律规范》《博客服务自律公约》等，以及 2013 年国家互联网信息办公室举办的"网络名人社会责任论坛"上提出的"七条底线"，即法律法规底线、社会主义制度底线、国家利益底线、公民合法权益底线、社会公共秩序底线、道德风尚底线、信息真实性底线。[1] 了解不良新闻事件报道后可能会造成的危害，避免在报道中因为个人法律知识淡薄导致的报道失实，影响受众的判断。

（二）加强自律，树立媒体责任导向

随着我国经济的发展和改革的深化，新浪网向市场要效益，追求点击率，以满足某些受众的喜好为出发点无可厚非，但要考虑的是，在我国特殊的背景

---

[1] 黄健. 发挥新媒体在全面深化改革中的正能量作用 [J]. 当代广西, 2014 (3): 52~53.

下，媒体应当肩负起传达党的思想路线、反应群众生活、引导舆论的作用和导向。新浪网要加强内部制度的建立、细化和执行，加强监督，加大惩处力度，科学运营，避免把关不严状况的出现，树立良好的媒体形象。

（三）提升从业人员的媒体素养

新浪网从业人员的媒介素养，主要反映在其专业技能水平、应对复杂新闻事件的能力等方面，同时，还体现在不受外界利益驱使，能够坚持以人民需求为动力，以真实事实为向导等方面。要全方位提高新浪网从业人员的素养，树立正确的世界观、人生观、价值观，坚持正确的舆论导向，加强宣传教育，提高失信成本，完善从业人员的准入机制，净化从业人员队伍。同时，要提升从业人员的职业道德修养，提高从业人员的收入，提高其社会地位。

（四）尊重新闻事实的客观真相

新浪网的信息传播者要本着尊重事实真相的原则，在力所能及的范围内全力还原事件的真实面貌。对虚假、炒作、猎奇的新闻保持谨慎的态度，遵守职业道德，将内部规范管理和外部审查机制融为一体，对新闻转载、网络直播、评论活动等线上线下的活动进行标准的审核，确保内容符合社会主流观念，具备良好的导向性。

（五）发挥特长吸引受众

新浪网要结合自身特点，从受众需求角度考虑，做好新闻专题。找准自身的优势，规避不擅长的领域。例如，新浪突出微博优势，走亲民路线，就应该在与网民微博互动的基础上，挖掘用户不同信息需求，从这些需求出发进行报道策划，而对于原创不足的问题，尽可能通过转载、评论等内容进行补充。

三、受众层面

（一）加强受众的监督意识

增强媒体社会责任，成熟理性的受众至关重要。受众要增强辨别真假新闻的能力，提高阅读品位和辨别是非的能力，养成冷静分析、主动质疑的习惯。受众在享受信息传播的速度与海量时，提前将有偿新闻、虚假新闻等不良新闻扼杀在摇篮里，防止它们再次传播给社会带来不良影响。

（二）营造健康的文化生态

受众要树立正确的价值观，追求积极向上的生活方式，保持身心健康，通过合理的渠道和方式娱乐消遣。而整个社会要逐步摒弃享乐主义、金钱主义的思维导向。只有通过各方的共同努力，才能建立一个健康的、可持续发展的文化生态圈，促进媒体发展和社会进步。

第十九章 腾讯社会责任报告

吴文汐[1]

本报告梳理分析了腾讯在 2016 至 2017 年的社会责任执行情况，发现其中的问题，并提出改进的路径。腾讯运用自身的技术优势推进各地"互联网+政务"的开展，协助公安机关打击网络诈骗赌博。旗下各平台功能进一步创新，满足了用户的多元需求，同时加强对用户信息安全的保护，加大对原创内容的扶持和补贴。在技术和资金上大力支持慈善公益事业。腾讯在社会责任方面的表现彰显了作为互联网领军企业的社会担当，当然，仍存在着一些不足之处，比如旗下用户自上传内容抄袭盗版现象屡禁不止，未成年人沉迷于以《王者荣耀》为代表的手游，少数民族以及老年群体关照不足等问题，本报告也针对上述问题提出了改进方案。

第一节 腾讯基本情况

腾讯作为中国互联网领军企业之一，以社交平台和数字内容两项服务为核心，拥有月活跃账号数超过八亿的即时通信工具 QQ 和移动社交通信工具微信，以及门户网站腾讯网、腾讯游戏、QQ 空间等用户规模庞大的互联网产品。以"连接一切"作为战略目标，腾讯的产品深度嵌入了人们生活和工作的方方面面，使线上线下需求形成了无缝对接，深刻改变了人们的沟通方式和生活习惯。

---

[1] 吴文汐，东北师范大学传媒科学学院副教授，中国人民大学传媒经济学博士，主要研究方向为受众与传播效果、网络舆情、传媒经济。

腾讯在商业领域不断取得成功的同时，也十分注重企业社会责任的担当。腾讯于2006年创办了腾讯公益基金会，这是国内第一个互联网慈善公益基金会，同时设立了腾讯公益网。自2008年发布《企业公民社会责任报告》总结10年以来的社会责任后，腾讯每隔两年都会发布一份《腾讯企业社会责任报告》。腾讯秉承"致力公益慈善事业，关爱青少年成长，倡导企业公民责任，推动社会和谐进步"的宗旨，运用自身的技术和影响力，营造了"人人可公益，民众齐参与"的网络公益新生态。

第二节　腾讯执行社会责任现状

2016年，腾讯在社会责任方面的表现彰显了作为互联网领军企业的社会担当。腾讯运用自身的技术优势推进各地"互联网+政务"的开展，并协助公安机关打击网络诈骗赌博。旗下各平台功能进一步创新，满足了用户的多元需求，同时加强对用户信息安全的保护，加大了对原创内容的扶持和补贴。此外，腾讯对慈善公益事业也十分重视，在技术和资金上均大力支持。

一、舆论引导与社会监督责任

（一）坚守媒体责任传递正能量

腾讯新闻提出了"事实派"作为其新闻报道的基本准则，让新闻回归事实，澄清谬误、明辨是非。腾讯新闻对"两会"等党的重要会议进行了形式多样、内容丰富的专题报道，在显著位置报道党的重要方针、政策、思想，及时向民众传递党的声音。此外，腾讯新闻还开设一些板块，引导人们对一些社会现象予以关注以及理性思考和讨论。比如中国人的一天，用影像记录一个个中国人的平凡生活，把关注给予用心生活的人；谷雨，以耕耘中国故事、繁荣业界生态为己任，寻找优秀的创作者记录当下中国的变化及其对中国未来、对世界的影像；较真，专业的事实查证平台，帮助人们破除谣言，澄清谬误，直达真相。

(二）快速上线积水查询等多项公共信息服务功能协助抗灾

2016年7月20日，天津、北京、河北、秦皇岛等地发出暴雨橙色预警。为及时向公众传递积水情况，方便公众出行，腾讯互联网+合作事业部当天紧急启动，联合多地交管、气象部门，上线多项城市服务功能以应对暴雨侵袭。比如基于地理信息服务，推出"城市积水查询"，市民在微信和QQ城市服务平台可以查询积水点位置，以绕过积水点，规划好出行路线。此外腾讯还在微信平台上增加"积水上报"功能，市民一旦发现积水点可立即上报。这两项功能能够帮助交警部门辨识积水点，根据积水点位置布局警力，及时响应突发事件，为安全出行提供最大保障。

（三）协助公安机关打击网络诈骗

腾讯有全国最大的黑产数据库，这些数据以及腾讯丰富的大数据运营经验，为协助警方打击犯罪提供有力的技术支持。腾讯守护者与各地警方合作，协助警方侦破了多起电信诈骗案件，协助完成的电信诈骗案件合计涉案金额总数已达5亿元。为从根源上打击信息诈骗犯罪，2016年8月，腾讯与公安部刑侦局合作，为全国警方部署"麒麟伪基站实时检测系统"，打击各地伪基站违法犯罪活动，从根源打击信息诈骗犯罪。此外，2016年6月，腾讯还参与了公安部指导的网络诈骗宣传月活动，提供多项奖励给用户，鼓励用户积极参与举报电信网络诈骗，只要用户向腾讯举报诈骗信息，即有机会获得丰厚奖励，而这些举报信息也成了公安部门侦破诈骗案的线索及证据。

（四）配合公安机关打击网络赌博

2016年6月，腾讯宣布全面打击网络赌博。封群处理了微信及QQ平台上共计25 000个涉赌社交群，对35 000余个涉赌账号限制了支付或者红包功能。此外，腾讯还对游戏平台做了涉赌账号清理。腾讯采取了三项措施打击网络赌博：第一，对用户举报且经核实存在赌博行为和信息的群永久封群；第二，长期冻结赌博组织者的建群资格；第三，限制赌博参与者每日建群数量、支付、转账、红包功能。

（五）与公安部门合作，助力"互联网+警务"

2016年5月，腾讯举办了首届"互联网+警务"峰会，发布了七大"互联网+警务"解决方案，展示了腾讯云、微信城市服务、位置大数据开放平台等"互联网＋警务"支持产品。2016年8月，腾讯在全国进行"互联网＋警务"巡讲，就"互联网＋警务"整体解决方案进行研讨。截至目前，腾讯已与公安部交管局、公安部出入境管理局以及20多个省市进行"互联网＋警务"合作。比如，2016年广交会期间，腾讯协助搭建了"互联网＋警务LBS大数据应用平台"，其LBS热力地图为公安部门提供了数据模型，呈现出人口密度和流量变化，使警方在安保部署、现场调度上有全景支撑，提高了警务工作的效率。

（六）助推"互联网＋"党风廉政宣传教育

2016年8月，腾讯与深圳市纪委合作，依托腾讯在移动互联、新闻传播及QQ、微信等社交平台优势，推进"互联网＋"党风廉政宣传教育。"廉洁深圳"微信公众平台兼具新闻推送、纪律教育、群众监督等功能。

（七）协助打造"互联网＋检察"新工作模式

2016年8月，腾讯与江苏省人民检察院签署战略合作协议，合作开发建设江苏检察"智慧检务"平台。公众通过该平台可以查询行贿犯罪档案，了解到查办的重要职务犯罪案件信息，进行监督、建言献策。江苏各级检察机关也将开通腾讯"企鹅号"，创建"指尖上的检察院"，打造"江苏检察在线"这一新媒体品牌。

（八）推动"互联网＋"与地方社会经济的深度融合

2016年，腾讯与江西、福建、四川等地政府合作，推进"互联网＋"与地方社会经济各领域的深度融合。以江西为例，2016年8月，腾讯与江西省人民政府合作，依托腾讯整体技术与资源优势，使"互联网＋"成为创新发展的驱动力，并以此为契机优化公共服务，为公众提供更为便捷、智慧的公共服务。此外，腾讯还与江西省政府合作为江西互联网创业者提供全面的创业扶持，推进创新，拉动本地产业发展。前期已投入运营的南昌腾讯众创空间吸引了35家创业团队入驻，随着江西赣江新区的设立，还将打造升级版腾讯双创示范园区，构建"三链融合，五业并举"的创新创业服务载体。

二、腾讯的市场责任

2016年腾讯继续扩大经营版图，丰富经营板块，其中网络游戏成为最大的亮点。作为中国最大的游戏运营商及发行平台，腾讯运营着中国前三大PC客户端游戏，其中 2016 年《英雄联盟》在全球所有 PC 客户端游戏中收入排名第一。移动终端上，根据 App Annie 的数据，在 iOS 系统，腾讯是全球游戏畅销榜中排名第一的发行商。《王者荣耀》的日活跃用户已超过了 5 千万，创造了腾讯平台上的智能手机游戏的新纪录。2016 年，腾讯互娱增加了腾讯电竞这一新的业务部门，计划借鉴传统体育联盟运作方式，将电竞业务打造成为包括内容制作、直播、赛事、明星经纪、粉丝运营等在内的完整产业链。

与此同时，腾讯还发起或参与了一系列投融资：向韩国娱乐业巨头 YG 注资 3 000 万美元，成为 YG 的第三大股东；86 亿美元控股游戏公司 Supercell，此为腾讯最大海外收购项目；QQ 音乐与海洋音乐集团的数字业务合并成立新的音乐集团；领投直播平台斗鱼；持有京东 21.25% 的股份，成为京东第一大股东；领投博纳影业集团私有化后的 A 轮融资。

（一）总资产情况

截至 2016 年 12 月，腾讯总资产为 3 958.99 亿元，比去年同期增长 29%。

（二）营业收入情况

2016 年，腾讯全年总收入为 1 519.38 亿元，同比增长了 48%，全年盈利为 414.47 亿元，同比增长 42%。其收入增长来源广泛，包括智能手机游戏、社交及效果广告、数字内容销售和支付等业务。其中在《王者荣耀》《穿越火线：枪战王者》及《剑侠情缘》等产品的推动下，网游收入同比增长 25%，达 708.44 亿元。社交网络收入同比增长 54%，达 369.66 亿元。网络广告和效果广告收入的增长较为突出，网络广告收入同比增长 54%，达 269.7 亿元。得益于微信朋友圈、移动端新闻和微信公众号的广告收入的增长，效果广告收入增长了 81%，达 157.65 亿元。由于移动端平台收入的增长，品牌展示广告收入也增长了 28% 至 112.05 亿元。此外，因支付相关服务和云服务收入的增长，其他业务收入出现大幅增长，增长率达 263%。

（三）股东收益情况

截至 2016 年 12 月，公司权益持有人应占权益 1 746.24 亿元，同比增长 45%，公司权益持有人应占盈利 410.95 亿元，同比增长 43%，应占全面收益总额 481.94 亿元，同比增长 9%。

三、腾讯的社会责任

（一）公益慈善

2016年，腾讯公司董事会主席兼首席执行官马化腾宣布将捐出一亿股腾讯股票注入正在筹建中的公益慈善基金以支持中国内地为主的公益慈善项目以及全球前沿科技和基础学科研究。

"99公益日"是腾讯公益联合数百家公益机构、知名企业、明星名人、顶级创意传播机构共同发起的公益活动，2016年9月7日至9月9日，通过腾讯公益平台，"99公益日"共募集善款超过6亿，刷新了国内互联网的募捐记录。

腾讯乐捐为实名认证用户、非公募以及公募机构提供公益项目自主发布平台，项目涵盖了疾病救助、扶贫救灾、教育助学、关爱老人、环保、动物保护等方面。2016年，李小雪、杨自然等人通过腾讯乐捐平台募得善款用于疾病救治；教育方面，腾讯开展了彩云青年行、2016陕西助学公益、让特困学子2016不饿、2016腾讯益行家公益等支教扶贫助学活动；腾讯99公益日募捐44 332.73元用于广州的"一人一月饼"行动，关爱养老护理员，韶关在腾讯乐捐平台发起"心随益动共筑耆英梦"公益项目，为空巢老人赠送爱心包，兰州发起"为特殊老人过重阳"公益筹款项目筹得72 126.51元。

从2007年腾讯公益慈善基金会成立至2016年12月，腾讯公司及其员工已分别向其捐出合计共超过人民币19亿元和6 000万元。2016年内，腾讯公司及员工分别向腾讯基金会捐出人民币5.7亿元及人民币1 050万元。

（二）员工关爱

1. 完备的绩效管理制度

腾讯设有完备的绩效管理制度。每位员工的上级主管每六个月对员工进行绩效考核，员工需于每次考核完与其上级主管一起制定绩效目标，腾讯鼓励主管不时向员工给予建设性反馈意见，有助其个人成长。

2. 员工培训

2007年成立企业大学《腾讯学院》以来，腾讯每年都在员工发展与培训上投入大量资源。2016年，每位员工的平均内部培训时数为26.1小时，员工完成的网上培训课程总数为157 753个。腾讯学院为员工职业生涯的每个阶段提供不同的培训课程，包括入职、在职培训以及领导力培训。与此同时，为了便于员工随时随地学习，腾讯学院还设立了网上学习平台和移动学习制度。

3. 薪酬和晋升

腾讯的报酬与花红制度以绩效为基础，以奖励表现优秀、有潜力的员工。2016 年是腾讯成立 18 周年，为表彰员工的贡献，2016 年 11 月腾讯授予每位员工 300 股股份。

晋升方面，员工可以在符合有关服务年期和绩效要求的情况下，于中期及年终绩效评估中提出升职申请，由内部委员会负责评核审查有关升职事宜，考核过程公平公开，员工可通过正式渠道提出以及获取反馈意见。

4. 福 利

在福利方面，腾讯按照相关法律法规和市场惯例设立了基本福利制度，此外，还增设了一些特别福利制度以激励员工。比如为员工庆祝特别时刻（如入职周年、结婚等庆祝活动）。

腾讯实施了弹性时间安排及公益假等各种措施，力求为员工带来工作生活平衡。腾讯的休假计划让员工享有高出法定标准的年假、全薪病假、半薪事假以及全薪春节特别假。女性员工有权享有全薪产假，男性员工也有权享有全薪陪产假。此外，员工还可以申请一天的全薪公益假。腾讯还为员工举办了各类娱乐休闲活动，比如跑步、音乐、跳舞、摄影、语言班等。

为了给员工提供安全舒适的工作环境，腾讯设有完备的保安与消防系统以及食品安全监测系统。腾讯设有指定团队专门负责员工身心健康，腾讯为员工安排了年度医疗检查，并不时举办健康讲座、健身班、现场医疗咨询、面对面以及电话辅导服务。除了社会保险，腾讯还为员工及家庭提供了各种辅助保险福利（包括医疗保险、危疾保险、意外保险和人寿保险），员工可灵活地为自己和家庭选取最合适的保险计划。

（三）依法经营

腾讯坚持在相关法律法规的框架下合法经营，确保产品和服务及相关销售和营销策略符合适用的法律法规，在用户隐私、产品安全以及知识产权方面设立防护措施。此外，在反贪腐、反洗钱方面不遗余力，在遵守法律法规的同时在内部制定相关准则，要求员工严格执行。

1. 遵守有关隐私保护的法律

将关于隐私保护的适用法律和监管要求写入公司内部政策中。腾讯的法律部门设有专门的隐私小组,腾讯会对特定产品和新产品进行隐私风险评估,以确保产品不侵犯用户隐私。

2016年,腾讯推出了反钓鱼系统,基于大数据分析和机器学习,可有效检测识别包含木马病毒、欺诈、钓鱼的恶意网址,从而建立包含终端、管道和云端的一体化防御体系。腾讯还与知道创宇合作,打造了国内最大的反信息诈骗数据库,为用户和各行业反欺诈提供有力保障。腾讯搭建了安全大数据监控、安全生态平台、安全联合实验室、安全守护大使、安全产品利器等在内的全方位安全生态矩阵,成立了安全联盟,成员涉及反诈骗、隐私保护、支付安全、账号安全、防骚扰等个人生活的方方面面,形成了保护人人的立体化社会安全体系。

2. 依法运营网络游戏业务

在网络游戏业务的运营中,腾讯积极采取各项措施,确保符合相关法律法规。比如取得经营网络游戏的相关资格证书,如《电信业务经营许可证》《网络出版服务许可证》以及《网络文化经营许可证》。根据监管规定实施实名制和防沉迷系统,并通过各种渠道加强健康游戏和防沉迷信息的传播。

3. 保护知识产权

在知识产权方面,腾讯高度重视知识产权的保护,设立了专门的IP团队,负责涉及商标、专利、版权、域名和其他IP的法律事宜的日常管理工作。通过版权的创造、推广和运用,腾讯在游戏、文学、动漫、影视、音乐、新闻等方面满足了广大用户的需求,奠定了行业领先定位。在这一过程中,对版权的高度重视,对原创内容的扶持补贴,向原创作者开放平台资源,也体现了腾讯对于原创作者的充分尊重。

2016年3月,腾讯启动了"芒种计划",媒体和自媒体所发布的内容,可通过企鹅媒体平台,在腾讯多个平台渠道进行一键分发,实现内容的多点曝光。腾讯给予了坚持原创,深耕优质内容的媒体和自媒体全年2亿元的补贴,同时,在这些媒体和自媒体文章页面上的所有广告收入,也百分之百归其所有。

2016年4月,腾讯财经自媒体联盟壹克正式成立。腾讯为自媒体提供全方位的用户接入渠道，并帮助自媒体寻求商业变现，对优质内容进行扶持和补贴，根据媒体表现和贡献度，按流量做相应补贴分成。与此同时，腾讯还设立了投资基金，对有投资价值的自媒体进行股权投资。

2016年7月，腾讯推出企鹅原创开放平台，向中国所有优秀原创设计师群体开放QQ表情平台。未来，除了表情，还将向原创作者开放主题、聊天气泡、个性名片等。该平台通过提供赞赏以及分成两种变现来源，赋予设计师粉丝运营能力，并帮助设计师实现价值变现。与此同时，通过对用户特征的大数据分析，为设计师提供精准的用户属性和需求参考，使其创作的作品可以更具针对性地满足特定群体的需求。

由于腾讯在版权方面所做出的努力，2016年12月，腾讯获得了国家版权局颁发的首届"中国版权金奖"的"推广运用奖"。首个国家网络版权研究基地也落户腾讯。依托腾讯研究院，汇聚中外学界业界资源共同研究中国网络版权产业的发展及问题。迄今为止，腾讯研究院在网络版权保护方面已输出累计数十万字研究报告，在政府和学界都产生了重要影响。

4. 反贪腐

腾讯公司内部制定有阳光准则，该准则明确禁止各类型的舞弊、贿赂行为，以及任何不符合法律法规的其他活动。员工必须严格遵守阳光准则。为了保障公司利益和在业务交易中正直的价值观，腾讯采用了《反舞弊举报制度》，向员工、供应商和合作伙伴传达了舞弊行为零容忍的信息，鼓励员工、供应商和合作伙伴举报任何潜在舞弊行为。如舞弊活动违法相关法律法规，有关个案将会被汇报至相关政府机关。

5. 严格遵守反洗钱及反恐怖主义融资的相关法律法规

2016年，腾讯严格遵守所有用于反洗钱及反恐怖主义融资的法律法规，履行在反洗钱方面的社会责任和法律义务。腾讯实施了健全的金融犯罪管控机制，建立了产品小组和业务开发小组、风险管理小组及反洗钱小组、内部审计小组组成的三道防线，监测、阻止以及防止其业务涉及洗黑钱和恐怖主义融资等的金融罪行。

（四）环境责任

腾讯对于环保的支持不遗余力。马化腾所捐出的1亿股腾讯股票也将用于支持环保等公益慈善项目。除此之外，2016年，腾讯还采取了一系列节能措施，竭力履行环保责任。

为了减低深圳总部的能源消耗，腾讯对楼宇进行自动化系统升级，安装新设备，高效减低空调系统及整幢大厦的能源消耗，削减二氧化碳排放，此外腾讯在深圳总部安装了直饮水系统以取代瓶装水，减少塑料包装材料的使用，同时间接降低因交付运输瓶装水所产生的二氧化碳排放。

腾讯目前最创新的实验室——T-block西部实验室，采用光伏电+高压直流技术、间接蒸发冷却机组以及机器学习自动系统，大大提升了数据中心的能源效益，维持同样效能的情况下，现在所需能源比之前减少了30%。上海青浦区的冷热电联供项目中，腾讯兴建了一个配电站，整体能源利用率增加最高约80%。青浦区数据中心拥有中国数据中心业内最大光伏电网之一，提供100%清洁能源，该项目一期，建造了3 000平方米的光伏电网，每年生产电力3亿瓦时，减少二氧化碳排放200吨，该数据中心屋顶上的太阳能电板可隔热，有助夏季节能。

四、责任管理

自2008年以来，腾讯每两年发布一次社会责任报告，最近一次是2015年发布的2013~2014年企业社会责任报告，2015~2016年的报告直至2017年10月也未查到公开发布的记录。

"成为最受尊敬的互联网企业"这一愿景是腾讯企业社会责任的核心理念。参照国际通行标准和公司实际情况，腾讯把企业社会责任细分成四个维度，适时评估。这四个维度分别是：企业经营维度，包括遵纪守法、诚实经营、保障股东利益、关爱员工以及建立多元企业文化；用户维度，倾听用户声音，诚实对待用户，以实现用户价值为前提；社会维度，公益慈善的全平台投入，创新及知识产权的法律建设，行业贡献及开放合作；环境维度，环境优先，可持续投资以及对生态可持续发展的承诺。可以说腾讯的企业社会责任维度涉及了用户、员工、股东、政府、商业合作伙伴、公益组织等多个利益相关方。

2013~2014年，为了明确利益相关方，腾讯还开展了内部问卷调查，以了解公司与各利益相关方重要的沟通渠道以及已经采取的行动，重新确定利益相关方的类别，更有效地倾听利益相关方的声音，通过交流识别可持续发展的议题,推动企业与社会的协同发展。

为保障社会责任在全平台的充分落实,2010年腾讯还成立了企业社会责任部,负责腾讯企业社会责任战略的实施,并在各个部门及区域明确企业社会责任联络员,全方位落实企业社会责任工作。

第三节 腾讯执行社会责任存在的问题

2016年,腾讯在社会责任上取得的成绩是显著的,然而也存在着一些问题,主要集中于用户自上传内容中的盗版侵权、未成年人手游沉迷、对一些弱势群体关照不足等。

一、腾讯旗下音乐平台屡涉侵权,音乐人权益受到侵害

腾讯旗下酷狗、酷我和QQ音乐三个在线音乐平台,均涉及侵权问题,多位音乐人和乐队公开表示未经授权,自己的作品就被腾讯音乐平台私自上架。截至目前,被三个平台侵权的作品,不但有正式发布的单曲或专辑,也有音乐Demo和曾排练但未正式发布的作品。在酷狗这样的在线音乐平台上,除了版权方提供的授权文件之外,还有一部分音乐是用户上传的,虽然平台会要求这部分音乐提供证明文件,证明自己是版权所有人,但是却很难核实用户所自行上传的词曲的权利归属,而这部分用户自上传内容成为侵权的重灾区。

二、微信公众号抄袭侵权严重

微信公众号正成为网络侵权不容忽视的重要方式。原创优质内容的稀缺与用户巨大的内容需求之间的矛盾,使得大量公众号用抄袭原创内容的方式这种低成本、快捷的方式来赢得大量关注,获取商业利益,就连腾讯自己运营的媒体也遭遇了抄袭侵权。以腾讯"大家"为例,该板块以签约方式买下优秀作品版权,第一年投入将近2 000万,但因其内容精良,文章被到处抄袭,据腾讯"大家"副总编贾永莉介绍,一个月平均有30至40位"大家"作者投诉文章

被盗用。举证难、处理慢、删除少、惩罚轻打击了原创者维权的积极性，原创内容得不到切实保护，大量抄袭内容也没有得到应有的处理，这种状况对微信的内容生态圈也是一种伤害。

三、微信公众号存在色情暴力、虚假信息，监管不力

目前，微信公众号平台上仍然存在着暴力恐怖、色情、虚假信息等危害国家安全和社会秩序的信息，腾讯未能对此进行有效的管理，杜绝此类信息的传播。2017年9月，广东省网信办经立案调查，认定腾讯违反了《网络安全法》有关规定，对微信公众号平台的违法信息未能尽到管理义务，对腾讯公司作出最高罚款的处罚决定，并要求腾讯针对违法问题进行深入整改，切实履行平台管理的主体责任，规范微信公众信息服务，对发布违法和不良信息的公众账号坚决依法处置。

四、未成年人沉迷手游

目前，手游业玩家低龄化，大量的未成年玩家成为手游用户，腾讯手游作为手游业的领先者，更是无法回避这个问题。其取得巨大成功的手游产品《王者荣耀》的玩家中，未成年人不在少数，根据极光大数据所发布的《王者荣耀研究报告》，截至2017年5月王者荣耀用户规模超两亿，其中14岁以下用户占比3.5%，15～19岁用户占比22.2%，据此可推算，14岁以下未成年玩家人数为700万，如加上14岁到18岁以下用户，未成年人群体超过1000万。有关未成年人沉迷《王者荣耀》、玩游戏花费上万元等新闻屡见报端。其成长守护平台到2017年2月才正式上线，2016年该游戏已经有大量未成年人沉迷其中，却并没有在技术上、规则上形成有针对性的监护举措。而且即便2017年上线了成长守护平台，从实际的运作来看，这个监护平台并未能够完全发挥作用，有关未成年人沉迷该游戏的报道仍不时出现。

五、对少数民族、老年人等群体关照不足

总体来说看，腾讯的各种服务和功能都比较偏向于满足主流人群，尤其是青年群体的需求，对于少数民族和老年人群体关照不足。根据《2016微信数据

报告》，数据显示日均登录用户达 7 亿多，其中老年用户占 1%，尽管比例不高，但是绝对数量也是相当可观的，而且消息发送频率不低，老年用户日人均信息发送次数达 44 次。从媒体报道来看，老年用户在使用过程中存在着微信沉迷、对微信的谣言、骗局辨识能力较弱等问题。

第四节 腾讯社会责任执行力提升路径

基于对上述问题的分析，本报告认为可从以下几个方面提升社会责任执行力。

一、事前事后把关并举，严厉打击抄袭盗版以及违法信息的传播

从目前的情况来看，抄袭盗版和违法信息的发布主要集中于用户自上传内容上。社会化媒体在为用户提供内容创作生产与传播自由的同时，需要面临的一个问题便是如何对这类内容进行有效监管，搭建一个有序清朗的网络空间，这也是社会化媒体平台履行社会责任的重要组成部分。腾讯拥有数亿用户，这种责任尤为重大。目前腾讯主要靠封号、删除等方式来处理抄袭、盗版和违法信息的发布，但是举证难，处理慢，处罚轻，削弱了被侵权方的申诉意愿，也让侵权方无所忌惮。为此，应当加强监管，事前和事后把关并举。

第一，明确抄袭和盗版的认定细则，界定清楚在微信、QQ、酷狗音乐等平台上所上传的内容，什么类型的属于抄袭和盗版，比如挪用他人图片而正文是原创是否属于抄袭等等，应该界定清楚，让用户在上传内容之前有规矩可依，做好自我审查。

第二，明确不同情形下的抄袭盗版行为、违法信息发布的惩罚机制，加大惩处力度。

第三，可参考淘宝的信用等级制度，按照原创度、诚信度等指标对公众号进行评价分级，这也有助于用户更有效地识别公众号的可信度，引导公众号运营者自觉遵守相关规定。

二、建立适合互联网企业的社会责任评价标准，引入第三方评估

目前，互联网企业社会责任缺乏明确的、统一的标准。包括腾讯在内的互联网企业发布的社会责任报告都主要报告了其在履行社会责任方面的成绩，而对于问题、困难和不足基本不提。政府相关部门应当根据中国互联网发展的实际情况，制定统一的互联网企业社会责任标准，并且引入第三方对互联网企业的履责情况进行评估，为互联网企业履行社会责任提供一个参照标准，指明改进的方向。

三、增加满足少数民族、老年人需求的功能和服务

增加多语种的功能界面，为少数民族提供反映其本民族文化的内容产品，满足其特定的需求。同时针对老年人在社会化媒体过程中常见的困难和问题，推出一些辅助功能，帮助老年人自由而安全地享受社会化媒体所带来的乐趣和便利。

四、在搭建防沉迷系统的同时多开发适合未成年人的游戏

推动防沉迷系统的完善升级，严厉打击以破解系统为名的诈骗犯罪行为。同时开发更多适合未成年人的游戏，引导未成年人通过游戏陶冶情操，树立正确的价值观，了解社会规则，形成良好的行为规范。

第二十章 阿里巴巴集团社会责任报告

邸 昂[1]

随着媒介技术的不断发展,新媒体在我们日常生活中发挥着越来越重要的作用,它极大地推动了人类社会的繁荣发展。在新媒体时代,互联网传媒企业如何更好地发挥其对于社会的正面影响,履行社会责任是一项重要课题,它对于国家安全、社会和谐、经济发展和公众生活肩负着重要责任。

第一节 阿里巴巴集团基本情况

阿里巴巴集团("集团")是全球领先的互联网上市企业。近年来不断成长,成为网上及移动商务的全球领导者。集团及其关联公司目前经营领先业界的批发平台和零售平台,以及其他多项基于互联网的业务,当中包括广告和营销服务、电子支付、云端计算和网络服务、移动解决方案等。目前,集团为自己定下服务全球1 000万盈利企业和20亿消费者的长期战略目标,确定了全球化、农村、大数据云计算三大战略,并以此形成电商、金融、物流、云计算、全球化、物联网和消费者媒体七大核心业务板块。同时,还在影业、健康、体育、音乐、本地生活等方面进行布局。

1999年,集团作为一家新创的互联网公司开始登上全球新经济舞台。在发展过程中,公司坚持"平台"而非自营的发展模式。随着集团平台的成长,到2007年,集团进一步确立了打造开放、协同、繁荣的电子商务"生态系统"发展战略。自此集团的生态化程度不断提高,物种多样性也越来越丰富。至

---

[1] 邸昂,中国新闻出版研究院助理研究员。

2016年，集团发展为一个由5亿多消费者、上千万家企业和创业者、数十万家服务商等共同组成的巨型商业生态系统。

第二节 阿里巴巴集团执行社会责任现状

集团自2007年开始定期披露企业的社会责任报告，同时集团社会责任部发布了年度基金报告以及公益报告。2016～2017年度的数据详细地展示了集团社会责任履行情况。本报告主要依据各方公开公布的相关内容以及权威媒体报道，概述阿里巴巴集团2016年以来社会责任的履行情况及存在问题。

"让天下没有难做的生意"既是集团的使命，也是一切产品和创新的灵感来源。集团始终将开放、透明、分享、责任的互联网精神体现在日常工作和经营中。不仅通过互联网文化促进自身发展和进步，更致力于在整个生态系统中传播互联网文化，以促进所有参与者发展和进步。在集团的商业生态系统，消费者、商家、供应商和其他人士在内的所有参与者都享有成长或获益的机会，从而实现业务成功和快速增长。本报告从利益相关方角度出发，结合网络传媒特点，从以下四方面总结集团的社会责任履行情况。

一、舆论引导与社会监督责任

（一）推动行业发展和进步

第一，在全球经济增长乏力的背景下，2016年马云担任B20中小企业发展工作组主席期间，提出了世界电子贸易平台（eWTP，Electronic World Trade Platform）倡议，呼吁顺应当前数字经济飞速发展的时代潮流，更好地帮助中小微企业发展，促进全球普惠贸易和数字经济增长，孵化互联网时代的全球化贸易新规则。eWTP将具备物流枢纽中心、一站式外贸服务中心、大数据中心、人才培训和普惠金融服务等几项重要功能，旨在通过实施试点项目、提供能力建设、分享最佳实践，总结提炼出切实可行的政策建议，以对话和讨论的方式与公共部门孵化贸易规则，为跨境电商和数字经济发展创造有利和有效的政策环境。集团利用自己在电子商务、智慧物流、普惠金融和大数据方面的丰富经验和技术积累，选择部分国家首先落地 e-Hub。

第二，阿里研究院通过主办系列活动推动电商的普惠化进程，推进电商从一、二线城市下沉到县域和乡村，促进电商的可持续快速发展，如第四届中国淘宝村高峰论坛（沭阳）、第三届县域电商峰会等。同时，发布年度淘宝村报告和县域电商发展报告，撰写《贸易的未来：跨境电商连接世界》《数字经济2.0》等报告，出版《新经济崛起》等书籍，描述以电商为代表的数字经济发展的未来趋势。

（二）同政府合作，以科技促进城市建设

集团同政府建立合作模式，如浙江政务云，阿里云配合浙江省搭建了统一政务云平台，全省涉及 4 000 个政府部门共 9 000 余项公共项目可以通过政务服务网来完成，同时网站将全省 50 多个省级部门、11 个市级、90 多个区县级的政府部门共计 2.4 万项政务服务资源连接在一起，实现了网上审批、代办、全程办等流程，让居民足不出户，在网络上实现零距离办事。阿里云与江苏省合作，构建江苏政务网，借助阿里云的技术，实现包括统一的门户网站、统一的客户端、省市两级统一受理平台、统一身份认证体系、统一公共资源交易平台等八个统一，促进了政府办事效率和服务能力的提升。再有，杭州城市数据系统的建设，集团的"杭州城市数据大脑"通过杭州 5 万多个道路摄像头做信息采集，然后后台对数据进行交换与处理，由人工智能系统做出算法决策，再传回到交通设施上执行。城市大脑的内核采用阿里云 ET 人工智能技术，对城市进行全局实时分析，自动调配公共资源，修正城市运行中的缺陷，成为治理城市的超级人工智能。2016 年 9 月，城市大脑在杭州萧山区市心路投入使用，通过智能调节红绿灯，试验区的道路车辆通行速度平均提升 3%~5%，部分路段提升 11%，有效并节省了大量人力物力资源。

（三）推崇真善美，传播正能量

集团倡议发起"天天正能量"项目，通过发掘、传播和奖励社会上的正能量人物或事件，推崇人性真善美，弘扬社会正能量。项目利用互联网及传统媒体资源优势，发动全国网友参与互动，同时邀请一批全国知名媒体单位及社会各界知名人士对发生在全国各地的正能量事件进行推送、传播和评选，每周评选出的获奖正能量故事根据所得票数，分别获得由"天天正能量"项目组颁发的正能

量奖金（截至2016年11月，天天正能量已经累计支出正能量奖金超过2 700万元）。通过正能量的发掘、征集、展示、传播和奖励，让更多的人看到社会和人性中美好的一面，让"好人有好报"成为一种社会共识。通过公众的参与和评委的投票，在公共媒体平台上掀起"什么是正能量"的探讨，拓展正能量的内涵，推动社会进步，为每个中国梦的实现提供更大的平台和更多的机会。

（四）运用科技手段贡献社会力量

1. 动员社会力量，形成全民打拐氛围

面对层出不穷的儿童拐卖犯罪活动，我们需要一个全社会都可以参与的打拐平台，让每一个公众都可以成为寻找走失儿童的眼睛。2016年5月开始，集团与公安部共同推出儿童失踪信息紧急发布平台——"团圆"系统，同年11月"团圆"系统2.0上线，该系统接入了支付宝、UC、手机淘宝、YUNOS系统、腾讯QQ、百度、一点资讯、今日头条、360手机卫士、滴滴出行等新媒体和移动应用，失踪儿童信息可自动推送到相关新媒体和失踪地周边一定范围内相关人群。系统由十几位阿里集团安全工程师自愿报名，用业余时间开发维护，全国各地一线打拐民警可以即时上报各地儿童失踪信息，并借助新媒体第一时间对公众发布，自动推送到儿童失踪地周边的相关人群，让社会公众可以参与到拐卖案件中来，成为中国版的"安珀警报"（安珀警报是美国和加拿大一种专门针对儿童绑架案的全国紧急警报系统。当有确认的儿童绑架案发生时，这套系统就会启动，并使用美国紧急警报系统（EAS）通过所有途径向社会大众发布，内容通常包含了被绑架者等描述）。2016年5月"团圆"平台试运行三天后，成功解救出第一个被拐孩子——两岁彝族女童吉吉。平台迅速受到了全社会高度关注。上线3个月，发布失踪儿童信息171条，社交网络参与互助转发284 965人。上线两周，找到失踪儿童24名。"团圆"项目已被确定为阿里集团重点扶持的公益项目之一，集团每年划拨专项经费，长期支持平台的升级迭代。未来，随着技术的不断成熟，大数据和云计算，以及"人脸识别"等高科技手段将逐步投入使用，帮助更多家庭真正团圆。这一平台的上线，可以让官方渠道推送准确信息，加快警方打拐的速度和力度，形成全民打拐的氛围。

2. 运用平台力量，助力残障人士就业

在我国，残障群体共有8 500多万，能够实现就业的人员不到50%。致力于通过互联网+大数据平台帮助残障人士实现就业梦想,集团与中国残疾人联合会共同开启"橙就未来"互联网助残就业计划。计划在 5 年内投入 3 亿人民币,培训 10 万残疾人,创造 5 万个适合残疾人的网络就业机会。包括残疾人服务地图(高德地图上将架设首个"残疾人服务地图",让全国的助残机构一目了然,方便了残疾人寻求帮助)、"可及"APP(阿里巴巴信息无障碍小组将为视障人士推荐便于他们使用的各种互联网产品,成为他们网络生活的起始站)、"网络无障碍建设指南"(作为阿里巴巴集团和深圳信息无障碍研究会多年来的实践成果,该指南将为其他的互联网产品无障碍化提供经验指导。"信息无障碍"起源于西方发达国家,译自"Accessibility",主要用于互联网环境,指任何人在任何情况下都能平等、方便、无障碍地获取信息并利用信息。即互联网产品通过进行易用性、可用性等优化,可以被老年人、视障者、听障者、读写障碍人士等用户顺畅使用,同时可以更高效、更便捷地被所有用户使用)。

二、阿里巴巴集团的市场责任

集团经过快速发展,如今已经成长为我国互联网公司巨头,上市公司市值超过 3 000 亿美元。2017 财年全年阿里巴巴集团收入为 1 582.73 亿元人民币,同比增长 56%;2017 财年经调整后净盈利为 578.71 亿元人民币。

2017 财年,集团各项业务快速发展,经济体效应开始显现。而让经济发展更加普惠和可持续,是集团作为经济体建设者和参与者的责任。数据是未来新经济的能源,也是阿里生态的核心资源,集团不断挖掘大数据力量,以互联网技术和思维驱动各个行业的重构,推动效率提升,创造化学反应,以商业方式帮助社会,是集团承担社会责任的最佳方式。

新经济体的浮现与提出,是阿里巴巴商业生态系统多年演化的自然结果。1999 年,集团作为一家新创的互联网公司开始登上全球新经济舞台。在发展过程中,公司公司坚持"平台"而非自营的发展模式。随着集团平台的成长,到 2007 年,阿里巴巴进一步确立了打造开放、协同、繁荣的电子商务"生态系统"发展战略。至 2016 年,阿里巴巴发展为一个由 5 亿多消费者、上千万家企业和创业者、数十万家服务商等共同组成的巨型商业生态系统。这一系统,在以下五个方面,初步显现出了一个无边界、跨国界的在线化、平台化新经济体的雏形。阿里巴巴自身,在这一经济体中则充当了建设者、参与者的角色。

(一)交易规模持续扩大

以线上零售为例,2016 财年(2015.04.01~2016.03.31)阿里巴巴中国零售平台交易额超过 3 万亿元,比肩工业时代的全球零售巨头沃尔玛。2017 财年,阿里巴巴中国零售平台全年交易额约 3.76 万亿元,较 2016 财年增加 22%。营业收入总计 1 582.73 亿元,与上年同比增长 56%。

(二)市场主体之间的超级分工与大规模协作

阿里巴巴零售平台卖家约 1 000 万,拥有 5.07 亿移动用户(买家),全球速卖通及 Lazada 的年度活跃国际买家合计达到 8 300 万,服务商数十万家,物种的多样性程度非常之高,同时也实现了高效的大规模网状协作。

(三)各大业务板块的协同效应日益显著

电商业务板块之外,金融板块(蚂蚁金服)、物流板块(菜鸟网络)的生态化程度在 2016 年进一步快速提高,同时,随着大文娱板块的成立,阿里巴巴"meet-work-live"的进阶与格局日趋清晰。2017 财年,创新及各平台包括商务、数字娱乐、物流及云计算之间协同效应推动了业绩的大幅度增长。

(四)自身规则持续完善

阿里巴巴平台自身发育出的网规,有效支撑了大规模交易的展开。大众评审、平台与政府协同治理等多元治理机制,在 2016 年保持了持续高效的创新。阿里巴巴提出的 eWTP 写入了 G20 杭州峰会公报。

(五)创造巨大经济社会价值

阿里巴巴零售生态为中国创造 3 083 万个就业机会,其中包括 1 176 万个交易型就业机会、1 907 万个带动型就业机会。2016 年阿里集团与蚂蚁集团全年纳税 238 亿元,平均每个工作日纳税近 1 亿;平台带动的上游生产制造与批发增量、物流增量等所产生的税收贡献初步估计超过 2 000 亿元。

三、阿里巴巴集团的社会责任

在获得市场业绩的同时,集团承担起相应的社会责任,其履行社会责任的成绩主要有以下几个方面。

（一）公益慈善

1. 慈善捐款参与公益事业

企业的发展与社会公益并不冲突，如果协调得当，反而会相辅相成。2010年起，阿里巴巴将集团年收入的千分之三拨作公益基金。2017财年，阿里巴巴集团公益基金实现捐赠支出1.6亿元，国内外超过200万弱势群体直接受益。集团公益的特点是"最广泛的参与"，阿里巴巴公益事业的发展受益于自身业务的发展和资源的积累，把互联网技术与公益项目结合，从而保持公益行动的专业化、可持续性。

集团基于互联网文化不断推动公益的可及性，让公益文化融入企业文化。2017年9月，联合CCTV慈善之夜、爱德基金会、中国残疾人福利基金会、中国儿童少年基金会、中国扶贫基金会等多家公益机构以及知名企业发起了首届"95公益周"，并向全社会发出"人人3小时"的活动倡议，2017财年，阿里巴巴员工志愿者服务9.6万人次，共计14.1万小时。通过互联网平台和各种媒介推动实现人人参与公益的目标，集团旗下多个业务部门同步开展了有关助残、助学、心理关爱、公益影像、自然教育、爱心捐赠等公益活动。首届"95公益周"期间，远超预期目标共有2.7亿人次响应参与公益行动，开启了人人公益的新理念。集团坚持"公益心态 商业手法"的理念，通过公益合伙人制度和公益基金制度的构建，不断提升公益的影响力、专业性和可持续性，用互联网的力量作为平台保障，推进社会公益。

2. 平台公益

其次，与单一捐赠方式不同，平台（淘宝）、资助（阿里巴巴公益基金）、技术（互联网技术、大数据云计算技术）是阿里巴巴公益的三大基础。集团通过平台搭建、资源和技术支持为员工、用户（包含消费者、网商等群体）以及各类组织等重要参与者构建一个平台。在这里，集团为公益圈的参与者解决资金困难，运用技术资源为其发展赋能，发挥平台优势，将员工、用户和组织联合在一起，共同打造人人参与的公益。2017财年，阿里平台公益推动社会公众47亿人次参与；累计3.1亿多买家、177.8万多卖家通过阿里巴巴平台参与公益。2017财年，公益网店规模达643家，年度筹款总额超4 776万元，订单笔数超145万笔。

2016年4月，阿里巴巴联合中国扶贫基金会、爱德基金会和中华少年儿童慈善救助基金会共同开启"公益宝贝 2.0"计划,希望通过协作参与的互联网公益模式,引入更多优秀公益项目,用商业思维打造可持续发展的公益模式。公益宝贝计划资助的扶贫助困、教育助学、环境保护、疾病及灾害救助等领域的公益项目共 73 个,公益宝贝交易数 3 721.4 万件。在阿里的电商平台上,有 5.4 万商家的公益捐赠额超过营业额的千分之三。比如公益宝贝,2016 年共计超过 2.8 亿买家参与,全年捐赠达到 44 亿次,募集善款 1.8 亿元,充分展现出了微公益的力量。公益宝贝计划不仅搭建广大卖家参与公益的平台,而且还融入消费者的购物行为中,通过这种购物的行为,让更多公众了解公益、参与公益、影响公益。

2017 财年,集团通过平台公益的方式和集团公益基金总共实现捐赠善款 7.3 亿元。这些善款通过与阿里合作的超过 600 家公益机构,发放给需要的人。阿里巴巴平台和蚂蚁金服平台共推动社会公众 47 亿人次参与公益;累计 3 亿多用户、178 万多卖家通过阿里巴巴平台和蚂蚁金服平台参与。集团发挥平台优势,将公益基因融入旗下各项业务,结合互联网技术开发特色公益项目。比如运用钉钉即时通信定位功能的团圆打拐 APP,支付宝环保公益项目蚂蚁森林,菜鸟网络的绿色包裹计划等。并制定相应的激励机制,吸引亿万用户广泛参与。如蚂蚁森林,通过虚拟种树小游戏,让用户感受到一点一滴的亲手灌溉,培育出一棵棵虚拟大树,并在现实中落地生根。这种将公益融入娱乐游戏,增进了用户的环保情感和参与感,受到用户的广泛好评。

2016 年 1 月至 2 月,蚂蚁金服公益携手新浪微公益发起"送孩子一个福气年"的春节公益行动,联合多家公益组织及 7 家企业号召公众关注孤残儿童、农村留守儿童、受灾地区儿童、贫困山区小学生等需要帮助的孩子,为他们献一份春节祝福和爱心。公众捐赠 910 万,116 万人次,企业捐赠 723 万。

3. 精准扶贫彰显企业责任

2017 年 7 月,"顶梁柱健康扶贫公益保险项目"启动,该项目由中国扶贫基金会、阿里巴巴、蚂蚁金服三方共同发起,以互联网+精准扶贫的新模式为农村家庭中的"顶梁柱"提供保障,解决因病致贫、返贫的难题。为国家级贫困县 20 至 60 岁的建档立卡户免费投保,以集团"公益宝贝"和蚂蚁金服"爱心捐赠"两个互联网公益平台面向公众募捐,募集的善款进入中国扶贫公益基金会,由基金会通过合作保险公司完成投保,并定期向公众反馈项目进展和善款使用情况。集团和蚂蚁金服的移动公益平台,图像识别技术以及区块链技术的应用,让"顶梁柱"项目精准扶贫的效能、效率和透明度得到了极大提升,它也开创了"全民参与,全程透明",互联网+精准扶贫的新模式。这一项目的进行将有效降低贫困人口的住院负担。目前在国务院扶贫办和国家计生委的指导下,顶梁柱健康扶贫公益保险项目已完成贵州习水76 528位建档立卡贫困户的投保。此外,很多政府机构和事业单位利用集团的智能移动办公平台钉钉促进扶贫工作,搭建了"精准扶贫信息服务平台",如海南、河北以及陕西等地。

2017年8月,菜鸟网络正式启动"一路无忧"计划,这是首个面向菜鸟乡村物流从业人员的公益型、普惠型保险产品,它着力帮助物流从业人员提升对工伤、疾病、意外事故的抵御能力,从而降低因病因伤致贫的风险,保障脱贫成果。

4. 科技助力公益事业

互联网技术和大数据云计算技术的迅速发展不仅影响着人民的生产生活方式,也对公益圈产生深刻影响。阿里巴巴推动两者在公益实践中的发展和应用,致力于通过技术应用解决社会问题。用技术为公益组织赋能,让更多的人因此受益。2016年4月,阿里云在云栖大会深圳峰会上正式启动"公益云"计划,帮助公益组织解决信息化难题,降低技术成本,提升数据处理能力。2016年,阿里云云公益模式服务公益组织达60家。

(二)员工关爱

保障员工的基本权益,健全员工发展体系,畅通职业发展通道,为员工创造良好的工作氛围,关爱员工的生活,有助于不断提升员工的凝聚力和归属感,从而为集团健康运营和发展提供保障。

1. 保障从业人员权益责任

(1)保障基本权益和福利。集团严格遵守《劳动法》等法律法规的要求,依法与员工签订劳动合同,严格按照规定缴纳社会保险,保护员工个人隐私,不断完善劳动用工的管理基础。截至2016年底,全公司在岗员工46 819人。目前阿里巴巴集团有38%的员工是女性,23%的高管是女性;36位合伙人中,12位是女性,比例为三分之一。

(2)职业健康。健康体检率、健康档案覆盖率均为93%;加强员工职业健康培训；设立重大疾病绿色就医通道。

（3）平等雇佣。坚持男女平等、民族平等的政策；按照相关法律法规保护女工合法权益；严格执行国家劳动法律法规，100% 签订劳动合同；打造毕业生招聘平台，规范开展招聘活动。倡导"快乐工作，认真生活"，为员工提供和谐的办公和休闲空间，营造自由开放的工作环境和温馨的团队氛围。

（4）履行人文关怀责任。员工自发组织、自主管理的群众性兴趣团体，通过各派的活动丰富员工的业余生活，展现并推广阿里的 Fun 文化。阿里十派现有兴趣派共 42 个，成员 1 万多名。另外为了纪念 2003 年阿里人抗击非典时所展现的果断、团结、敬业、互助互爱和永不放弃的精神，阿里巴巴将每年的 5 月 10 日定为阿里日。这一天，阿里人可以带上宠物上班，可以穿着睡衣上班，可以带上孩子上班。这一天，还有两个传统项目——"亲友日"和阿里巴巴集体婚礼。

（5）促进员工成长。集团建立完善的培训制度，分新人培训、专业培训、领导力培训以及各部培训。2016 年，阿里巴巴共开展培训超过 2 000 场，内容涵盖集团战略、业务分享、专业技术、组织文化、员工关怀等方面。培训课程体系涉及公司文化、价值观、个人管理、企业责任、专业技术培训以及团队管理等方面。集团通过在线学习平台为员工提供在线课程，支持在线测试、建立学习档案等个性化功能，实现员工与企业的共同成长。此外，通过设置各种奖项、举办各种比赛等，激励在工作中表现出色的员工，激发员工提升自身技术水平，培养员工创新意识，以完善的激励机制促进员工不断成长，工作与生活平衡。

（三）依法经营

阿里巴巴重视股东权益保护并给予股东可持续的商业回报。一方面通过健全内控体系，加强内部反腐保障股东权益不受侵害；另一方面搭建和完善与股东交流的平台，通过多种方式与股东沟通，建立和谐的投资者关系。通过小组会议、投资者会议报告、定期电话和电子邮件与股东双向沟通；建立信息披露机制和程序，遵守美国证券法律法规下的信息披露要求；在投资者关系网站不断更新与股东有关的信息和新闻；提供全面的年度、季度的财务和运营信息；召开机构投资人和分析师会议；通过举办公司业务活动，比如"双十一购物狂欢节"等活动，展示企业的文化和价值，从而增加投资者和阿里巴巴之间的互相了解和理解；提供年度股东大会、书面沟通等投资者参与公司治理的渠道；遵守所有法律要求，这些文件英文版本通过公司的网站都可以找到；召开机构投资人和分析师会议。

（四）环境责任

环境保护是阿里巴巴重点公益领域，截至2017年，阿里巴巴集团在环境领域共计投入2.2亿元。2016年，阿里巴巴公益基金会评审通过67个项目，经评审项目资助的合同金额共计约13 435万元人民币。基金会资助主要集中在环境保护（含互联网+环保、环境教育、环境创新三大板块）、委员会特别项目、集团承诺项目三个方向。

1. 清源行动

"清源行动资助计划"是阿里巴巴公益基金会水环境保护的核心项目。2016年，该计划推广"数据+环保"的工作方式，利用互联网和环境公共数据与各地环保局开展更加紧密的良性互动，鼓励民间机构参与中国绿色经济转型的建设，对重要水源和流域开展保护行动，更多地利用市场化的方式来进行水环境保护，推广绿色金融等水环境保护的创新机制，目前推动在国内进行的绿色供应链管理、绿色信贷、绿色证券等市场化环保方案正在形成。到2017年，"清源行动"从家乡人保护家乡水到创造公众参与机会再到互联网+环保，共资助了环境领域127个项目，资金支持总额1.43亿元，与80个机构形成伙伴关系。

2. 自然教育

集团公益基金会希望通过"自然教育"促进公众环保意识唤醒，并着力于推动自然教育行业发展，重点资助自然教育行业的内容开发和人才培养。阿里巴巴公益基金会在第三届全国自然教育论坛上公布了2017年自然教育资助计划，并承诺资助全国自然教育论坛举办5年，通过行业推动和公众参与两大方向助力自然教育。

3. 蔚蓝地图

蔚蓝地图是阿里巴巴公益基金会资助的环保项目之一。2016年4月，蔚蓝地图3.0全面改版上线，公众可以非常便利地了解到全国31个省市自治区、390多个城市、2 540多个空气质量监测站点所提供的公开即时数据，了解所在地区的空气质量以及覆盖全国380个地级或县级城市、12 000多个企业的实时排放污染状况。目前蔚蓝地图 APP3.1 已与国家环保部、住建部的黑臭河公众举报平台实现互联互通，已有数十条河流因公众举报进入政府督办的视线。公众可以通过蔚蓝地图将黑臭水体的污染向两部委举报，这必将对公众参与污染治理带来更有力的推动。

4. 环境云图

2016 年 7 月，首届全球 XIN 公益大会在杭州召开，来自非营利组织、非政府组织、领先的学术机构和公司、社会企业的近 1 000 名代表参会。XIN 公益大会旨在鼓励草根公益组织，支持全球环保行动，关心全国 4 000 余万乡村儿童和乡村教师，并推动建立人人参与的 XIN 公益文化。2016 年，阿里巴巴公益基金会发起"环境云图"项目，资助推动中国环境公共数据的有序开放，并应用于公众参与环境治理。阿里数据经济研究中心（ADEC）、高德数据分享平台将提供相关咨询和技术支持。

四、责任管理

集团从 2007 年发布首份社会责任报告开始，每一年坚持发布社会责任报告，并做到不断地进步，完善其社会责任体系，扩充其企业社会责任观。但是对于负面消息的披露并未在历年报告中出现。

第三节 阿里巴巴集团执行社会责任存在的问题

2016 年，集团在社会责任取得显著成绩的同时也存在着一些问题。

一、打击制假贩假方面成效不足

集团 2017 年度打假工作沟通会披露出这样一组数据：2016 年全年，阿里巴巴平台治理部共排查出 4 495 个销售额远大于起刑点（5 万元）的制售假线索。集团建立了一支 2 000 人的专业队伍、每年投入超过 10 亿元、利用最先进的技术和数据模型对制假售假进行主动防控。但是，截至目前通过公开信息能够确认已经有刑事判决结果的仅 33 例，比例不足 1%；在这 33 起案件涉及的

47人中，判缓期执行的有37人，也就是说，10亿元仅仅换来了10名制售假者入狱。根据集团公布的数据，截至2016年8月底，12个月间，仅仅在阿里平台上，就共计撤下3.8亿个商品页面、关闭18万间违规店铺和675家运营机构。大量假货不仅损害了消费者的健康和利益，对于企业来说，也是巨大的发展障碍。2016年，中国政法大学联合政府部门共同发布的《中国诚信建设状况研究报告》显示，我国企业每年因不诚信导致的经济损失高达6 000亿元人民币。更为关键的是，假冒伪劣会严重损害中国制造和中国经济的形象和信誉，已经是一颗不得不除的毒瘤。

二、消费者维权方面存在争议

集团的零售平台"天猫""淘宝"网站，有消费者反映在商品购买时卖家是承诺无理由退货的，然而退换商品的过程却是相当复杂的。当消费者对于商品有疑问时，需在短时间内提供有效商品检测凭证（国家具备鉴定资格的第三方机构出具的有效凭证），或提供完整、清晰的网聊记录截图证明商家承认商品有质量问题的凭证，当收到有效凭证后，平台才会核实处理。如果逾期未出具凭证或者协商一致的情况下，则转由商家处理。这样的方式对于销售方的制约力度显得不足从而导致如果卖家不履行承诺，消费者难以维权。

三、扶贫效果方面存在挑战

在参与精准扶贫方面，集团更加重视扶贫对象、扶贫项目选择和扶贫措施，在脱贫成效精准方面存在不足，在保持扶贫效果的长效性方面存在挑战。

四、对于经济和税收贡献的争议

电商平台无论是B2B、B2C还是C2C等模式下，涉及税收的不透明度还比较高，逃税的灰色地带也比较多。集团于2017年1月3日15：50在官方微博上，发布了"日均纳税1亿，创造就业3 000万"。数据显示，2016年集团和蚂蚁金服全年纳税238亿元；集团生态体系带动上游纳税超过2 000亿元；全年创造就业机会超过3 000万；年度累计投资传统产业超过1 000亿元；年度销售总额超过3万亿元。亮眼的数据背后逻辑存疑。首先，企业的税收占比约为销售额的30%，按3万亿销售额计算，应纳税6600亿，而官方数据显示纳税238亿，带来2000亿间接纳税；其次，数据显示2016年集团创造就业机会超过3000万，而2015年12月的数据显示当时集团创造了1000万直接就业，352万个间接就业。对于一年内就业数字增加一倍以上达到3000万是否有足够的论据支撑，我们知道，事实上集团在创造就业的同时，也造成了大量失业。在产能过剩情况下，大量传统企业或倒闭或裁员，对于传统行业的冲击导致了大量人的失业；最后，对于累计投资传统产业超过1000亿元，反哺传统产业的说法存有疑问。如前述，大量传统企业受电商模式冲击而被淘汰，而我们所看到集团的所有投资都与其加强或健全自身业务生态体系利益相关，因此单讲反哺意在驱动传统产业向新零售和新制造升级，此处欠缺说服力。

第四节　阿里巴巴集团提升社会责任的路径

基于对上述问题的分析，可从以下几个方面提升集团社会责任执行力。

一、通过平台严厉打击制假贩假

互联网和电商平台本身并不产生假货，其问题的根源在于线下。

阿里巴巴携手消费者、卖家、品牌商、权利人、第三方检测机构，以及公安、质监、知识产权局和版署等政府部门共同形成政企合作的机制，基于网友举报、权利人投诉等多维度信息为各级政府部门输送打假信息，未来可以通过发布"全国线下假货分布及流通地图"，更加全面地展现假货分布情况，并对重点区域、类目等信息进行标示，不断完善电子商务平台。如今，电子商务将生产者、物流供应商和消费者整合在同一平台上，网购加快了全国市场一体化和城乡一体化进程，提高了商品流通效率。电子商务平台的完善，同时可以在全国范围内监控和跟踪假货流通的过程，从而为监管部门在生产和流通环节追溯假货提供便利，通过输出线下假货制造流通路径数据给相关合作部门，同各级政府一起寻求促使假货制造商转型的相关治理办法。

二、加大完善消费保障措施

集团详细披露了 2016 年以来消费保障新举措，其中"数据和技术驱动服务升级"成为主线，基于大数据积累，消费者诚信水平可量化，并据此推出极速退款、极速退货、极速维权等多项诚信分层服务，"诚信有价"式服务正式公开。随着技术升级，阿里巴巴已与工商、消保委、国家认监委等多个职能部门实现数据交换与共享，案件及维权极速响应，处理效率大大提升，同时针对典型消费维权难题应不断推出新的品质保障标准，降低消费者举证要求，同时加强清理山寨品牌商品，针对知识产权侵权等问题开通大众举报、与工商合力打击，通过线上线下联动使未来网络购物真正无忧。

三、建立互联网传媒企业社会责任评价标准，引入第三方评估机制

互联网传媒企业的社会责任目前尚且缺乏明确的、统一的标准。我们注意到在历年企业发布的社会责任报告中主要阐述了其在履行社会责任方面的成绩和努力，而对于存在的问题和不足几乎不提。未来应当依据互联网传媒的特征，外部环境以及行业发展的状况，制定统一的社会责任履行标准，并且可以通过第三方对企业的履责情况进行更为客观的评估，引导互联网传媒企业提升自身的社会责任执行力。

第二十一章　中文在线社会责任报告

童之磊[①]

基于行业特殊性，传媒企业既有社会效益，又有社会责任。在当前互联网环境下，传媒企业面临巨大的发展机遇，同时也是挑战，社会责任不可忽视。本文试从中文在线企业视角，从对党和政府的责任、对投资人的责任、对读者的责任、对作者的责任、对社会的责任及对环境的责任入手分析中文在线社会责任现状、不足，并提出解决途径。

第一节　中文在线基本情况

中文在线（股票代码：300364）数字出版集团（以下简称中文在线）2000年成立于清华大学，以"数字传承文明"为企业使命，致力于成为世界级的文化教育集团。2015年1月21日，中文在线在深交所创业板上市，成为中国"数字出版第一股"。

中文在线是国内最大的正版数字内容提供商之一，自有用户超7 000万，合作用户超6亿。公司拥有数字内容资源过百万种，签约版权机构600余家，签约知名作家、畅销书作者2 000余位，驻站网络作者超过200万名。

中文在线以"文化+""教育+"双翼飞翔为企业发展战略，向世界级文化教育集团迈进。为超过6亿用户提供百万种优质数字阅读资源，并以IP内容为核心，深入挖掘地方公共文化元素，多维度深度开发大众文化产品，衍生为

[①]　童之磊，中文在线董事长兼总裁，中国版权协会副理事长，中国音像与数字出版协会副理事长，中国编辑学会副会长。

影视、游戏、动漫、听书、纸书等,以匠心造精品,推动中华优秀传统文化创造性转化、创新性发展。

第二节 中文在线执行社会责任现状

一、对党和政府的责任

习近平总书记在十九大报告中指出,要"坚定文化自信,推动社会主义文化繁荣兴盛",并进一步提出了牢牢掌握意识形态工作领导权、培育和践行社会主义核心价值观、加强思想道德建设、繁荣发展社会主义文艺、推动文化事业和文化产业发展等具体目标和任务。

作为国内数字出版领域的代表性企业,中文在线数字出版集团始终以"数字传承文明"为使命。扎实做好传统文学和网络文学内容的正向引导与发展,积极利用自身平台、技术优势,解决社会问题,发挥社会责任,真正推动文化的大繁荣、大发展,推动文化强国战略,担负起更高的历史责任和使命。

(一)发挥舆论导向作用

中文在线作为文化企业,生产的是精神文化产品,而精神文化产品既有意识形态属性又有商品属性,这就决定了其具有的特殊性质。一是供给主导性,文化供给不是被动地适应需求、满足需求,而是主动引导需求。二是价值溢出性,文化产品是一种特殊的社会商品,是包含文化意义、政治意义和社会意义在内的"综合性商品",具有典型的"价值溢出效应[①]"。也就是说,生产的是产品,传递的是价值;流通的是产品,流动的是思想;消费的是商品,接受的是观念。

中文在线始终坚持培养人的健康精神需求,在文化产品生产中自觉追求传播当代中国价值观念、体现中华文化精神、弘扬中华优秀传统文化、反映中国人民奋斗追求的优秀文化产品。如"书香中国""文化中国"等产品,持续加

[①] 溢出效应:是指一个组织在进行某项活动时,不仅会产生活动所预期的效果,而且会对组织之外的人或社会产生的影响。简而言之,就是某项活动要有外部收益,而且是活动的主体得不到的收益。

强文化积淀、深化文化创意，努力生产可听、可视、可读、可体验的优秀文化产品，滋养人的心灵，引导人的思想，在发挥正确思想与价值观导向中担起独特和重要的责任。

（二）积极组织参与重大活动与事件，贯彻创新、协调、开放与共享的发展理念

2005年7月，在国家版权局、中国出版工作者协会的大力支持下，中文在线作为国内著名的数字传播机构，联合国内最知名的数十家出版机构、全国各地律师事务所及众多知名作家共同发起成立了中文"在线反盗版联盟"（Chinese Online Anti-Piracy Union），联盟秉承"尊重知识，在线维权"的理念，本着"先授权，后传播"的原则，采取多种维权方式，旨在保护知识产权、繁荣数字正版市场。2013年10月成立中国首家网络文学大学，致力于优秀作者培养，通过名家导师引领新兴作者创作积极向上的，符合新时代特色社会主义思想的优秀内容。2017年8月，大力参与首届中国"网络文学+"大会，以"网文华章，传承文明"为主题，开放共享了中文在线十七年的发展历程，深耕内容源头，全面展示了中文在线"IP一体化开发"的业务模式，力求合力打造和谐向上的文学新生态。2017年10月，作为北京重要的文化企业之一，积极参与第二届"北京十月文学月"活动，打造"北京十月+中文在线"文学品牌。推出"喜迎十九大"系列专题；传承北京历史文脉"一城三带"系列征文等多个精彩活动，为"第二届北京十月文学月"献出饕餮盛宴。为首都人民带来优秀的精神文化食粮，倡导和引领数字阅读新风尚。

（三）遵守国家法律法规，发挥社会效益

中文在线始终自觉遵守宪法、法律和宣传纪律。坚定地宣传、贯彻党的理论、路线、方针、政策。严格遵守和正确宣传国家的民族政策和宗教政策，坚决维护各民族的团结，维护安定团结的政治局面。严格保守党和国家的秘密，自觉维护国家的利益和安全。发扬团结协作精神，形成合力，与同行之间建立平等、团结、友爱、互助的关系。提倡互相学习，相互支持，开展正当的业务竞争。在海外业务拓展中，坚持维护祖国的尊严，维护中国文化的尊严。

2012年6月中文在线成立党支部，成立以来结合公司业务开展多次线上线下活动。利用公司网站平台，开通党员阅读学习专区，结合多种线下活动，有效凝聚支部党员，带动流动党员积极性。探索行业内支部共建，结合行业特

点,与新闻出版广电总局数字出版司党支部结为共建支部。从业务和党的学习上实现双成长、双丰收。同时将党内方式方法运用到企业建设中。中文在线党支部利用"群众路线教育实践"契机,在企业间推广"去总化"扁平化管理,让管理人员与基层群众有更多的互动和了解。同时采取批评和自我批评的方法,在管理层中实现了广泛的意见征集,取得了突出效果。

二、对出资人的责任[①]

(一) 总资产情况

截至2016年12月末中文在线的总资产为28.53亿元,比2015年末增长224.54%。主要因为公司传递的价值得到了广泛的认可,在2016年7月非公开发行股票成功募集20亿资金。本次非公开发行股票的完成一方面有效地降低公司的资产负债率,改善财务结构、减少财务费用;另一方面,本次非公开发行股票募集资金用于基于IP的泛娱乐数字内容生态系统建设项目和在线教育平台及资源建设项目,符合公司的发展战略,有助于业务的良性发展。

(二) 营业收入情况

2016年中文在线的营业收入为6.02亿元,比2015年增长54.14%,呈现了稳定高增长的态势;2017年上半年度中文在线的营业收入为2.97亿,比2016年同期增长30.81%。

表1 中文在线2017年上半年度业务收入情况

业务种类	营业收入(亿)	占比
数字阅读产品	1.12	38%
数字出版运营服务	0.33	11%
数字内容增值服务	1.52	51%

从上表可以看出,2017上半年度,公司数字内容增值服务产生的收入为1.52亿元,同比增长153%。公司数字内容增值业务收入占营业收入比例达到51%,同比上升24.5%。主要原因是依托公司去年非公开发行募集资金约20亿元作为支持,IP一体化开发项目逐步落地,覆盖IP上下游全产业链,在影

[①] 中文在线2016年年报、2017年上半年财报。

视、游戏、动漫等领域全面开花结果。

另外，随着公司整体规模进一步扩大，业务发展能力不断增强，通过持续的业务模式创新、研发投入、市场拓展，以用户为中心，依托内容及出版运营优势，紧紧围绕"文化+""教育+"战略部署，推动业务稳定发展，2017年上半年度公司归属于上市公司股东的净利润2 166万元，较2016年同期增长177%，净利润实现了可观的增幅，主要由于公司数字增值服务快速发展，以影视、动漫、游戏等为代表的泛娱乐产业高速增长带来作为IP源头的网络文学的下游变现价值的大幅提升。

（三）股东收益情况

截至2017年6月30日，归属上市公司股东的净资产为25.71亿元，较2016年年末增加1.34%。所有者权益情况如下：资本公积为21.19亿元，股份总数284 564 933.00，盈余公积2507万元，未分配利润2.32亿元，所有者权益合计25.76亿元，负债合计2.53亿元，资产总计28.29亿元，资产负债率为9%。基本每股收益为0.076元，较去年同期增长230%。

三、对读者的责任

（一）注重把关作品导向，致力生产优质内容

出版产业关系意识形态领域，关系文化的传播和文明的传承，因此，内容的管理至关重要。中文在线一直以来格外注重内容的管理和风险控制。从内容采集、版权审核、技术扫描、人工审核、策划营销各个方面强化对内容的管理，并在业内首创了"机审人读、校编e体"的内容管理模式。该模式首先用关键词过滤的方式做系统审核，再用专业编辑进行第二步的全文通读，严格控制一切不良信息和盗版信息的传播。[①]

源源不断地生产优质作品，是为广大读者服务的基础，也是内容生态健康循环的核心。截至2017年11月，中文在线旗下17K小说网积累了260万驻站作者（其中15万余名月活跃作者），每日更新作品总字数可达近千万。海量内容产出的前提下，公司依旧对作品内容和传递的价值取向进行着精准严格的把

---

① 聂士海：专访中文在线董事长兼总裁童之磊。

控。除了建立完善的内容审核制度,建立了和执法部门的沟通窗口,定时汇报风控工作及成果,以积极的态度全力配合有关部门对内容安全的检查指导。

(二)传播中国传统文化,坚定文化自信,推动文化繁荣

习近平总书记在十九大发言中提到,中国特色社会主义文化,源自于中华民族五千多年文明历史所孕育的中华优秀传统文化,鼓励大家激发全民族文化的创新创造。在这条道路上,中文在线一直将提升文学原创力和推动文学创新视为己任。2013年10月,中文在线发起并创立了中国首个网络文学大学,以人才培养为根本,以学科建设为龙头,以传承中华文明为己任,追求科学精神与人文精神的和谐统一,秉承"创作改变人生"的理念,为网络文学培养百万作者,让网络文学新人更快走上职业道路,让网络文学成为社会主流,让网络文学从中国走向世界。

(三)维持网站良好运行,提升读者阅读体验

中文在线旗下的原创文学网站,覆盖7 000万读者。其中17K小说网被中宣部认定为"网络文学重点园地"。17K小说网自建站以来,持续运营已11年,网站十年如一源源不断地向大众输送原创文学作品,精细运营,满足读者的阅读需求,丰富读者文化生活。

(四)优化双向交流平台,满足读者合理诉求

读者反馈是内容价值的试金石。积极建立健全作者与读者的交流平台,是鼓励文学创作中必备的一环。旗下网站除了传统的图书的评论区外,设置了读者论坛,建议良性交流平台。在新媒体日益占据社交主流的今天,中文在线原创平台积极利用微信公众号、书友群、微博互动等等运营方式,为作者和读者开辟便捷的交流园地。

四、对作者的责任

中文在线作为国内最大的正版数字内容提供商之一,签约知名作家、畅销书作者2 000余位,驻站网络作者超过200万名。包括作者在内的所有版权权利人,是中文在线的重要的合作伙伴,尊重和保护作者的版权对于中文在线来说尤为重要。

为此,中文在线从成立伊始,就对版权保护问题极其关注和重视。在业务

运作过程中,一直按照《著作权法》的要求,采取"先授权,后传播"的方式,严格遵照授权权限,合理合法使用数字版权,进一步规范版权作品交易秩序。公司积极参与公共版权保护维权工作,促进全民反盗版意识的提高。2005年7月,在国家版权局和中国出版工作者协会指导下,由中文在线主导联合国内十几家大型出版社、知名作家和律师事务所,发起成立的中文"在线反盗版联盟"(www.coapu.org)已经成为国家打击网络侵权盗版的重要组成部分。[①]

十多年来,中文在线形成了规模化、专业化的法律团队,维权行动遍布全国20多个省、市、自治区,开展了大量卓有成效的维权工作。先后起诉了盗版网站上千家,运作维权案件近万件,涉案作品超过十万部,切实维护了作者的合法权益。其中,中文在线胜诉的案件先后入选"2008上海十大典型版权案件""2012年中国品牌大事记""2013年中国法院50件典型知识产权案例""2013年度北京市法院知识产权司法保护十大创新性案例""剑网2016专项行动典型网络侵权盗版案件""2016年度全国法院知识产权典型案例"等,部分案例形成的裁判规则已经成为我国知识产权司法审判的指引。

基于中文在线在版权保护工作领域所取得的成绩,国家权威机构也对此给予了高度认可,先后荣获中国国际版权博览会组委会颁发的"原创网络文学维权奖",中国作家协会和中国国际版权博览会联合颁发的"中国网络文学节年度维权贡献奖",国家版权局颁发的"全国版权示范单位",中国版权协会颁发的"2013中国版权事业最具影响力企业"。

中文在线从自身做起,尊重知识、尊重作者,将保护作者权益视为己任,在打击侵权盗版方面成效显著。

五、对社会的责任

(一)公益慈善

对于一个企业而言,慈善不仅仅是一种道义,更是成就伟大所必须的智慧。长久以来,中文在线一直热心公益,通过弘慧平台践行着企业社会责任。

弘慧教育发展基金会是由中文在线董事张帆在2001年发起,2008年注册

[①] 中文在线荣获全国版权示范单位称号。

的非公募基金会。2015年被评为民政部"全国先进社会组织"、全国5A级基金会,"中基透明指数(FIT)"一直保持全国第一。累计长期陪伴近1400名山区弘慧学子成长,直接资助、奖励的学生和老师已经超过4000人次;自主开发弘慧学子成长夏令营、弘慧美心课,合作推广科学课、梦想课,受益群体超过10万人次。

中文在线在安乡县设立"湖南省安乡县第一中学中文在线弘慧奖项目""湖南省安乡县北河口中学中文在线弘慧奖项目"。由中文在线员工组成的爱心行动大使深入湖南山区,在物质资助的同时,坚持践行长期陪伴和心灵关怀的公益理念,为孩子们的成长释疑解惑。

中文在线集团自2015年以来在安乡一中和安乡北河口中学累计捐款380 360.39元,累计资助48人。2016年,安乡一中首批中文在线弘慧奖学金资助的五位高三毕业生全部达到一本线,其中邓军扬以680分的高分被清华大学录取。2017年1月8日,中文在线作为爱心企业获弘慧年度特别贡献奖。

中文在线积极行动,主动担起了推动乡村教育发展的责任。2017年4月14日,中文在线联合有关单位共同组织第五届弘慧乡村教育校长论坛。结合"互联网+"思维,以未来视角对乡村教育的现状和发展前景进行深入探讨。在论坛上,中文在线联合9家爱心企业向弘慧捐赠了价值超过3 000万元的在线资源、硬件设备及优质的教师培训机会,这批捐赠将大大缓解乡村教育资源分配不均导致的一系列问题,让山里的孩子有机会在乡村学校就享受到一线城市的教育资源,促进教育公平。

与此同时,中文在线还是北京市教委与常德市对口"教育扶贫"活动中所捐赠的"中小学课程教材资源平台"的项目承担方。乡村教育的一个突出问题是优质学习内容的短缺和优质教学素材的供给不足,通过北京课程教材资源的输出,将有望进一步缩小地方之间的教育差距。

(二)员工关爱

中文在线作为一家文化企业,对高质量人才求贤若渴。截至2017年11月,中文在线拥有员工超800名,本科及以上员工占77%。为了吸引和留住高素质人才,中文在线除了为员工提供完善的社会保险、公积金和日常办公补贴外，还建立了具有中文特色的福利体系，包括忠诚津贴、出版、编辑资质补助等，同时每年为员工的职业发展也投入大量精力与资金，包括应届生发展与培养计划、青年骨干发展与培养计划、管理团队学习与发展计划、高管外派学习计划等，全方位为员工提供职业可持续发展的晋升通道。

六、对环境的责任

十九大报告中指出，"建设生态文明是中华民族永续发展的千年大计。必须树立和践行绿水青山就是金山银山的理念，像对待生命一样对待生态环境"，习近平总书记表示，"坚定走生产发展、生活富裕、生态良好的文明发展道路，建设美丽中国，为人民创造良好生产生活环境，为全球生态安全作出贡献"。[①]

传统阅读往往是依托纸质图书出版，纸质出版会造成大量资源消耗。其制造和运输过程——砍掉树木、加工、压制、加热、印刷、装订都需要耗费大量能源，随后把它们运输到世界各地甚至需要更多的能源。数字阅读，在设备生产出场后，几乎不会对环境有害。《纪事》网络版杂志2010年称，当以电子阅读器读到第23本电子书时，其环境成本与阅读纸质书是相同的——而在此之后，阅读电子书便对环境无害了[②]。中文在线主营数字出版及其他数字文化产品，为读者及用户提供更绿色、更环保的文化产品。

第三节 中文在线执行社会责任存在问题

一、内容把控仍需加强

近几年，在有关部门的关怀指导下，网络文学业务领域愈发规范。虽然已经建立了相对健全的审核制度，但鉴于内容的广泛性和多样性，百密仍有一疏。2017年我司运营网站17K小说网曾因涉嫌低俗内容问题接到北京市文化市场行政执法总队通报一次。这一事件发生后，网站第一时间屏蔽问题内容，对

[①] 冯瑞：《学思践悟十九大：生态文明理念笔酣墨饱》，千龙网。
[②] 陶然：《数字阅读或更利环保》，《参考消息》。

全站作品进行清查,并要求审核人员端正工作态度,提高防范网络色情的意识。杜绝色情、暴力的网络文学存在,提倡健康向上的世界观,创造一个良好的原创文学环境。同时主动联系相关部门学习相关精神,全力配合整改工作。

二、读者体验亟待改善

读者是中文在线阅读产品的主要用户。现阶段,读者获取内容的途径有网站的 PC 端、H5 和客户端。但是由于客户端的开发时间相对较短,与行业内其他成熟产品仍存在些许差距。在产品刚刚开发出的一段时间内,读者在使用过程中偶尔会出现应用问题,影响了用户体验。此外,目前的数字阅读读者更倾向于碎片化的浅阅读,目前的读者体验不足以吸引深度用户使用,引导更深层次的数字阅读趋势是当务之急。

第四节 中文在线社会责任执行力提升途径

一、加强内容导向把控,传播正能量价值观

未来,中文在线将立足文学内容生产,发挥自身特长,坚持不懈地发掘优秀文化产品。第一,加强审查机制,严格把控出品内容的价值观导向,引导创作思想精深、艺术精湛、制作精良、弘扬真善美、传播正能量、深受群众喜爱的精品力作。第二,组建资深编辑成立专家团队,对新晋编辑进行职业培养,学习党的文艺方针,学习出版法规,从而提高编辑的从业水准、文化涵养。第三,完善审阅制度,提高内容质量效益,不碰"红线"、坚守"底线",杜绝内容粗俗、格调低下的作品上线,为读者提供积极向上的正能量内容。

二、提高技术水准,优化产品逻辑

数字阅读的兴起让获得阅读内容变得更容易,数字阅读的深度阅读的体验却没有发展完善。增强用户体验,是保证阅读生态良性循环的必要条件。提高技术水准,不仅仅是满足于各项阅读产品的正常运行。技术上的缺陷,可利用

各平台的特点扬长避短，而对于设计上的缺陷，则需充分考虑读者阅读情境，让产品可用，易用，并去除不必要的干扰，让读者对内容进行深入的阅读和思考。因此，需优化产品逻辑，创新营销思维，在潜移默化中培养读者的阅读习惯。立品牌创口碑，吸引更多的人加入全民阅读的时代潮流。

参考文献

［1］陈彤，曾祥雪．新浪之道：门户网站新闻频道的运营［M］．福州：福建人民出版社，2005．

［2］臧国仁．新闻媒体与公共关系（消息来源）的互动：新闻框架理论的再省［M］．香港：炉峰学会出版社，1997．

［3］崔保国．传媒蓝皮书［M］．社会科学文献出版社，2015．

［4］水汝庆．坚持精耕细作，推动绿色债券市场创新发展［J］．债券，2016，（10）：7~8．

［5］本刊编辑部．坚定信仰砥砺前行［J］．美术教育研究，2016（13）：1．

［6］王文吉．图说我们价值观：爱国［J］．美术教育研究，2016（21）：4．

［7］佚名．名家书画艺术展纪念长征胜利80周年［J］．美术教育研究，2016，（20）：6．

［8］郭全中．门户网站沉浮［J］．互联网经济，2016，（7）：77．

［9］董婧．新浪网两会报道中的新变化与不足［J］．长春教育学院学报，2013，29（8）：53．

［10］龙梅兰，李盛龙．框架理论视角下新浪网"萨德事件"报道研究［J］．传媒观察，2017：24．

［11］谢艳军．新媒体受众负面新闻偏好及其影响研究——基于手机新浪网54天594条新闻的内容分析［J］．新闻与传播研究，2016，（10）：26．

［12］张莹莹．浅论民主监督与新闻监督对扶贫攻坚的合力监督［J］．云南社会主义学院学报，2016，（4）：160．

［13］乔占军．利益相关者理论视阈下出版企业社会责任实现机制研究

[J]．中国出版，2013，(10)：45．

［14］张秀玉．新浪网的经营策略分析［J］．青年记者，2011：66．

［15］胡兰雪．新浪网环保频道的传播特色［J］．新闻世界，2015，(2)：109．

［16］王倩，丁娜妮．论网络传播对公民环境素养的构建——以新浪网空气污染报道为例［J］．北京联合大学学报（人文社会科学版），2016，14 (3) 27．

［17］蒙冰峰，周菲．从个人之善到公共之善：网络媒体的责任伦理担当［J］．牡丹江大学学报，2017，26 (5)：40．

［18］徐琴，郭赫男．从 2016 年微博热门话题探讨自媒体的社会责任［J］．湖南大众传媒职业技术学院学报，2017，17 (3)：10．

［19］黄健．发挥新媒体在全面深化改革中的正能量作用［J］．当代广西，2014 (3)：52～53．

［20］腾讯控股有限公司 2016 年报［EB/OL］．2017 年 8 月 16 日．https：//www.tencent.com/zh-cn/articles/17000341491836558.pdf．

［21］腾讯控股有限公司．2013-2014 腾讯企业社会责任报告［EB/OL］．http：//ssl.gongyi.qq.com/m/act/2013-2014CSRreport.pdf

［22］许岩．中国互联网行业的企业社会责任［J］．中国集体经济，2011，(1)：69

［23］李佳丽．中国互联网企业社会责任履行存在的问题及对策［J］．商丘师范学院学报，2017，10 (3)：85～89．

［24］于建华．论微信社群的社会责任［J］．中州学刊，2017，(4)：169～172．

［25］郭烜忠．企业社会责任研究述评［J］．湖北经济学院学报（人文社会科学版），2015，(4)．

［26］侯仕军．社会责任视阈下企业责任竞争力的内涵、诱因与塑造［C］．复旦管理学奖励基金会，中国管理现代化研究会，2013．

［27］刁溯．传媒与和谐社会的构建［J］．青年文学家，2014，(5)：4～5．

［28］欧阳超琪．关于构建新闻媒体社会责任评价体系的思考［D］．湘潭大学，2011．

[29] 王玉峰. 企业的社会角色和社会责任分析 [J]. 现代商贸工业, 2014, (20).

[30] 宋振晖, 王芬婷, 刘群玲. 一种企业社会责任管理数据的处理方法及系统 [P]. 2013-06-26.

[31] 张红月, 王灵波. 企业社会责任函数和企业社会责任行为研究 [J]. 会计之友, 2011, (29).

[32] 朱清河. 媒介"社会责任"的解构与重构 [J]. 新闻大学, 2013, (1): 16~22.

[33] 龙和南, 吴跃军. 真实是网络媒体的社会责任 [J]. 网络传播, 2007, (9).

[34] 李琤. 传媒的转型与社会责任 [J]. 科技传播, 2011, (19).

[35] 严晓青. 媒介社会责任研究: 现状、困境与展望 [J]. 当代传播, 2010, (2): 38~41.

[36] 顾文. 电视传媒中对社会责任感的传播与塑造 [J]. 媒体时代, 2015, (7): 19~21.

[37] 郭安苹, 叶春明. 企业社会责任、技术创新投入与资本结构研究——基于我国创业板上市企业的实证分析 [J]. 技术与创新管理, 2016, (6).

[38] 余晓阳. 企业履行社会责任对企业绩效的影响——基于我国 A 股上市公司的实证分析 [J]. 当代经济, 2013 (13): 123~125.

[39] 涂光晋, 吴惠凡. 传媒"社会责任理论"的现实困境 [J]. 武汉理工大学学报 (社会科学版), 2010, (6).

[40] 朱辉宇. 传媒社会责任理论再思考 [J]. 传媒, 2010, (11).

[41] LIU YING. A Research on Enterprise Citizen Consciousness and Social Responsibility [C]. 2010.

[42] Schwartz M S, Carroll A B. Corporate social responsibility: A three-domain approach [J]. *Business Ethics Quarterly*, 2003, 13 (4): 503~530.

[43] Matei Lucica; Sandu Cristina; Tuca Mihaela Violeta: Social Responsibility and Social Enterprise, LAP Lambert Academic Publishing, 2014.

图书在版编目（CIP）数据

2017~2018中国传媒社会责任研究报告/黄晓新，刘建华，邱昂主编．
—北京：中国书籍出版社，2018.4
ISBN 978-7-5068-6860-0

Ⅰ.①2… Ⅱ.①黄… ②刘… ③邱… Ⅲ.①传播媒介-社会责任-研究报告-中国-2017—2018 Ⅳ.①G219.2

中国版本图书馆 CIP 数据核字（2018）第 087725 号

2017~2018 中国传媒社会责任研究报告

黄晓新　刘建华　邱　昂　主编

责任编辑	许艳辉
责任印制	孙马飞　马　芝
封面设计	楠竹文化
出版发行	中国书籍出版社
地　　址	北京市丰台区三路居路 97 号（邮编：100073）
电　　话	（010）52257143（总编室）　　（010）52257140（发行部）
电子邮箱	eo@chinabp.com.cn
经　　销	全国新华书店
印　　刷	三河市顺兴印务有限公司
开　　本	787 毫米 ×1092 毫米　1/16
印　　张	19.75
字　　数	327 千字
版　　次	2018 年 5 月第 1 版　2018 年 5 月第 1 次印刷
书　　号	ISBN 978-7-5068-6860-0
定　　价	98.00 元

版权所有　翻印必究